ROGER GARAUDY

LES MYTHES FONDATEURS DE LA POLITIQUE ISRAÉLIENNE & LE PROCÈS DU SIONISME ISRAÉLIEN

OmniaVeritas

Roger Garaudy
(1913-2012)

Les Mythes fondateurs de la politique israélienne, de Roger Garaudy, a été édité d'abord par la Vieille Taupe, puis, ensuite, dans une version corrigée, par Samiszdat Roger Garaudy, en 1996, Cet ouvrage a été condamné en première instance, en janvier 1998, par la justice politique française. Mais il n'est pas interdit en France.

Après avoir, pendant plus d'un demi-siècle, publié mes ouvrages chez les plus grands éditeurs français, je suis contraint d'éditer aujourd'hui en *samizdat,* à compte d'auteur, cette anthologie de l'hérésie sioniste, parce que j'ai, depuis 1982, violé un tabou : la critique de la politique israélienne, défendue désormais par la loi scélérate Gayssot-Fabius du 13 juillet 1990, qui restaure en France le *délit d'opinion* du Second Empire, en suppléant par une loi répressive à la carence des arguments.

R.G.

Publié par
Omnia Veritas Ltd

⊘MNIA VERITAS

www.omnia-veritas.com

Les mythes fondateurs de la politique israélienne

Le procès du sionisme israélien

Pourquoi ce livre ?

Les intégrismes, générateurs de violences et de guerres, sont une maladie mortelle de notre temps. Ce livre fait partie d'une trilogie que j'ai consacrée à les combattre : *Grandeur et décadence de l'Islam*, dans lequel je dénonce l'épicentre de l'intégrisme musulman : l'Arabie Saoudite. J'y ai désigné le Roi Fahd, complice de l'invasion américaine au Moyen-Orient, comme ''prostituée politique'', qui fait de l'islamisme une maladie de l'Islam.

Deux ouvrages consacrés à l'intégrisme catholique romain qui, tout en prétendant ''défendre la vie'', disserte sur l'embryon, mais se tait lorsque 13 millions et demi d'enfants meurent chaque année de malnutrition et de faim, victimes du ''monothéisme du marché'' imposé par la domination américaine. Ces ouvrages s'intitulent : *Avons-nous besoin de Dieu ?* et *Vers une guerre de religion ?* (contre le monothéisme du marché).

Le troisième volet du triptyque : *Les Mythes fondateurs de la politique israélienne,* dénonce l'hérésie du sionisme politique qui consiste à substituer au *Dieu* d'Israël l'*État* d'Israël, porte-avions nucléaire et insubmersible des provisoires maîtres du monde : Les États-Unis, qui entendent s'approprier les pétroles du Moyen-Orient, nerf de la croissance à l'occidentale. (Modèle de ''croissance'' qui, par le truchement du F.M.I., coûte au Tiers Monde l'équivalent en morts d'un Hiroshima tous les deux jours).

Depuis Lord Balfour, déclarant, lorsqu'il livrait aux sionistes un pays qui ne lui appartenait pas :

> ''Peu importe le système mis en œuvre pour que nous conservions le pétrole du Moyen-Orient. Il est essentiel que ce pétrole demeure accessible.''
> (Kimhe John, *Palestine et Israël,* Ed. Albin Michel, 1973, p. 27),

jusqu'au secrétaire d'État américain, Cordell Hull :

> ''Il faut bien comprendre que le pétrole d'Arabie Saoudite constitue l'un des plus puissants leviers du monde''

(*ibidem*, p. 240),

une même politique assigne la même mission aux dirigeants sionistes israéliens, celle qu'a définie Joseph Luns, ancien secrétaire général de l'O.T.A.N. :

> ''Israël a été le mercenaire le moins coûteux de notre époque moderne.''
>
> (Nadav Shragaï, *Haaretz* du 13 mars 1992).

Un mercenaire pourtant bien payé puisque, par exemple, de 1951 à 1959, deux millions d'Israéliens ont reçu, par tête, cent fois plus que deux milliards d'habitants du Tiers Monde ; et surtout mercenaire bien protégé : de 1972 à 1996, les États-Unis ont opposé trente fois leur veto, aux Nations Unies, à toute condamnation d'Israël, alors que ses dirigeants appliquaient leur programme de désintégration de tous les États du Moyen-Orient, programme exposé par la revue *Kivounim* (Orientations), février 1982, p. 50 à 59, à l'époque de l'invasion du Liban. Cette politique repose, grâce à l'appui inconditionnel des États-Unis, sur l'idée que la loi internationale est un ''chiffon de papier'' (Ben Gourion), et que par exemple, les résolutions 242 et 338 des Nations Unies, qui exigent qu'Israël se retire de la Cisjordanie et du Golan, sont destinées à rester lettre morte, de même que la condamnation unanime de l'annexion de Jérusalem, que même les États-Unis votèrent, mais en excluant toute sanction.

Une politique aussi inavouable en son fond exige le camouflage que mon livre a pour objet de dévoiler.

D'abord, une prétendue justification ''théologique'' des agressions par une lecture intégriste des textes révélés, transformant le mythe en histoire : le grandiose symbole de la soumission inconditionnelle d'Abraham à la volonté de Dieu, et sa bénédiction de ''toutes les familles de la terre'', transformé en son contraire tribal : la terre conquise devenant ''terre promise'', comme chez tous les peuples du Moyen-Orient, de la Mésopotamie aux Hittites et à l'Égypte.

Il en est de même pour l'Exode, cet éternel symbole de la libération des peuples contre l'oppression et la tyrannie, invoqué aussi bien par le Coran (XLIV, 31-32) que par les actuels ''théologiens de la libération''. Alors qu'il s'adresse à tous les peuples fidèles à la volonté d'un Dieu Universel, il devient un miracle unique, et le privilège qu'aurait accordé un Dieu partiel et partial à un *peuple élu,* comme dans toutes les religions tribales et tous les nationalismes, qui prétendent être le peuple élu dont la mission serait d'accomplir la volonté de Dieu : *Gesta Dei pert Francos,* pour les Français, *Gott mit uns,* pour les Allemands, *Faire Christ Roi,* pour Franco, *In God We Trust,* blasphème inscrit sur chaque dollar, dieu tout puissant du monothéisme de l'argent et du marché.

Et puis une mythologie plus moderne : celle de l'État d'Israël qui serait "la réponse de Dieu à l'Holocauste", comme si Israël était le seul refuge des victimes de la barbarie de Hitler, alors qu'Itzhak Shamir lui-même (qui offrait son alliance à Hitler jusqu'à son arrestation par les Anglais, pour collaboration avec l'ennemi et terrorisme) écrit :

"Contrairement à l'opinion commune, la plupart des immigrants israéliens n'étaient pas les restes survivants de l'Holocauste, mais des Juifs de pays arabes, indigènes à la région."
(Itzhak Shamir, *Looking Back,Looking Ahead,* 1987, p. 574).

Il fallait donc gonfler les chiffres des victimes. Par exemple, la plaque commémorative du monument d'Auschwitz disait, en dix-neuf langues, jusqu'en 1994 : quatre millions de victimes. Les nouvelles plaques proclament aujourd'hui : "environ un million et demi". Il fallait faire croire, avec le mythe des six millions, que l'humanité avait assisté là "au plus grand génocide de l'histoire", en oubliant 60 millions d'indiens d'Amérique, cent millions de Noirs (10 tués pour un captif), oubliant même Hiroshima et Nagasaki, et les cinquante millions de morts de cette deuxième guerre mondiale, dont 17 millions de slaves, comme si l'hitlérisme n'avait été qu'un vaste pogrom et non pas un crime contre l'humanité entière. Serait-on antisémite pour dire que les Juifs ont été très durement frappés, mais qu'ils ne furent pas les seuls, sous prétexte que la télévision ne parle que de ces victimes mais pas des autres ?

En outre, pour compléter le camouflage, il fallait, par un nom théologique : "Holocauste", donner un caractère sacrificiel à ces massacres réels, et les insérer en quelque sorte dans le plan divin, comme par exemple la crucifixion de Jésus.

Notre livre n'a d'autre objet que de dénoncer ce camouflage idéologique d'une politique, pour empêcher qu'on la confonde avec la grande tradition des prophètes d'Israël. Avec mon ami Bernard Lecache, fondateur de la L.I.C.A. (devenue la L.I.C.R.A.) déporté dans le même camp de concentration que moi, nous apprenions, en des cours du soir, à nos compagnons, la grandeur, l'universalisme, et la puissance libératrice de ces prophètes juifs.

À ce message prophétique, je n'ai jamais cessé d'être fidèle, même lorsqu'après 35 ans de militantisme au Parti communiste, et membre de son Bureau politique, j'en étais exclu, en 1970, pour avoir dit, dès 1968 : ''L'Union soviétique n'est pas un pays socialiste''. Comme je dis aujourd'hui : La théologie de la domination de la Curie romaine n'est pas fidèle au Christ, l'Islamisme trahit l'Islam, et le sionisme politique est aux antipodes du grand prophétisme juif.

Déjà, lorsqu'au temps de la guerre du Liban, en 1982, avec le Père Lelong, le Pasteur Matthiot, et Jacques Fauvet, nous étions traduits en justice par la L.I.C.R.A. pour avoir montré, dans *Le Monde* du 17 juin 1982, avec la bienveillance de son directeur, que l'invasion du Liban était dans la logique du sionisme politique, le tribunal de Paris par jugement du 24 mars 1983, confirmé en appel, puis définitivement par la Cour de Cassation, ''considérant qu'il s'agit de la critique licite de la politique d'un État et de l'idéologie qui l'inspire, et non de provocation raciale... la déboute [la L.I.C.R.A.] de toutes ses demandes, et la condamne aux dépens.''

Le présent livre est strictement fidèle à notre critique politique et idéologique d'alors, même si la loi scélérate du ''communiste'' Gayssot a voulu renforcer, depuis lors, la répression contre la liberté d'expression en faisant du jugement de Nuremberg le critère de la vérité historique et en instituant un ''délit d'opinion''. Ce projet de loi fut combattu à l'Assemblée Nationale d'alors par l'actuel ministre de la Justice.

Nous pensons apporter une contribution à la lutte pour une paix véritable, fondée sur le respect de la vérité et de la loi internationale.

Courageusement, en Israël même, des Juifs fidèles à leurs prophètes, de ''nouveaux historiens'' de l'Université hébraïque de Jérusalem, et les partisans israéliens d'une paix juste, après la révélation de leur malfaisance, pour l'État d'Israël lui-même, et pour la paix du monde, s'interrogent sur les ''mythes'' du sionisme politique qui ont conduit aux assassinats commis par Baruch Goldstein à Hébron, et par Ygal Amir contre le Premier ministre Ytzhak Rabin.

La vérité est en marche, et rien ne l'arrêtera.

Le terrorisme intellectuel d'un "lobby" déjà dénoncé par le Général de Gaulle pour "son influence excessive sur l'information" m'a conduit, en France, à procéder à une pré-publication de ce texte dans un numéro spécial hors commerce, réservé aux abonnés, d'une revue. Ce fait, expression de la situation en France, semble avoir beaucoup plus retenu l'attention des commentateurs que le contenu de mon texte.

Je le publie donc aujourd'hui moi-même, sous ma seule responsabilité, sous forme de *Samizdat,* au sens strict de ce terme qui signifie en russe : "édité par soi-même"

Ce livre est déjà traduit et en cours de publication aux États-Unis, en Italie, au Liban, en Turquie, au Brésil. Il est en cours de traduction en allemand et en russe.

Le texte français est accessible sur le réseau télématique Internet.

Contre les mythologies dévoyées, ce sera une nouvelle contribution à l'histoire critique du monde contemporain.

Introduction

C e livre est l'histoire d'une hérésie. Celle qui consiste, par une lecture littérale et sélective d'une parole révélée, à faire de la religion l'instrument d'une politique en la sacralisant.

C'est une maladie mortelle de cette fin de siècle que j'ai définie déjà dans *Intégrismes*.

Je l'ai combattue chez les musulmans dans *Grandeur et décadence de l'Islam*, au risque de déplaire à ceux qui n'aimaient pas que je dise : ''L'Islamisme est une maladie de l'Islam.''

Je l'ai combattue chez les chrétiens dans *Vers une guerre de religion*, au risque de déplaire à ceux qui n'aimaient pas que je dise : ''Le Christ de Paul n'est pas Jésus.''

Je la combats aujourd'hui chez les Juifs dans *Les Mythes fondateurs de la politique israélienne*, au risque de m'attirer les foudres des israélo-sionistes qui déjà n'aimaient pas que le Rabbin Hirsh leur rappelle :

''Le sionisme veut définir le peuple juif comme une entité nationale... C'est une hérésie.''
Source : *Washington Post* du 3 octobre 1978.

Qu'est-ce que le sionisme, qui est dénoncé dans mon livre (et non pas la foi juive) ? Il s'est souvent défini lui-même :

1. C'est une doctrine politique.

''Depuis 1896, sionisme se rapporte au mouvement politique fondé par Théodore Herzl.''
Source : *Encyclopaedia of Zionism and Israel,*
Herzl Press, New York 1971, volume II, p. 1262.

2. C'est une doctrine nationaliste qui n'est pas née du judaïsme mais du nationalisme européen du XIXe siècle. Le fondateur du sionisme politique, Herzl, ne se réclamait pas de la religion :

''Je n'obéis pas à une impulsion religieuse.''

Source : Th. Herzl : *Diaries* (Mémoires).
Ed. Victor Gollancz. 1958.

"Je suis un agnostique"

(p. 54)

Ce qui l'intéresse, n'est pas particulièrement la *terre sainte* : il accepte aussi bien, pour ses objectifs nationalistes, l'Ouganda ou la Tripolitaine, Chypre ou l'Argentine, le Mozambique ou le Congo.

Source : Herzl, *Diaries.* (passim)

Mais devant l'opposition de ses amis de foi juive, il prend conscience de l'importance de la puissante légende ("*mighty legend*"), comme il le dit (*Diaries* I, p. 6) qui "constitue un cri de ralliement d'une irrésistible puissance."

Source : Herzl, *L'État juif*, p. 45.

C'est un slogan mobilisateur que ce politique éminemment réaliste ne saurait ignorer. Aussi proclame-t-il, transposant la puissante légende du retour en réalité historique :

"La Palestine est notre inoubliable patrie historique... ce nom seul serait un cri de ralliement puissant pour notre peuple."

Source : Herzl, *L'État juif*, p. 209.

"La question juive n'est pour moi ni une question sociale, ni une question religieuse..., c'est une question nationale."

3. C'est une doctrine coloniale. Là encore le lucide Théodore Herzl ne cache pas ses objectifs : comme première étape, réaliser une "Compagnie à charte", sous protection de l'Angleterre ou de toute autre puissance, en attendant d'en faire l'État juif.

C'est pourquoi il s'adresse à celui qui s'est révélé le maître de ce genre d'opération : le trafiquant colonial Cecil Rhodes, qui, de sa Compagnie à charte, sut faire une Afrique du Sud, l'une de ses composantes s'appelant de son nom : la Rhodésie.

Théodore Herzl lui écrit, le 11 janvier 1902 :

"Je vous en prie, envoyez-moi un texte disant que vous avez examiné mon programme et que vous l'approuvez. Vous vous demanderez pourquoi je m'adresse à vous, Monsieur Rhodes. C'est

parce que mon programme est un programme colonial.''
Source : Herzl, Tagebuch, Vol. III, p. 105.

Doctrine politique, nationaliste, coloniale, telles sont les trois caractéristiques définissant le sionisme politique tel que le fit triompher au Congrès de Bâle, en août 1897, Théodore Herzl, son génial et machiavélique fondateur, qui pouvait dire, avec juste raison au terme de ce Congrès : ''J'ai fondé l'État juif.''
Source : Diaries, p. 224.

Un demi-siècle plus tard c'est en effet cette politique qu'appliqueront très exactement ses disciples créant, selon ses méthodes et suivant sa ligne politique, l'État d'Israël (au lendemain de la Deuxième guerre mondiale.)

Mais cette entreprise politique, nationaliste et colonialiste, n'était nullement sur le prolongement de la foi et de la spiritualité juives.

Au moment même du Congrès de Bâle qui n'avait pu se tenir à Munich (comme le prévoyait Herzl) en raison de l'opposition de la communauté juive allemande, se tenait en Amérique la Conférence de Montréal (1897) où, sur la proposition du Rabbin Isaac Meyer Wise, la personnalité juive la plus représentative de l'Amérique d'alors, fut votée une motion qui opposait radicalement deux lectures de la Bible, la lecture politique et tribale du sionisme et la lecture spirituelle et universaliste des Prophètes.

''Nous désapprouvons totalement toute initiative visant à la création d'un État juif. Des tentatives de ce genre mettent en évidence une conception erronée de la mission d'Israël... que les Prophètes juifs furent les premiers à proclamer... Nous affirmons que l'objectif du judaïsme n'est ni politique, ni national, mais spirituel... Il vise une époque messianique où tous les hommes reconnaîtront appartenir à une seule grande communauté pour l'établissement du Royaume de Dieu sur la terre.''
Source : Conférence centrale des Rabbins américains.
Yearbook VII, 1897, p. XII.

Telle fut la première réaction des organisations juives depuis ''L'Association des rabbins d'Allemagne'', jusqu'à ''l'Alliance Israélite universelle de France'', ''l'Israelitische Allianz'' d'Autriche, de même que les Associations juives de Londres.

Cette opposition au sionisme politique, inspirée par l'attachement à la spiritualité de la foi juive, n'a cessé de s'exprimer, même lorsqu'à la suite de la Deuxième guerre mondiale, profitant une fois de plus, à l'O N U, des rivalités entre nations, et surtout de l'appui inconditionnel des États-Unis, le sionisme israélien parvint à s'imposer comme force dominante et, grâce à ses lobbies, à inverser la tendance et à faire triompher, même dans l'opinion, la politique israélo-sioniste de puissance, contre l'admirable tradition prophétique. Il ne parvint pourtant pas à étouffer la critique des grands spirituels.

Martin Buber, l'une des plus grandes voix juives de ce siècle, n'a cessé, pendant toute sa vie, et jusqu'à sa mort en Israël, de dénoncer la dégénérescence et même l'inversion du sionisme religieux en sionisme politique.

Martin Buber déclarait à New York :

"Le sentiment que j'éprouvais, il y a soixante ans, lorsque je suis entré dans le mouvement sioniste, est essentiellement celui que j'éprouve aujourd'hui... J'espérais que ce nationalisme ne suivrait pas le chemin des autres - commençant par une grande espérance - et se dégradant ensuite jusqu'à devenir un égoïsme sacré, osant même, comme Mussolini, se proclamer *sacro egoïsmo*, comme si l'égoïsme collectif pouvait être plus sacré que l'égoïsme individuel. Lorsque nous sommes retournés en Palestine, la question décisive fut : Voulez-vous venir ici comme un ami, un frère, un membre de la communauté des peuples du Proche-Orient, ou comme les représentants du colonialisme et de l'impérialisme ?

La contradiction entre le but et les moyens pour l'atteindre a divisé les sionistes : les uns voulaient recevoir des Grandes Puissances des privilèges politiques particuliers, les autres, surtout les jeunes, voulaient seulement qu'on leur permette de travailler en Palestine avec leurs voisins, pour la Palestine et pour l'avenir...

Tout ne fut pas toujours parfait dans nos rapports avec les Arabes, mais il y avait, en général, bon voisinage entre village juif et village arabe.

Cette phase organique de l'établissement en Palestine dura jusqu'à l'époque d'Hitler.

C'est Hitler qui a poussé des masses de juifs à venir en Palestine, et non pas une élite qui venait accomplir leur vie et préparer l'avenir. Ainsi, à un développement organique sélectif a succédé une immigration de masse avec la nécessité de trouver une force politique pour sa sécurité... La majorité des juifs a préféré apprendre d'Hitler que de nous... Hitler a montré que l'histoire ne suit pas le

chemin de l'esprit, mais celui du pouvoir, et que lorsqu'un peuple est assez fort, il peut tuer avec impunité...
Telle est la situation que nous avions à combattre... Au "Ihud" nous proposons... que Juifs et Arabes ne se contentent pas de coexister mais de coopérer... Cela rendrait possible un développement économique du Proche-Orient, grâce auquel le Proche- Orient pourrait apporter une grande, une essentielle contribution à l'avenir de l'humanité."

Source : *Jewish Newsletter* du 2 juin 1958.

S'adressant au XIIe Congrès sioniste à Karlsbad, le 5 septembre 1921, il disait :

"Nous parlons de l'esprit d'Israël, et nous croyons n'être pas semblables aux autres nations... Mais si l'esprit d'Israël n'est rien de plus que la synthèse de notre identité nationale, rien de plus qu'une belle justification de notre égoïsme collectif... transformé en idole, nous qui avons refusé d'accepter tout prince autre que le Seigneur de l'univers, alors nous sommes comme les autres nations, et nous buvons avec elles à la coupe qui les enivre. La nation n'est pas la valeur suprême... Les juifs sont plus qu'une nation : les membres d'une communauté de foi.

"La religion juive a été déracinée, et ceci est l'essence de la maladie dont le symptôme fut la naissance du nationalisme juif au milieu du XIXe siècle. Cette forme nouvelle du désir de la terre est l'arrière-fond qui marque ce que le judaïsme national moderne a emprunté au nationalisme moderne de l'Occident...

"Qu'est-ce-que l'idée "d'élection" d'Israël a à faire en tout cela ?"l'élection" ne désigne pas un sentiment de supériorité, mais un sens de la destinée. Ce sentiment ne naît pas d'une comparaison avec les autres, mais d'une vocation et d'une responsabilité d'accomplir une tâche que les prophètes n'ont cessé de rappeler : si vous vous vantez d'être choisis au lieu de vivre dans l'obéissance à Dieu, c'est une forfaiture."

Évoquant cette "crise nationaliste" du sionisme politique qui est perversion de la spiritualité du judaïsme, il concluait :

"Nous espérions sauver le nationalisme juif de l'erreur de faire d'un peuple une idole. Nous avons échoué."

Source : Martin Buber, *Israel and the world.*
Ed. Schocken, New-York, 1948, p. 263.

Le Professeur Judas Magnes, Président de l'Université hébraïque de

Jérusalem depuis 1926, considérait que le "Programme de Biltmore" de 1942, exigeant la création d'un État Juif en Palestine "conduirait à la guerre contre les Arabes.".

> Source : Norman Bentwich. *For Zion's sake.*
> Biographie de Judas Magnes.
> Philadelphie. Jewish Publication
> society of America. 1954. p. 352.

Prononçant, à la rentrée de 1946, le discours d'ouverture de cette Université hébraïque de Jérusalem qu'il présidait depuis 20 ans il disait :

> "La nouvelle voix juive parle par la bouche des fusils... Telle est la nouvelle Thora de la terre d'Israël. Le monde a été enchaîné à la folie de la force physique. Le ciel nous garde d'enchaîner maintenant le judaïsme et le peuple d'Israël à cette folie. C'est un judaïsme païen qui a conquis une grande partie de la puissante diaspora. Nous avions pensé, au temps du sionisme romantique, que Sion devait être racheté par la droiture. Tous les juifs d'Amérique portent la responsabilité de cette faute, de cette mutation... même ceux qui ne sont pas d'accord avec les agissements de la direction païenne, mais qui restent assis, les bras croisés. L'anesthésie du sens moral conduit à son atrophie."
>
> Source : *Ibidem*, p. 131.

En Amérique, en effet, depuis la Déclaration de Biltmore, les dirigeants sionistes avaient désormais le plus puissant protecteur : les États-Unis. L'Organisation sioniste mondiale avait balayé l'opposition des juifs fidèles aux traditions spirituelles des prophètes d'Israël, et exigé la création, non plus d'un "foyer national juif en Palestine", selon les termes (sinon l'esprit) de la Déclaration Balfour de la précédente guerre, mais la création d'un État juif de Palestine.

Déjà, en 1938, Albert Einstein avait condamné cette orientation :

> "Il serait, à mon avis, plus raisonnable d'arriver à un accord avec les Arabes sur la base d'une vie commune pacifique que de créer un État juif... La conscience que j'ai de la nature essentielle du judaïsme se heurte à l'idée d'un État juif doté de frontières, d'une armée, et d'un projet de pouvoir temporel, aussi modeste soit-il. Je crains les dommages internes que le judaïsme subira en raison du développement, dans nos rangs, d'un nationalisme étroit... Nous ne sommes plus les juifs de la période des Macchabées. Redevenir une nation, dans le sens politique du mot, équivaudrait à se détourner de

la spiritualisation de notre communauté que nous devons au génie de nos prophètes.''

Source : Rabbin Moshé Menuhin :
The Decadence of Judaism in our time.
1969, p. 324.

Les rappels n'ont pas manqué lors de chaque violation, par Israël, de la loi internationale.

Pour ne citer que deux exemples, où il fut dit à haute voix ce que des millions de juifs pensent - mais sans pouvoir le dire publiquement sous l'inquisition intellectuelle des lobbies israélo-sionistes : en 1960, lors du procès d'Eichmann à Jérusalem l'American Council for judaism déclarait :

''Le Conseil américain du Judaïsme a adressé hier lundi une lettre à M. Christian Herter pour dénier au gouvernement israélien le droit de parler au nom de tous les Juifs.
Le Conseil déclare que le Judaïsme est une affaire de religion et non de nationalité.''

Source : *Le Monde*, du 21 juin 1960.

Le 8 juin 1982, le Professeur Benjamin Cohen, de l'Université de Tel-Aviv, lors de l'invasion sanglante des Israéliens au Liban, écrit à P. Vidal-Naquet :

''Je vous écris en écoutant le transistor qui vient d'annoncer que ''nous'' sommes en train d'atteindre notre objectif'' au Liban : assurer ''la paix'' aux habitants de Galilée. Ces mensonges dignes de Goebbels me rendent fou. Il est clair que cette guerre sauvage, plus barbare que toutes les précédentes, n'a rien à voir, ni avec l'attentat de Londres, ni avec la sécurité de la Galilée... Des juifs, fils d'Abraham... Des juifs victimes eux-mêmes de tant de cruautés, peuvent-ils devenir tellement cruels ?... Le plus grand succès du sionisme n'est donc que ceci : la ''déjudaïsation''... des juifs.
Faites, chers amis, tout ce qui est en votre pouvoir pour que les Begin et les Sharon n'atteignent pas leur double objectif : la liquidation finale (expression à la mode ici ces jours-ci) des Palestiniens en tant que peuple et des Israéliens en tant qu'êtres humains''.

Source : Lettre publiée dans *Le Monde* du 19 juin 1982. p. 9.

''Le professeur Leibowitz, traite la politique israélienne au Liban de judéo-nazie.''

Source : *Yediot Aharonoth*, 2 juillet 1982, p. 6.

Tel est l'enjeu de la lutte entre la foi juive prophétique et le nationalisme sioniste, fondé, comme tout nationalisme, sur le refus de l'autre et la sacralisation de soi.

Tout nationalisme a besoin de sacraliser ses prétentions : après la dislocation de la chrétienté, les États-nations ont eu chacun la prétention d'avoir recueilli l'héritage du sacré et d'avoir reçu l'investiture de Dieu : La France, est la ''Fille aînée de l'Église'', par laquelle s'accomplit l'action de Dieu (*Gesta Dei per Francos*). L'Allemagne est ''au-dessus de tout'' parce que Dieu est avec elle (*Gott mit uns*). Eva Peron proclame que ''la Mission de l'Argentine est d'apporter Dieu au monde'', et, en 1972, le Premier ministre de l'Afrique du Sud, Vorster, célèbre par le racisme sauvage de ''l'apartheid'', vaticine à son tour : ''N'oublions pas que nous sommes le peuple de Dieu, investi d'une mission''... Le nationalisme sioniste partage cette ivresse de tous les nationalismes.

Même les plus lucides se laissent tenter par cette ''ivresse''.

Même un homme comme le Professeur André Neher, dans son beau livre : *L'essence du prophétisme* (Ed. Calmann-Lévy. 1972. p. 311.) après avoir si bien évoqué le sens universel de l'Alliance :

> alliance de Dieu avec l'homme, en arrive à écrire qu'Israël est ''le signe, par excellence, de l'histoire divine dans le monde. Israël est l'axe du monde, il en est le nerf, le centre, le cœur.''
>
> (p. 311)

De tels propos évoquent fâcheusement le ''mythe aryen'' dont l'idéologie fonda le pangermanisme et l'hitlérisme. Dans cette voie l'on est aux antipodes de l'enseignement des Prophètes et de l'admirable *Je et Tu* de Martin Buber.

L'exclusivisme interdit le dialogue : l'on ne peut ''dialoguer'' ni avec Hitler, ni avec Begin, puisque leur supériorité raciale ou leur alliance exclusive avec le divin ne leur laisse plus rien à attendre de l'autre.

Parce que nous avons conscience qu'à notre époque il n'existe d'autre alternative que le dialogue ou la guerre, et que le dialogue exige, comme nous ne cessons de le répéter, que chacun ait, au départ, conscience de ce qui manque à sa propre foi, et qu'il a besoin de l'autre pour combler en soi ce vide qui est la condition de tout dépassement et de tout désir de plénitude (qui est l'âme de toute foi vivante.)

Notre anthologie du crime sioniste se situe dans le prolongement des efforts de ceux des Juifs qui ont tenté de défendre un judaïsme prophétique contre un sionisme tribal.

Ce qui nourrit l'antisémitisme, ce n'est pas la critique de la politique d'agression, d'imposture et de sang du sionisme israélien, c'est le soutien inconditionnel de cette politique qui ne retient, des grandes traditions du judaïsme, que ce qui justifierait, par une interprétation littéraliste, cette politique, et l'élèverait au-dessus de toute loi internationale en la sacralisant par les mythes d'hier et d'aujourd'hui.

I

Les mythes théologiques

1. Le mythe de la "promesse" : terre promise ou terre conquise ?

"À ta postérité je donne ce pays, du fleuve d'Égypte jusqu' au grand fleuve, le fleuve d'Euphrate."

Genèse XV, 18

La lecture intégriste du sionisme politique :

"Si l'on possède le livre de la Bible, si l'on se considère comme le peuple de la Bible, on devrait posséder toutes les terres bibliques."

Général Moshé Dayan. *Jerusalem Post,* 10 août 1967.

L e 25 février 1994, le Docteur Baruch Goldstein massacre les Arabes en prières dans le tombeau des patriarches. Le 4 novembre 1995, Ygal Amir assassine Ytzhak Rabin, *"sur l'ordre de Dieu"*, et de son groupe de "guerriers d'Israël", d'exécuter quiconque céderait aux Arabes la "terre promise" de "Judée et de Samarie" (l'actuelle Cisjordanie).

a) Dans l'exégèse chrétienne

Albert de Pury, professeur d'Ancien Testament à la faculté de Théologie protestante de Genève, résume ainsi sa thèse de doctorat "Promesse divine et légende cultuelle dans le cycle de Jacob" (2 vol., éd. Gabalda, Paris, 1975), dans laquelle il intègre, discute et prolonge les recherches des plus grands historiens et exégètes contemporains notamment : Albrecht Alt et Martin Noth (voir : *Histoire d'Israël*, de M. Noth, traduction française, chez Payot 1954 ; *Théologie de l'Ancien Testament*, 1971 Ed. Labor et Fides, Genève, par Von Rad ; le Père R.

de Vaux : *Histoire ancienne d'Israël* (2 volumes), Paris 1971.

"Le thème biblique du don du pays a son origine dans la "promesse patriarcale", c'est-à-dire dans cette promesse divine adressée, selon la tradition de la Genèse, au patriarche Abraham. Les récits de la Genèse nous rapportent à plusieurs reprises et sous les formes diverses que Dieu a promis aux patriarches et à leurs descendants la possession du pays dans lequel ils étaient en train de s'établir. Prononcée à Sichem (Gn 12/7), à Béthel (Gn 13/14-16 ; 28/13-15 ; 35/11-12) et à Mamré (près d'Hébron, Gn 15/18-21 ; 17/4-8), donc aux sanctuaires principaux de Samarie et de Judée, cette promesse semble s'appliquer avant tout aux régions de l'actuelle Cisjordanie.

Les narrateurs bibliques nous présentent l'histoire des origines d'Israël comme une suite d'époques bien délimitées. Tous les souvenirs, histoires, légendes, contes ou poèmes qui leur sont parvenus, charriés par la tradition orale, ils les insèrent dans un cadre généalogique et chronologique précis. Comme en conviennent presque tous les exégètes modernes, ce schéma historique est largement fictif.

Les travaux d'Albrecht Alt et de Martin Noth ont montré en particulier que la division en époques successives (Patriarches - servitude en Égypte - conquête de Canaan) est artificielle."[1]

Résumant, en accord avec la thèse d'Albert de Pury, les travaux de l'exégèse contemporaine, Madame Françoise Smyth, doyenne de la Faculté de théologie protestante de Paris, écrit :

> "La recherche historique récente a réduit à l'état de fiction les représentations classiques d'exode hors d'Égypte, de conquête de Canaan, d'unité nationale israélite avant l'exil, de frontières précises ; l'historiographie biblique ne renseigne pas sur ce qu'elle raconte mais sur ceux qui l'élaborent."
>
> Source : Françoise Smyth. "*Les protestants, la Bible et Israël depuis 1948*". Dans *la Lettre*

---

[1] Cf. A. Alt, "*Der Gott der Väter*" (1929), in A. Alt, *Kleine Schriften zur Geschichte des Volkes Israel, I,* Munich, 1953 (= 1963), p. 1-78 (tr. angl. in *Essays on old Testament History and Religion*, Oxford, Blackwell, 1966, p. 1-77 "Die Landnahme der Israeliten in Palästina" (1925), in *Kleine Schriften ,* I, p.89-125 (tr. angl. *idem*, p. 133-169)

de novembre 1984, No 313, p. 23.

Madame Françoise Smyth-Florentin a fait une mise au point rigoureuse sur le mythe de la promesse dans le livre *Les Mythes illégitimes. Essai sur la "terre promise"*. Ed. Labor et Fides. Genève 1994.

Albert de Pury poursuit : "La plupart des exégètes ont tenu et tiennent la promesse patriarcale dans son expression classique (cf. par exemple Gn 13/14-17 ou Gn 15/18-21) pour une légitimation post eventum de la conquête israélite de la Palestine ou, plus concrètement encore, de l'extension de la souveraineté israélite sous le règne de David. En d'autres termes, la promesse aurait été introduite dans les récits patriarcaux afin de faire de cette "épopée ancestrale" un prélude et une annonce de l'âge d'or davidique et salomonien.

Nous pouvons maintenant circonscrire sommairement les origines de la promesse patriarcale :

1.   La promesse de la terre, entendue comme une promesse de sédentarisation, a été adressée en premier à des groupes de nomades qui étaient soumis au régime des transhumances et qui aspiraient à se fixer quelque part dans les régions habitables. Sous cette forme-là, la promesse a pu faire partie du patrimoine religieux et narratif de plusieurs groupes tribaux différents.[2]

---

[2] "La lecture des textes sacrés du Moyen-Orient nous montre que tous les peuples y ont reçu des promesses semblables de leur dieu leur promettant la terre, de la Mésopotamie à l'Égypte, en passant par les Hittites.
En Égypte, sur la stèle de Karnak, dressée par Thoutmosis III (entre 1480 et 1475 av. J.C.) pour célébrer les victoires qu'il avait accumulées sur la route de Gaza, Megiddo, Qadesh, et jusqu'à Karkemish (sur l'Euphrate), le dieu déclare : "je t'assigne, par décret, la terre de long en large. Je suis venu et je te donne d'écraser la terre d'Occident."
À l'autre bout du "croissant fertile", en Mésopotamie, dans la 6e tablette du "Poème babylonien de la création", le dieu, Mardouk, "fixe à chacun son lot" (verset 46), et pour sceller l'Alliance ordonne de construire Babylone et son temple".(a)
Entre les deux, les Hittites chantent à Arinna, la déesse solaire :
"Tu veilles sur la sécurité des cieux et de la terre Tu établis les frontières du pays". (b)
Si les Hébreux n'avaient pas reçu une telle promesse, alors ils constitueraient vraiment une exception ! (c)

2.   La promesse nomade avait pour objet, non pas la conquête politique et militaire d'une région ou de tout un pays, mais la sédentarisation dans un territoire limité.

3.   À l'origine, la promesse patriarcale dont nous parle la Genèse n'a pas été accordée par Yahvé (le dieu qui est entré en Palestine avec le "groupe de l'Exode"), mais par le dieu cananéen El dans une de ses hypostases locales. Seul le dieu local, possesseur du territoire, pouvait offrir à des nomades la sédentarisation sur ses terres.

4.   Plus tard, lorsque les clans nomades sédentarisés se sont regroupés avec d'autres tribus pour former le "peuple d'Israël", les anciennes promesses ont pris une nouvelle dimension. La sédentarisation était un objectif atteint, et la promesse prenait désormais une portée politique, militaire et "nationale". Ainsi réinterprétée, la promesse fut comprise comme la préfiguration de la conquête définitive de la Palestine, comme l'annonce et la légitimation de l'empire davidique."

Le contenu de la promesse patriarcale

"Alors que la promesse "nomade", visant la sédentarisation d'un clan moutonnier, remonte sans doute à une origine *ante eventum*, il n'en va pas de même de la promesse élargie aux dimensions "nationales". Étant donné que les tribus "israélites" ne se sont unies qu'après leur installation en Palestine, la réinterprétation de la promesse nomade en une promesse de souveraineté politique doit avoir été opérée post eventum. Ainsi, la promesse de Gn 15/18-21, qui envisage la souveraineté du peuple élu sur toutes les régions situées "entre le Torrent d'Égypte (= le wadi `Arish) et le Grand Fleuve, le fleuve Euphrate" et sur tous les peuples qui y habitent, est manifestement un *vaticinium ex eventu* s'inspirant des conquêtes davidiques.

Les recherches exégétiques ont permis d'établir que l'élargissement de la promesse "nomade" en une promesse "nationale" a dû se faire avant la première mise par écrit des récits patriarcaux.

Le Yahviste, qui peut être considéré comme le premier grand

(a) - *Les religions du Proche-Orient*, par René Labet, Fayard, 1970, p. 60. (b) - *Ibidem* p. 557. (c) - Voir, sur la promesse, la thèse du Père Landouzies, à l'Institut catholique de Paris., sur *Le don de la terre de Palestine* (1974), pp. 10-15.

narrateur (ou plutôt : éditeur de récits) de l'Ancien Testament, a vécu à l'époque de Salomon. Il a été par conséquent le contemporain et le témoin de ces quelques décennies où la promesse patriarcale, réinterprétée à la lumière de David, semblait s'être réalisée au-delà de toutes les espérances.

Le passage de Gn 12/3b est un des textes-clef pour la compréhension de l'œuvre du Yahviste. D'après ce texte, la bénédiction d'Israël doit avoir pour corollaire la bénédiction de tous "les clans de la terre (`adámâh)''. Les clans de la terre, ce sont d'abord toutes les peuplades qui partagent avec Israël la Palestine et la Transjordanie.

Ainsi nous ne sommes pas en mesure d'affirmer qu'à tel ou tel moment dans l'histoire Dieu se soit présenté devant un personnage historique nommé Abraham et qu'il lui ait conféré les titres légaux de la possession du pays de Canaan. Du point de vue juridique, nous n'avons entre nos mains aucun acte de donation signé ''Dieu'', et nous avons même de bonnes raisons de penser que la scène de Gn-12/1-8 ; 13/14-18, par exemple, n'est pas le reflet d'un événement historique.

Est-il possible, dès lors, d'actualiser la promesse patriarcale ? Si actualiser la promesse signifie s'en servir comme d'un titre de propriété ou la mettre au service d'une revendication politique, alors certainement pas.

Nulle politique n'est en droit de revendiquer pour elle-même la caution de la promesse.

L'on ne saurait se rallier en aucune manière à ceux d'entre les chrétiens qui considèrent les promesses de l'Ancien Testament comme une légitimation des revendications territoriales actuelles de l'État d'Israël.''

> Source : Tous ces textes sont extraits de la conférence donnée le 10 février 1975 à Crêt-Bérard (Suisse) lors d'un colloque sur les interprétations théologiques du conflit israélo-arabe, publié dans la revue *Études théologiques et religieuses*, No 3, 1976 (Montpellier).

b) Dans l'exégèse prophétique juive

(Conférence du Rabbin Elmer Berger, ancien Président de la Ligue pour le judaïsme aux États-Unis.)

"Il est inadmissible pour quiconque de prétendre que l'implantation actuelle de l'État d'Israël est l'accomplissement d'une prophétie biblique et, par conséquent, que toutes les actions accomplies par les Israéliens pour instaurer leur État et pour le maintenir sont d'avance ratifiées par Dieu.

La politique actuelle d'Israël a détruit, ou, au moins, obscurci la signification spirituelle d'Israël.

Je me propose d'examiner deux éléments fondamentaux de la tradition prophétique.

a - D'abord, lorsque les Prophètes ont évoqué la restauration de Sion, ce n'était pas la terre qui avait par elle-même un caractère sacré. Le critère absolu et indiscutable de la conception prophétique de la Rédemption, c'était la restauration de l'Alliance avec Dieu, alors que cette Alliance avait été rompue par le Roi et par son peuple.

Michée le dit en toute clarté,

"Écoutez-donc, chefs de la maison de Jacob, et dirigeants de la maison d'Israël, vous qui haïssez le bien et aimez le mal, ... qui bâtissez Sion dans le sang et Jérusalem dans le crime…Sion sera labourée comme un champ, Jérusalem deviendra un monceau de ruines, et la montagne du Temple un haut lieu d'idolâtrie."

Source : Michée III, 1 - 12.

Sion n'est sainte que si la Loi de Dieu règne sur elle. Et cela ne signifie pas que toute Loi édictée à Jérusalem est une Loi sainte.

b - Ce n'est pas seulement la terre qui dépend de l'observance et de la fidélité à l'Alliance : le peuple réinstallé à Sion est tenu aux mêmes exigences de justice, de droiture, et de fidélité à l'Alliance de Dieu.

Sion ne pouvait attendre une restauration d'un peuple s'appuyant sur des traités, des alliances, des rapports militaires de force, ou d'une hiérarchie militaire cherchant à établir sa supériorité sur les voisins d'Israël.

... La tradition prophétique montre clairement que la sainteté de la terre ne dépend pas de son sol, ni celle de son peuple, de sa seule présence sur ce territoire.

Seule est sacrée, et digne de Sion, l'Alliance divine qui s'exprime dans le comportement de son peuple.

Or l'actuel État d'Israël n'a aucun droit à se réclamer de l'accomplissement du projet divin pour une ère messianique...

C'est là pure démagogie du sol et du sang.

Ni le peuple ni la terre ne sont sacrés et ne méritent aucun privilège spirituel du monde.

Le totalitarisme sioniste qui cherche à se soumettre tout le peuple juif, fût-ce par la violence et la force, en fait un peuple parmi les autres et comme les autres."

Source : Rabbin Elmer Berger : *Prophecy, Zionism and the state of Israël,* Ed. American Jewish Alternatives to Zionism. Conférence prononcée à l'Université de Leiden (Pays-Bas) le 20 mars 1968.

* * *

Ygal Amir, l'assassin d'Ytzhak Rabin, n'est ni un voyou ni un fou mais un pur produit de l'éducation sioniste. Fils de rabbin, excellent étudiant de l'Université cléricale de Bar Ilan près de Tel-Aviv, nourri des enseignements des écoles talmudiques, soldat d'élite dans le Golan, ayant dans sa bibliothèque la biographie de Baruch Goldstein (celui qui assassina, il y a quelques mois, à Hébron, 27 Arabes en prière dans le tombeau des patriarches). Il avait pu voir, à la télévision officielle israélienne, le grand reportage sur le groupe "Eyal" (Les guerriers d'Israël) jurant, sur la tombe du fondateur du sionisme politique, Théodore Herzl, d'"exécuter quiconque céderait aux Arabes la "terre promise" de Judée et de Samarie" (l'actuelle Cisjordanie).

L'assassinat du Président Rabin, (comme celui que perpétra Goldstein) s'inscrit dans la stricte logique de la mythologie des intégristes sionistes : l'ordre de tuer, dit Ygal Amir "vient de Dieu", comme au temps de Josué.

Source : *Le Monde* (A.F.P.) du 8 novembre 1995.

Ce n'était pas un marginal dans la société israélienne : le jour du meurtre d'Ytzhak Rabin, les colons de Kiryat Arba et d'Hébron dansaient de joie en récitant des psaumes de David autour du mausolée érigé à la gloire de Baruch Goldstein.

Source : *El Païs* (Espagne) du 7 novembre 1995, p. 4.

Ytzhak Rabin était une cible symbolique, non pas, comme Bill Clinton l'a prétendu à ses obsèques, parce qu'il aurait "combattu toute sa vie pour la paix". (Commandant les troupes d'occupation au début de l'Intifada, c'est lui qui donnait l'ordre de "casser les os des bras" aux enfants de la terre palestinienne qui n'avaient d'autre arme que les vieilles pierres de leur pays se levant avec eux pour défendre la terre de leurs ancêtres.)

Mais Ytzhak Rabin, avec réalisme, avait compris (comme les Américains au Viêt-Nam ou les Français en Algérie) qu'aucune solution militaire définitive n'est possible lorsqu' une armée se heurte, non à une autre armée, mais à tout un Peuple.

Il s'était donc engagé, avec Yasser Arafat, dans la voie d'un compromis : une autonomie administrative était octroyée à une partie des territoires dont l'occupation avait été condamnée par les Nations Unies, tout en maintenant la protection militaire israélienne des ''colonies'' volées aux autochtones et devenues, comme à Hébron, des séminaires de la haine.

C'était trop déjà pour les intégristes bénéficiaires de ce colonialisme : ils créèrent, contre Rabin qu'ils présentaient comme un ''traître'', le climat conduisant à l'infamie de son assassinat.

Ytzhak Rabin a été victime, après des milliers de Palestiniens, du mythe de la ''terre promise'', prétexte millénaire des colonialismes sanglants.

Cet assassinat fanatique montre, une fois de plus, qu'une paix véritable entre un État d'Israël en sécurité dans les frontières fixées par le partage de 1947, et un État palestinien totalement indépendant, exige l'élimination radicale du colonialisme actuel, c'est-à-dire de toutes les colonies qui constituent, à l'intérieur du futur État palestinien, d'incessantes sources de provocation et autant de détonateurs pour des guerres futures.

***

2. Le mythe du "peuple élu"

"Ainsi parle le Seigneur : mon fils premier né c'est Israël."
Exode IV, 22.

La lecture intégriste du sionisme politique :

"Les habitants du monde peuvent être répartis entre Israël et les autres nations prises en bloc. Israël est le peuple élu : dogme capital."
Source : Rabbin Cohen, dans son livre,
Le Talmud. Ed. Payot, Paris, 1986, p. 104.

C e mythe c'est la croyance, sans aucun fondement historique, selon laquelle le monothéisme serait né avec l'Ancien Testament. Il ressort au contraire, de la Bible elle-même, que ses deux principaux rédacteurs : le Yahviste et l'Élohiste, n'étaient ni l'un ni l'autre des monothéistes : ils proclamaient seulement la supériorité du Dieu hébreu sur les autres dieux, et sa "jalousie" à leur égard (Exode XX, 2-5). Le Dieu de Moab : Kamosh, est reconnu (Juges XI, 24 et II Rois, 27) comme "les autres dieux" (I. Samuel XXVII, 19).

La T.O.B souligne en note : "Très longtemps, en Israël on a cru à l'existence et à la puissance des dieux étrangers." (p. 680 note d)[3]

Ce n'est qu'après l'exil, et notamment chez les Prophètes, que le monothéisme s'affirmera, c'est-à-dire que l'on passera des formules comme celles de l'Exode : "Tu n'auras pas d'autres dieux que moi." (XX, 3) à celle qui ne se contente pas d'exiger l'obéissance à Yahvé et non aux autres dieux (comme il est même répété dans le Deutéronome : "Vous n'irez pas à la suite d'autres dieux." (VI, 14)), mais qui proclame : "Je suis Dieu, il n'y en a pas d'autre." (Esaïe XLV, 22). Cette affirmation indiscutable du monothéisme date de la deuxième moitié du VIe siècle (entre 550- et 539).

---

[3] TOB : Traduction œcuménique de la Bible.

Le monothéisme est en effet le fruit d'un long mûrissement des grandes cultures du Moyen-Orient, celle de la Mésopotamie et celle de l'Égypte.

Dès le XIIIe siècle, le Pharaon Akhenaton avait fait effacer de tous les temples le pluriel du mot ''Dieu''. Son ''Hymne au soleil'' est paraphrasé presque textuellement dans le Psaume 104. La religion babylonienne s'achemine vers le monothéisme ; évoquant le Dieu Mardouk, l'historien Albright marque les étapes de cette transformation :

> ''Quand on a reconnu que de nombreuses divinités différentes ne sont que les manifestations d'un seul Dieu... il n'y a qu'un pas à faire pour parvenir à un certain monothéisme.''
> Source : Albright, Les religions dans le Moyen-Orient, p. 159.

Le ''Poème babylonien de la Création'' (qui date du XIe siècle avant notre ère) porte témoignage de ces ''derniers pas'' : ''Si les humains sont divisés quant aux dieux, nous, par tous les noms dont nous l'aurons nommé, qu'il soit, Lui, notre Dieu.''

Cette religion a atteint ce degré d'intériorité où apparaît l'image du Juste souffrant :

> ''Je veux louer le Seigneur de la sagesse... Mon Dieu m'a abandonné...
> Je paradais comme un Seigneur, et je rase les murs...
> Tous les jours je gémis comme une colombe et les larmes brûlent mes joues.
> Et pourtant la prière était pour moi sagesse,
> et le sacrifice ma loi.
> Je croyais être au service de Dieu,
> mais les desseins divins, au fond des abîmes, qui peut les comprendre ?
> Qui donc, sinon Mardouk, est le maître de la résurrection ? Vous dont il modela l'argile originelle,
> Chantez la gloire de Mardouk.''
> Source : op. cit. p. 329 à 341.

Cette image de Job lui est antérieure de plusieurs siècles. Une image semblable du juste souffrant, celle de Danel (pas celui de la Bible hébreue) puni par Dieu et ramené par lui sur la terre, se trouve dans les textes ougaritiques de Ras Shamra, dans ce qu'on a pu appeler ''La

Bible cananéenne'' antérieure à celle des Hébreux puisqu' Ezéchiel cite Danel à côté de Job (Ez. XIV, 14 et 20).

Ce sont là des paraboles dont la signification spirituelle ne dépend nullement de la vérification historique.

C'est, par exemple, le cas de cette merveilleuse parabole de la résistance à l'oppression et de la libération qu'est le récit de l'Exode.

Il importe peu que ''le passage de la mer de roseaux ne puisse être considéré comme un événement historique'', écrit Mircea Eliade[4] et ne concerne pas l'ensemble des Hébreux, mais quelques groupes de fugitifs. Il est par contre signifiant que la sortie d'Égypte, dans cette version grandiose, ait été ''mise'' en relation avec la célébration de Pâques... revalorisée et intégrée à l'histoire sainte du Yahvisme.[5]

À partir de 621 avant J.-C. la célébration de l'Exode prend en effet la place d'un rite agraire cananéen de la Pâques au printemps : la fête de la résurrection d'Adonis.

L'Exode devient ainsi l'acte fondateur de la renaissance d'un peuple arraché à l'esclavage par son dieu.

L'expérience divine de cet arrachement de l'homme à ses servitudes anciennes se retrouve dans les peuples les plus divers : la longue errance, au XIIIe siècle, de la tribu aztèque ''mexica'' qui après plus d'un siècle d'épreuves arrive dans la vallée sous la conduite de son dieu. Il lui ouvre la voie là où nulle route n'était jusque-là tracée. Il en est de même des voyages initiatiques vers la liberté du Kaïdara africain. La fixation au sol de tribus nomades ou errantes est liée chez tous les peuples - en particulier au Moyen-Orient - à la donation de la terre promise par un dieu.

Des mythes jalonnent le chemin de l'humanisation et de la divinisation de l'homme. Celui du Déluge, par lequel Dieu punit les fautes des hommes et recommence sa création, se retrouve dans toutes les civilisations depuis le Gilgamesh mésopotamien jusqu'au *Popol*

---

[4] Mircea Eliade. ''*Histoire des croyances et des idées religieuses*'' (T. I., p. 190).

[5] *Ibidem*. p. 191.

Vuh des Mayas (1ère partie, chap. 3).

Les hymnes de louange à Dieu naissent dans toutes les religions comme les psaumes en l'honneur de Pachamama, la déesse mère ou du Dieu des Incas,

> ''Wiraqocha, racine de l'être,
> Dieu toujours proche...
> qui crée en disant :
> que l'homme soit !
> que la femme soit !
> Wiraqocha, Seigneur lumineux,
> Dieu qui fait être et qui fait mourir...
> Toi qui renouvelles la création
> Garde ta créature
> de longs jours
> pour qu'elle puisse
> se parfaire...
> marchant sur la route droite.''

Si un préjugé ethnocentrique n'y faisait obstacle, pourquoi, sur ces textes sacrés, qui sont, pour chaque peuple, leur ''Ancien Testament'', ne déploierait-on pas une réflexion théologique sur les moments de la découverte du sens de la vie ?

Alors seulement, le message de la vie et des paroles de Jésus atteindraient la véritable universalité : il serait enraciné dans toutes les expériences vécues du divin et non pas étriqué et même étouffé par une tradition unilatérale. La vie propre de Jésus, sa vision radicalement nouvelle du Royaume de Dieu, non plus portée par la puissance des grands, mais par l'espérance des pauvres, ne serait plus gommée au profit d'un schéma historique allant seulement des promesses de victoire faites à un peuple jusqu'à leur accomplissement.

Nous n'avons évoqué ici, dans leur antériorité, que les religions du Proche-Orient, au sein desquelles a germé le monothéisme et parmi lesquelles se sont formés les Hébreux.

Dans d'autres cultures, non-occidentales, la marche au monothéisme est plus ancienne encore.

Par exemple en Inde dans les Vedas.

"Les sages donnent à l'Être Unique plus d'un nom"
(Hymne du *Rig-Veda* III, 7).

Vrihaspati "c'est notre Père, qui contient tous les dieux."
(III, 18)

"Celui qui est notre Père, a engendré et contient tous les êtres. Dieu unique, il fait les autres dieux. Tout ce qui existe le reconnaît pour maître... Vous connaissez Celui qui a fait toutes choses ; c'est le même qui est au dedans de vous."
(CXI, 11).

"Ses noms sont multiples mais Il est Un."

Ces textes sacrés, s'échelonnent entre le XVIe et le VIe siècle avant Jésus-Christ, et le père Monchanin (S.J.) dans son effort d'intuition pour se situer à l'intérieur des Vedas, les appelait : "Le poème liturgique absolu."

Source : Jules Monchanin : *Mystique de l'Inde, mystère chrétien.*
p. 231-229.

3. Le mythe de Josué : la purification ethnique

"Josué, et tout Israël avec lui, passa de Lakish à Hébron. Yahvé livra Lakish aux mains d'Israël. Ils s'en emparèrent et la passèrent au tranchant de l'épée au point de ne lui laisser aucun survivant... Josué, et tout Israël avec lui, monta de Eglôn à Hébron".

Livre de Josué X, 34.

La lecture intégriste du sionisme politique :

Le 9 avril 1948, Menahem Begin, avec ses troupes de l'Irgoun, massacre les 254 habitants du village de Deir Yassin, hommes, femmes et enfants.

Nous n'étudierons ce passage de la fossilisation du mythe en histoire et des prétentions de ce "bricolage historique" à la justification d'une politique que dans un cas particulier : celui de l'instrumentalisation des récits bibliques, parce qu'ils n'ont cessé de jouer un rôle déterminant dans le devenir de l'Occident en couvrant ses entreprises les plus sanglantes, depuis la persécution des Juifs par les Romains, puis par les chrétiens, jusqu'aux Croisades, aux Inquisitions, aux Saintes-alliances, aux dominations coloniales exercées par les "peuples élus", jusqu'aux exactions de l'État d'Israël, non pas seulement par sa politique d'expansion au Moyen-Orient, mais par les pressions de ses lobbies, dont le plus puissant, dans la "puissance la plus puissante" : les États-Unis, joue un rôle de premier plan dans la politique américaine de domination mondiale et d'agression militaire.

Telle est la raison de notre choix : l'exploitation d'un passé mythique oriente l'avenir vers ce qui pourrait être un suicide planétaire.

* * *

La Bible contient, au-delà du récit des massacres ordonnés par un "Dieu des armées", le grand prophétisme d'Amos, d'Ézéchiel, d'Isaïe, et de Job, jusqu'à Annonciation d'une "nouvelle alliance" avec Daniel.

Cette *nouvelle alliance* (ce *Nouveau Testament*) marquera, à la fois, la plus grande mutation dans l'histoire des hommes et des dieux, avec la levée de Jésus, en laquelle, comme le disent les Pères de l'Église d'Orient : "Dieu s'est fait homme pour que l'homme puisse devenir Dieu''. Puis ce fut le retour, avec Saint Paul, à la vision traditionnelle du Dieu souverain et tout puissant, dirigeant de l'extérieur et d'en haut la vie des hommes et des communautés, non plus par la "loi" juive, mais par une "grâce" chrétienne qui aurait la même extériorité détruisant la responsabilité de l'homme.

"C'est par la grâce que vous êtes sauvés. Vous n'y êtes pour rien. C'est le don de Dieu.''

(Éphésiens, II, 8)

Nous ne traiterons pas de la Bible en général, mais seulement de la partie dont prétendent s'inspirer aujourd'hui le régime théocratique israélien et le mouvement sioniste : la Thora (que les chrétiens appellent le Pentateuque, c'est-à-dire les cinq livres initiaux : la Genèse, l'Exode, le Lévitique, les Nombres et le Deutéronome) et ses annexes dites "historiques", les livres de Josué, des Juges, des Rois et de Samuel. De la Thora juive ne fait pas partie la grandiose critique *prophétique* rappelant constamment que "l'alliance de Dieu avec les hommes", est conditionnelle et universelle, liée à l'observance de la loi divine et s'ouvre à tous les peuples et à tous les hommes.

* * *

La Thora (le Pentateuque) et les livres "historiques" (comme depuis plus d'un siècle les exégètes l'ont prouvé), sont une compilation écrite de traditions orales qui ont été faites par des chroniqueurs du IXe siècle, et par des scribes de Salomon ayant pour préoccupation centrale de légitimer, en les amplifiant, les conquêtes de David et de son empire, dont il n'existe d'ailleurs aucune possibilité de recoupement historique, ni par des traces archéologiques, ni par des documents autres que les récits bibliques. Le premier événement confirmé par des histoires extérieures, concerne Salomon, dont on trouve des traces dans les archives assyriennes.

Jusque-là, il n'y a aucune source extérieure aux récits de la Bible pour en contrôler l'historicité.

Par exemple, les vestiges archéologiques d'Ur, en Iraq, ne nous donnent pas plus d'informations sur Abraham, que les excavations sur les ruines de Troie ne nous informent sur Hector ou Priam.

Au livre des ''Nombres'' (XXXI, 7-18) l'on nous raconte les exploits des ''fils d'Israël'' qui, vainqueurs des Madianites, ''comme le seigneur l'avait ordonné à Moïse, tuèrent tous les hommes'', ''firent prisonnières les femmes'', ''incendièrent toutes les villes''.

Lorsqu'ils retournèrent vers Moïse, ''Moïse se fâcha. Quoi, leur dit-il, vous avez laissé la vie à toutes les femmes... ! Eh bien, maintenant, tuez tous les garçons et tuez toutes les femmes qui ont connu un homme dans l'étreinte conjugale... Mais toutes les vierges... gardez-les pour vous.'' (14-18).

Le successeur de Moïse, Josué, poursuivit, lors de la conquête de Canaan, de manière systématique, cette politique de ''purification ethnique'' commandée par le Dieu des armées.

> ''En ce jour-là, Josué s'empara de Maqqeda et la passa, ainsi que son roi, au tranchant de l'épée : il les voua à l'interdit, eux et toutes les personnes qui s'y trouvaient ; il ne laissa pas un survivant et il traita le roi de Maqqeda comme il avait traité le roi de Jéricho.
>
> Josué, et tout Israël avec lui, passa de Maqqeda à Livna et il engagea le combat avec Livna. Le Seigneur la livra aussi, avec son roi, aux mains d'Israël, qui la passa au tranchant de l'épée avec toutes les personnes qui s'y trouvaient ; il ne lui laissa pas de survivant et il a traité son roi comme il avait traité le roi de Jéricho.
>
> Josué, et tout Israël avec lui, passa de Livna à Lakish ; il l'assiégea et lui fit la guerre. Le Seigneur livra Lakish aux mains d'Israël qui s'en empara le second jour, la passa au tranchant de l'épée avec toutes les personnes qui s'y trouvaient, tout comme il avait traité Livna. Alors Horam, roi de Guezer, monta secourir Lakish. Mais Josué le frappa ainsi que son peuple au point de ne lui laisser aucun survivant.
>
> Josué, et tout Israël avec lui, passa de Lakish à Eglôn ; ils l'assiégèrent et lui firent la guerre. Ils s'en emparèrent ce jour-là et la passèrent au tranchant de l'épée. Toutes les personnes qui s'y trouvaient, il les voua à l'interdit en ce jour-là, tout comme il avait traité Lakish. Josué, et tout Israël avec lui, monta de Eglôn à Hébron.''

Source : Livre de Josué, X, 34 à X, 36.

Et la litanie continue énumérant les ''exterminations sacrées'' perpétrées en Cisjordanie.

Nous devons, devant ces récits, poser deux questions fondamentales :

- 1 Celle de leur vérité historique ;
- 2·Celle des conséquences d'une imitation littérale de cette exaltation d'une politique d'extermination.

a) Sur le premier point

Nous nous heurtons ici à l'archéologie. Les fouilles paraissent avoir démontré que les Israélites arrivant à la fin du XIIIe siècle av. J.-C. n'ont pas pu prendre Jéricho parce que Jéricho était alors inhabitée. La ville du Moyen Bronze a été détruite vers 1550 et a été ensuite abandonnée. Au XIVe siècle elle a été pauvrement réoccupée : on a trouvé de la poterie de cette époque dans des tombes du Moyen Bronze qui ont été réutilisées, et une maison où se trouvait une cruchette du milieu du XIVe siècle. Rien ne peut être attribué au XIIIe siècle. Il n'y a pas de traces de fortifications du Récent Bronze. La conclusion de Miss K.M. Kenyon est qu'il est impossible d'associer une destruction de Jéricho avec une entrée des Israélites à la fin du XIIIe siècle av. J.-C.

> Source : Cf. K.M. Kenyon, *Digging up Jericho*, London, 1957, p. 256-265 ; *Jericho,* dans *Archaeology and Old Testament Study*, éd. D. Winton, Oxford, 1967, spéc. p. 272-274 ; H.J. Franken, *Tell es-Sultan and Old Testament Jericho*, dans *OTS*, 14 (1965), p. 189-200. M. Weippert, *Die Landnahme der israelitischen Stämme*, p. 54-55.

Il en est de même pour la prise de 'Ay :

> ''De tous les récits de la conquête, celui-ci est le plus détaillé ; il ne comporte aucun élément miraculeux et apparaît comme le plus vraisemblable. Il est malheureusement démenti par l'archéologie.
> Le site a été fouillé par deux expéditions différentes. Les résultats sont concordants : Et-Tell était à l'Ancien Bronze une grande ville dont nous ignorons le nom et qui a été détruite au cours de l'Ancien Bronze III, vers 2400 av. J.-C. Elle est restée déserte jusqu'après 1200, où un pauvre village non fortifié s'est installé sur une partie des ruines. Celui-ci n'a subsisté que jusqu'au début du Xe siècle av. J.-C. au plus tard ; après quoi le site a été définitivement abandonné. Au moment de l'arrivée des Israélites, il n'y avait pas de ville à `Ay, il n'y avait pas de roi de `Ay, il y avait une ruine vieille de 1200 ans.''
> Source Père de Vaux (O.P.), *Histoire ancienne d'Israël*. Ed. Lecoffre et Gabalda. Paris 1971 T I, p. 565.

Voir : en 1933-35 par Judith Marquet-Krause, *Les fouilles de `Ay (Et-Tell)*, Paris, 1949, Puis par J.A. Callawy à partir de 1964, Cf. J.A. Callaway, Basor 178 (apr. 1965), p. 13-40 ; RB, 72 (1965), p. 409-415 ; K. Schoonover, RB 75 (1968), p. 243-247 ; 76 (1969), p. 423-426 ; J.A. Callaway, Basor, 196 (dec. 1969), p. 2-16.

b) Sur le deuxième point

Pourquoi, dès lors, un Juif pieux et intégriste (c'est-à-dire s'en tenant à la lecture littérale de la Bible) ne suivrait-il pas l'exemple de personnages aussi prestigieux que Moïse ou Josué ?

N'est-il pas dit dans les Nombres, lorsque commence la conquête de la Palestine (Canaan) : "Le Seigneur lui livra les Cananéens. Israël les livra à l'interdit, eux et leurs villes" (Nombres XXI, 3), puis concernant les Amorites et leur roi : "Ils le battirent, lui et ses fils et tout son peuple, au point qu'il n'en resta aucun survivant ; et ils s'emparèrent de son pays." (Nombres XXI, 35).

Le Deutéronome répète, n'exigeant pas seulement la spoliation de la terre et l'expulsion des autochtones, mais le massacre :

"Lorsque le Seigneur, ton Dieu t'aura fait entrer dans le pays... et qu'il aura chassé devant toi les nations nombreuses... tu les voueras totalement à l'interdit."

(Deut. VII, 1-2)

"et tu les supprimeras"

(Deut. VII, 24).

De Sharon au Rabbin Meïr Kahane, c'est la préfiguration de la manière dont les sionistes se comportent à l'égard des Palestiniens.

La voie de Josué n'était-elle pas celle de Menahem Begin, lorsque, le 9 avril 1948, les 254 habitants du village de Deir Yassin, hommes, femmes, et enfants étaient massacrés par ses troupes de "l'Irgoun", pour faire fuir par la terreur les Arabes désarmés ?

Source : Menahem Begin, *La révolte : Histoire de l'Irgoun*, p. 200. Editions Albatros, 1978.

Il appelait les Juifs "non seulement à repousser les Arabes mais à s'emparer de toute la Palestine."

La voie de Josué n'était-elle pas celle que désignait Moshé Dayan :

''Si l'on possède la Bible et si l'on se considère comme le peuple de la Bible, on devrait aussi posséder les terres de la Bible'' ?

Source : *Jerusalem Post*, 10 août 1977.

La voie de Josué n'était-elle pas celle que définissait Yoram Ben Porath dans le grand journal israélien *Yediot Aharonoth*, le 14 juillet 1972 :

''Il n'y a pas de sionisme, de colonisation d'État juif, sans l'éviction des Arabes et l'expropriation de leurs terres'' ?

Quant aux moyens de cette dépossession des terres ils étaient fixés par Rabin lorsqu'il était Général en chef dans les territoires occupés : casser les os des jeteurs de pierres de l'Intifada.

Quelle est la réaction des écoles talmudiques d'Israël ? Pousser au pouvoir l'un des responsables des plus direct de Sabra et Chatila : le Général Rafael Eytan qui demande le ''renforcement des colonies juives existantes''.

Animé par les mêmes certitudes, le Docteur Baruch Goldstein, colon d'origine américaine, de Kiryat Arba (Cisjordanie) fit vingt-sept morts et plus de cinquante victimes en mitraillant des Palestiniens en prière dans le Tombeau des patriarches. Membre d'un groupe intégriste fondé sous le parrainage d'Ariel Sharon (sous la protection de qui furent perpétrés les massacres de Sabra et de Chatila, et qui fut récompensé de son crime par une promotion : Ministre du Logement, chargé de développer les ''colonies'' dans les territoires occupés), Baruch Goldstein est aujourd'hui l'objet d'un véritable culte de la part des intégristes qui viennent fleurir et baiser sa tombe, car il fut rigoureusement fidèle à la tradition de Josué exterminant tous les peuples de Canaan pour s'emparer de leurs terres.

* * *

Cette ''purification ethnique'' devenue systématique dans l'État d'Israël d'aujourd'hui, découle du principe de la pureté ethnique empêchant le mélange du sang juif avec le ''sang impur'' de tous les autres.

Dans les lignes qui suivent l'ordre de Dieu d'exterminer les populations qu'il leur livre, le Seigneur recommande à Moïse que son peuple n'épouse pas les filles de ces peuples (Exode, XXXIV, 16).

Dans le Deutéronome, le peuple "élu" (Deut. VII, 6) ne doit pas se mélanger aux autres : "Tu ne donneras pas ta fille à leur fils et tu ne prendras pas leur fille pour ton fils" (Deut. VII, 3).

Cet *apartheid* est la seule manière d'empêcher la souillure de la race choisie par Dieu, la foi qui le lie à lui.

Cette séparation de l'Autre est restée la loi : dans son livre sur "le Talmud" (Paris, Payot, 1986, p. 104), le Rabbin Cohen écrit : "les habitants du monde peuvent être répartis entre Israël et les autres nations prises en bloc. Israël est le peuple élu : dogme capital."

Au retour de l'exil, Esdras et Néhémie veillent au rétablissement de cet apartheid :

Esdras pleure parce que "la race sainte *(sic)* s'est mêlée avec les peuples des pays" (Esd. 9, 2)... Pinhas empale un couple mixte... Esdras ordonne la sélection raciale et l'exclusion : "tous ceux qui avaient pris des femmes étrangères, ils les renvoyèrent, femmes et enfants" (Esd. 10, 44). Néhémie dit des Juifs : "je les purifiais de tout élément étranger" (Néh. 13, 30).

Cette mixophobie et ce refus de l'Autre excèdent la dimension raciale. Si l'on refuse le sang de l'autre par le mariage mixte, on refuse aussi sa religion, sa culture ou sa manière d'être.

Ainsi Yahvé fulmine après ceux qui s'écartent de sa vérité, la seule qui soit, bien sûr : Sophonie lutte contre les modes vestimentaires étrangères ; Néhémie contre les langues étrangères :

> "Je vis des Juifs qui avaient épousé des femmes achdonites, amonites, moabites ; la moitié de leurs fils parlait l'achdonien ou la langue de tel ou tel peuple, mais ne savait pas parler le judien. Je leur fis des reproches et je les maudis ; je frappais quelques-uns d'entre eux, je leur arrachais les cheveux..."
>
> (Néh. 13, 23-25).

Les contrevenants sont tous durement jugés. Rebecca, femme

d'Isaac et mère de Jacob, affirme : "Je suis dégoûtée de la vie à cause des filles de Het (les femmes Hittites). Si Jacob prend une femme comme celle-là, d'entre les filles de Het, que m'importe la vie ?" (Gn 27, 46). Les parents de Samson qui, excédés par le mariage de leur fils avec une Philistine, s'écrient : "n'y a-t-il pas de femmes parmi les filles de tes frères et dans tout ton peuple, pour que tu ailles prendre femme chez les Philistins, ces incirconcis ?" (Jug. 14, 3).

Haïm Cohen, qui fut Juge à la Cour Suprême d'Israël, constate :

"L'amère ironie du sort a voulu que les mêmes thèses biologiques et racistes propagées par les nazis et qui ont inspiré les infamantes lois de Nuremberg, servent de base à la définition de la judaïcité au sein de l'État d'Israël"
(voir Joseph Badi, *Fundamental Laws of the State of Israel*, New York, 1960, p. 156).

En effet au procès des criminels de guerre de Nuremberg, au cours de l'interrogatoire du "théoricien" de la race, Julius Streicher, la question est posée :

"En 1935 au Congrès du Parti à Nuremberg les "lois raciales" ont été promulguées. Lors de la préparation de ce projet de loi, avez-vous été appelé en consultation et avez-vous participé d'une façon quelconque à l'élaboration de ces lois ?

Accusé Streicher :

Oui, je crois y avoir participé en ce sens que, depuis des années, j'écrivais qu'il fallait empêcher à l'avenir tout mélange de sang allemand et de sang juif. J'ai écrit des articles dans ce sens, et j'ai toujours répété que nous devions prendre la race juive, ou le peuple juif, pour modèle. J'ai toujours répété dans mes articles que les Juifs devaient être considérés comme un modèle par les autres races, car ils se sont donné une loi raciale, la loi de Moïse, qui dit :
"Si vous allez dans un pays étranger, vous ne devez pas prendre de femmes étrangères." Et ceci, Messieurs, est d'une importance considérable pour juger les lois de Nuremberg. Ce sont ces lois juives qui ont été prises pour modèle. Quand, des siècles plus tard, le législateur juif Esdras constata que, malgré cela, beaucoup de Juifs avaient épousé des femmes non juives, ces unions furent rompues. Ce fut l'origine de la juiverie qui, grâce à ses lois raciales, a subsisté pendant des siècles, tandis que toutes les autres races, et toutes les autres civilisations, ont été anéanties."

Source : Procès des grands criminels de guerre devant le Tribunal militaire international (Nuremberg : 14 novembre 1945-1er octobre 1946. Texte officiel en langue française. Débats du 26 avril 1946, Tome XII. D. 321)

C'est en effet ainsi que les juristes, conseillers du Ministère de l'Intérieur nazi, avaient élaboré les "Lois de Nuremberg, du droit de la population du Reich et de la protection du sang allemand et de l'honneur allemand". Ces juristes conseillers, Bernard Losener et Friedrich Knost, commentent ainsi le texte, dans le recueil : "Les lois de Nuremberg" :

"Selon la volonté du Führer, les lois de Nuremberg n'impliquent pas vraiment des mesures propres à accentuer la haine raciale et à la perpétuer ; au contraire, de telles mesures signifient le début d'une accalmie dans les relations entre le peuple juif et le peuple allemand.

Si les Juifs avaient déjà leur propre État, dans lequel ils se sentiraient chez eux, la question juive pourrait être considérée comme résolue, tant pour les Juifs que pour les Allemands. C'est pour cette raison que les sionistes les plus convaincus n'ont pas élevé la moindre opposition contre l'esprit des lois de Nuremberg."

Ce racisme, modèle de tous les autres racismes, est une idéologie qui sert à justifier la domination de différents peuples.

Le littéralisme conduit à la perpétration des mêmes massacres que ceux effectués par Josué :

"Les colons puritains d'Amérique, dans leur chasse à l'Indien pour s'emparer de leurs terres, invoquaient Josué et les "exterminations sacrées" des Amalécites et des Philistins."

Source : Thomas Nelson,
"The Puritans of Massachussets",
Judaism, Vol XVI, no 2, 1967.

Intermédiaire entre la *shoah* cananéenne et la mixophobie s'insère actuellement l'idéologie du transfert de populations, que soutient la majorité des rabbins de Judée-Samarie. Cette politique se fonde sur une lecture intégriste des textes sacrés. La lettre du Lévitique enjoint aux juifs de ne pas pratiquer le mélange d'*espèces* (Lev. 19, 19) et leur commande de distinguer le "pur" de l'impur (Lev. 20, 25) comme lui-même a distingué Israël des autres peuples (Lev. 20, 24), pour opérer une discrimination raciale.

"J'établirai une différence entre mon peuple et ton peuple"
(Ex. 8, 19).

Ainsi, en 1993, le grand Rabbin Sitruk peut-il dire sans crainte d'être rappelé à l'ordre par quelque instance que ce soit :

"Je voudrais que des jeunes gens juifs n'épousent jamais que des jeunes filles juives."

Ainsi Israël qui sera saint (Lev. 20, 26) ne doit pas se souiller (Esd. 9, 11) au contact des autres nations que Dieu a pris en dégoût (Lev. 20, 23). L'interdiction est maintes et maintes fois répétée.

"Tu ne t'allieras point par mariage avec elles (les nations cananéennes) ; tu ne donneras pas ta fille à leur fils, tu ne prendras pas leur fille pour ton fils..." (Deut. 7, 3-4). "Si vous vous attachez à ce qui reste de ces nations qui sont demeurées avec vous, si vous vous alliez par mariage avec elles, si vous pénétrez chez elles et qu'elles pénètrent chez vous, sachez-le bien : Yahvé, votre Dieu, ne continuera pas à déposséder ces nations de devant vous. Elles deviendront pour vous un filet et un piège, un fouet sur vos flancs et des aiguilles dans vos yeux, jusqu'à ce que vous disparaissiez de dessus ce bon sol que vous a donné Yahvé, votre Dieu" (Jos. 23, 12 - 23, 13).

Le 10 novembre 1975, en séance plénière, l'O.N.U. a considéré que le sionisme était une forme de racisme et de discrimination raciale.

Depuis l'éclatement de l'U.R.S.S., les États-Unis ont fait main basse sur l'O.N.U. et ont obtenu le 16 décembre 1991, l'abrogation de la juste résolution de 1975. Or, dans les faits, rien n'a changé depuis 1975, ou plutôt si : la répression, le génocide lent du peuple palestinien, la colonisation, ont pris une ampleur sans précédent.

II

Les mythes du vingtième siècle

1. Le mythe de l'antifascisme sioniste

En 1941, Itzhak Shamir commit ''un crime impardonnable du point de vue moral : prôner une alliance avec Hitler, avec l'Allemagne nazie contre la Grande-Bretagne.''

Bar Zohar, *Ben Gourion, Le Prophète armé.*
Paris, 1966, p. 99.

Lorsque commença la guerre contre Hitler, la quasi-totalité des organisations juives s'engagea aux côtés des alliés et même quelques-uns des plus éminents dirigeants, comme Weizmann, prirent position en faveur des alliés, mais, le groupe sioniste allemand, qui pourtant, à l'époque, était très minoritaire, prit une attitude inverse et, de 1933 à 1941 s'engagea dans une politique de compromis et même de collaboration avec Hitler. Les autorités nazies, en même temps qu'elles persécutaient les juifs, par exemple, en un premier temps, en les chassant des fonctions publiques, dialoguaient avec les dirigeants sionistes allemands et leur accordaient un traitement de faveur en les distinguant des juifs ''intégrationnistes'' auxquels ils faisaient la chasse.

L'accusation de collusion avec les autorités hitlériennes ne s'adresse pas à l'immense majorité des juifs dont certains n'avaient pas même attendu la guerre pour lutter - les armes à la main - en Espagne, de 1936 à 1939, dans les Brigades internationales[6], contre le fascisme.

---

[6] Plus de 30 % des Américains de la Brigade Abraham Lincoln étaient des juifs, que dénonçait la presse sioniste, parce qu'ils se battaient en Espagne, au lieu de venir en Palestine. Dans la Brigade Dombrovski, sur 5000 Polonais, 2250 étaient juifs. Ces juifs héroïques qui luttèrent sur tous les fronts du monde avec les forces antifascistes, les dirigeants sionistes, dans un article de leur

D'autres, jusque dans le ghetto de Varsovie, créèrent un "Comité juif de lutte" et surent mourir en combattant. Mais cette accusation s'applique à la minorité fortement organisée des dirigeants sionistes dont la préoccupation unique était de créer un État juif puissant.

Leur préoccupation unique de créer un État juif puissant et même leur vision raciste du monde, les rendaient beaucoup plus anti-anglais qu'anti-nazi.

Après la guerre ils devinrent, comme Menahem Begin ou Itzhak Shamir, des dirigeants de premier plan dans l'État d'Israël.

* * *

En date du 5 septembre 1939 - deux jours après la déclaration de guerre de l'Angleterre et de la France à l'Allemagne - M. Chaïm Weizmann, Président de l'Agence Juive, écrivit à M. Chamberlain, Premier ministre de Sa Majesté le Roi d'Angleterre, une lettre par laquelle il l'informait que "nous Juifs, sommes au côté de la Grande Bretagne et combattrons pour la Démocratie" en précisant que "les mandataires des Juifs étaient prêts à passer immédiatement un accord pour permettre l'utilisation de toutes leurs forces en hommes, de leurs techniques, de leur aide matérielle et de toutes leurs capacités". Reproduite dans le *Jewish Chronicle* du 8 septembre 1939, cette lettre constituait une authentique déclaration de guerre du monde juif à l'Allemagne. Elle posait le problème de l'internement de tous les Juifs allemands dans des camps de concentration en tant que "ressortissants d'un peuple en état de guerre avec l'Allemagne" comme le firent les américains pour leurs propres nationaux d'origine japonaise, qu'ils internèrent lorsqu'ils entrèrent en guerre contre le Japon.

* * *

Les dirigeants sionistes ont fait preuve, à l'époque du fascisme hitlérien et mussolinien, d'un comportement équivoque allant du sabotage de la lutte antifasciste à la tentative de collaboration.

---

représentant à Londres, intitulé : "Les Juifs doivent-ils participer aux mouvements antifascistes ?" répondait : "Non !" et fixaient l'objectif unique : "La construction de la terre d'Israël." (Source : *Oranienburg Life*, avril 1938, p. 11)

L'objectif essentiel des sionistes n'était pas de sauver des vies juives mais de créer un État juif en Palestine. Le premier dirigeant de l'État d'Israël, Ben Gourion, proclame sans ambages, le 7 décembre 1938, devant les dirigeants sionistes du "Labour" : "Si je savais qu'il est possible de sauver tous les enfants d'Allemagne en les amenant en Angleterre, et seulement la moitié d'entre eux en les transportant en Eretz Israël, je choisirai la deuxième solution. Car nous devons tenir compte non seulement de la vie de ces enfants, mais aussi de l'histoire du peuple d'Israël."

> Source : Yvon Gelbner, "*Zionist policy and the fate of European Jewry*", dans *Yad Vashem studies*, Jerusalem, vol. XII, p. 199.

"Le sauvetage des juifs en Europe ne figurait pas en tête de liste des priorités de la classe dirigeante. C'est la fondation de l'État qui était primordiale à leur yeux."

> Source : Tom Segev. *Le septième million.*
> Ed. Liana Levi, Paris, 1993, p. 539.

"[...] Devons-nous aider tous ceux qui en ont besoin sans tenir compte des caractéristiques de chacun ? Ne devons-nous pas donner à cette action un caractère national sioniste et tenter de sauver en priorité ceux qui peuvent être utiles à la Terre d'Israël et au judaïsme ? Je sais qu'il peut sembler cruel de poser la question de cette façon, mais nous devons malheureusement établir clairement que si nous sommes capables de sauver 10 000 personnes parmi les 50 000 personnes qui peuvent contribuer à la construction du pays et à la renaissance nationale ou bien un million de juifs qui deviendront pour nous un fardeau ou au mieux un poids mort, nous devons nous restreindre et sauver les 10 000 qui peuvent être sauvées - malgré les accusations et les appels du million de laissés-pour-compte."

> Source : Memorandum du *Comité de sauvetage*
> de l'agence juive. 1943. Cité par Tom Segev. *(op. cit)*

Ce fanatisme inspire, par exemple, l'attitude de la délégation sioniste à la conférence d'Évian, en juillet 1938, où 31 nations s'étaient réunies pour discuter de l'absorption des réfugiés d'Allemagne nazie : la délégation sioniste exigea, comme seule solution possible, d'admettre deux cent mille juifs en Palestine.

L'État juif était plus important pour eux que la vie des juifs.

L'ennemi principal, pour les dirigeants sionistes c'est *l'assimilation*. Ils rejoignent en ceci la préoccupation fondamentale de tout racisme, y compris hitlérien : la pureté du sang. C'est pourquoi, en fonction même de l'antisémitisme systématique qui les animait jusqu'à poursuivre le dessein monstrueux de chasser tous les juifs d'Allemagne puis d'Europe lorsqu'ils en furent les maîtres, les nazis considéraient les sionistes comme des interlocuteurs valables puisqu'ils servaient ce dessein.

De cette collusion existent les preuves. La Fédération sioniste d'Allemagne adresse au parti nazi le 21 juin 1933, un mémorandum déclarant notamment :

"Dans la fondation du nouvel État, qui a proclamé le principe de la race, nous souhaitons adapter notre communauté à ces nouvelles structures... notre reconnaissance de la nationalité juive nous permet d'établir des relations claires et sincères avec le peuple allemand et ses réalités nationales et raciales. Précisément parce que nous ne voulons pas sous-estimer ces principes fondamentaux, parce que nous aussi nous sommes contre les mariages mixtes, et pour le maintien de la pureté du groupe juif... Les Juifs conscients de leur identité, au nom desquels nous parlons, peuvent trouver place dans la structure de l'État allemand, car ils sont libérés du ressentiment que les Juifs assimilés doivent éprouver ; ... nous croyons en la possibilité de relations loyales entre les Juifs conscients de leur communauté et l'État allemand.

Pour atteindre ses objectifs pratiques, le sionisme espère être capable de collaborer même avec un gouvernement fondamentalement hostile aux Juifs... La réalisation du sionisme n'est gênée que par le ressentiment des Juifs à l'extérieur, contre l'orientation allemande actuelle. La propagande pour le boycott - actuellement dirigée contre l'Allemagne - est, par essence, non sioniste..."

Source : Lucy Dawidowicz, *A Holocaust Reader*, p. 155.

Le Mémorandum ajoutait

"qu'au cas où les Allemands accepteraient cette coopération les sionistes s'efforceraient de détourner les Juifs, à l'étranger, d'appeler au boycott anti-allemand."

Source : Lucy Dawidowicz, *The War against Jews (1933-1945)* Ed. Penguin books, 1977, p.231-232.

Les dirigeants hitlériens accueillent favorablement l'orientation des chefs sionistes qui, par leur souci exclusif de constituer leur État en Palestine, rejoignent leur désir de se débarrasser des juifs. Le principal théoricien nazi, Alfred Rosenberg, écrit :

"le sionisme doit être vigoureusement soutenu afin qu'un contingent annuel de Juifs allemands soient transportés en Palestine."

Source : A. Rosenberg :
Die Spur des Juden im Wandel der Zeiten,
Munich 1937, p. 153.

Reinhardt Heydrich, qui fut plus tard le "Protecteur" en Tchécoslovaquie, écrivait en 1935, alors qu'il était chef des Services de Sécurité S.S. dans *Das Schwarze Korps*, organe officiel de la S.S. un article sur "l'Ennemi visible", où il opérait des distinctions entre les Juifs :

"Nous devons séparer les Juifs en deux catégories : les sionistes et les partisans de l'assimilation. Les sionistes professent une conception strictement raciale, et, par l'émigration en Palestine, ils aident à bâtir leur propre État juif ... nos bons vœux et notre bonne volonté officielle sont avec eux."

Source : Hohne. Order of the Death's Head, p. 333.

"Le Betar allemand reçut un nouveau nom : Herzlia. Les activités du mouvement en Allemagne devaient obtenir bien sûr l'approbation de la Gestapo ; en réalité, Herzlia agissait sous la protection de cette dernière. Un jour, un groupe de SS attaqua un camp d'été du Betar. Le chef du mouvement se plaignit alors auprès de la Gestapo et, quelques jours plus tard, la police secrète annonça que les SS en question avaient été punis. La Gestapo demanda au Betar quelle compensation lui semblait la plus adéquate. Le mouvement demanda que la récente interdiction qui leur avait été faite de porter des chemises brunes soit levée ; la requête fut satisfaite."

Source : Ben-Yeruham, *Le Livre de Betar*, T. II, p. 350.

Une circulaire de la Wilhelmstrasse indique :

"les objectifs que s'est donnés cette catégorie (de Juifs qui s'opposent à l'assimilation et qui sont favorables à un regroupement de leurs coreligionnaires au sein d'un foyer national), au premier rang de laquelle se trouvent les sionistes, sont ceux qui s'écartent le moins des buts que poursuit en réalité la politique allemande à l'égard des Juifs".

Source : Lettre circulaire de Bülow-Schwante
à toutes les missions diplomatiques du Reich, No 83, 28 février 1934.

"Il n'y a aucune raison, écrivait Bulow-Schwante au Ministère de l'Intérieur, d'entraver, par des mesures administratives, l'activité sioniste en Allemagne, car le sionisme n'est pas en contradiction avec le programme du national-socialisme dont l'objectif est de faire partir progressivement les Juifs d'Allemagne."

Source : Lettre No ZU 83-21. 28/8 du 13 avril 1935.

Cette directive confirmant des mesures antérieures était appliquée à la lettre. En vertu de ce statut privilégié du sionisme dans l'Allemagne nazie, la Gestapo de Bavière, le 28 janvier 1935, adressait à la police cette circulaire

"les membres de l'organisation sioniste, en raison de leur activité orientée vers l'émigration en Palestine, ne doivent pas être traités avec la même rigueur qui est nécessaire pour les membres des organisations juives allemandes (assimilationnistes)".

Source : Kurt Grossmann, "Sionistes et non-sionistes sous la loi nazie dans les années 30", *Yearbook*, Vol. VI, p. 310.

"L'organisation sioniste des juifs allemands avait une existence légale jusqu'en 1938, cinq ans après l'avènement d'Hitler... La *Jüdische Rundschau* (journal des sionistes allemands) parut jusqu'en 1938."

Source : Leibowitz, *Israël et Judaïsme*.
Ed. Desclée de Brouwer, 1993. p. 116

En échange de leur reconnaissance officielle comme seuls représentants de la communauté juive, les dirigeants sionistes offraient de briser le boycott que tentaient de réaliser tous les antifascistes du monde.

Dès 1933 commença la collaboration économique : deux compagnies furent créées : la "Haavara Company", à Tel-Aviv, et la "Paltreu", à Berlin.

Le mécanisme de l'opération était le suivant : un juif désirant émigrer déposait à la Wasserman Bank de Berlin, où à la Warburg Bank de Hambourg, une somme d'un minimum de 1 000 livres sterling. Avec cette somme, les exportateurs juifs pouvaient acheter des marchandises allemandes à destination de la Palestine, et payaient la valeur correspondant en livres Palestiniennes, au compte de la Haavara, à la Banque Anglo-palestinienne, à Tel-Aviv. Quand l'émigrant arrivait en Palestine, il recevait l'équivalent de la somme qu'il avait déposée en Allemagne.

Plusieurs futurs premiers ministres d'Israël participèrent à l'entreprise de la "Haavara", notamment Ben Gourion, Moshé Sharret (qui s'appelait alors Moshé Shertok), Madame Golda Meir qui l'appuya depuis New York, et Levi Eshkol, qui en était le représentant à Berlin.

Source : "Ben Gourion et Shertok," dans *Black* :
L'accord de la "haavara". p. 294.
Cité par Tom Segev, *op. cit.* p. 30 et 595.

L'opération était avantageuse pour les deux parties : les nazis réussissaient ainsi à briser le blocus (les sionistes parvinrent à vendre des marchandises allemandes même en Angleterre) ; et les sionistes réalisaient une immigration "sélective", telle qu'ils la désiraient : seuls pouvaient immigrer des millionnaires (dont les capitaux permettaient le développement de la colonisation sioniste en Palestine). Conformément aux buts du sionisme il était plus important de sauver de l'Allemagne nazie des capitaux juifs, permettant le développement de leur entreprise, que des vies de juifs miséreux, ou inaptes au travail ou à la guerre, qui eussent été une charge.

Cette politique de collaboration dura jusqu'en 1941 (c'est-à-dire pendant 8 ans après l'arrivée d'Hitler au pouvoir). Eichmann faisait la liaison avec Käsztner. Le procès Eichmann découvrit, pour une part au moins, les mécanismes de ces connivences, de ces "échanges" entre juifs sionistes "utiles" à la création de l'État juif (personnalités riches, techniciens, jeunes gens aptes à renforcer une armée, etc...) et une masse de juifs moins avantagés abandonnée aux mains d'Hitler.

Le Président de ce Comité, Ytzhak Gruenbaum déclarait le 18 janvier 1943 : "Le sionisme passe avant tout...

> "Ils vont dire que je suis antisémite, répondit Gruenbaum, que je ne veux pas sauver l'Exil, que je n'ai pas "a warm yiddish heart" [...] Laissons-les dire ce qu'ils veulent. Je n'exigerai pas de l'Agence juive qu'elle alloue la somme de 300 000 ni de 100 000 livres sterling pour aider le judaïsme européen. Et je pense que quiconque exige de telles choses accomplit un acte antisioniste".
>
> Source : Gruenbaum : *Jours de destruction*, p. 68.

C'était aussi le point de vue de Ben Gourion :

> "La tâche du sioniste n'est pas de sauver le "reste" d'Israël qui se trouve en Europe, mais de sauver la terre d'Israël pour le peuple juif."

Cité par Tom Segev. *op. cit.* p. 158.

"Les dirigeants de l'Agence juive s'entendaient sur le fait que la minorité qui pourrait être sauvée devait être choisie en fonction des besoins du projet sioniste en Palestine."

Source : *Ibidem* p. 125.

Hannah Arendt, l'un des plus éminents défenseurs de la cause juive par ses études et ses livres, assistait aux débats. Elle leur a consacré un livre : *Eichmann à Jérusalem*. Elle y a montré (p. 134-141) la passivité, et même la complicité des "conseils juifs" (*Judenrat*), dont les deux tiers étaient dirigés par des sionistes.

D'après le livre d'Isaiah Trunk : *Judenrat* (Ed. MacMillan New York 1972) :

"Selon les calculs de Freudiger, cinquante pour cent des juifs auraient pu se sauver s'ils n'avaient pas suivi les instructions des Conseils juifs."

(p. 141).

Il est significatif que lors de la célébration du 50ème anniversaire du soulèvement du ghetto de Varsovie, le chef d'État israélien demanda à Lech Walesa de ne pas donner la parole à Marek Edelman, chef adjoint de l'insurrection et l'un des survivants.

Marek Edelman avait en effet donné au journal israélien "*Haaretz*", en 1993, à Edward Alter, une interview dans laquelle il rappelait quels avaient été les véritables instigateurs et héros du Comité juif de lutte du ghetto de Varsovie : des socialistes du Bund, antisionistes, des communistes, des trotskistes, les Mihaïl Rosenfeld et les Mala Zimetbaum, avec Edelman, et une minorité de sionistes de gauche du Poalei Zion et du Hashomer Hatzaïr.

Ceux-là luttèrent contre le nazisme les armes à la main comme le firent les juifs volontaires des Brigades internationales d'Espagne, et en France, durant l'occupation, les membres juifs de la M.O.I. (Main d'œuvre immigrée).

Nahum Goldman, Président de "l'Organisation sioniste mondiale" puis du "Congrès juif mondial" raconte, dans son *Autobiographie*, sa rencontre dramatique avec le Ministre des Affaires étrangères tchèques, Edouard Itzhak, en 1935, reprochant aux sionistes d'avoir brisé le boycott d'Hitler par la "Haavara" (les accords de transfert) et le refus de l'Organisation sioniste mondiale d'organiser la résistance contre le nazisme.

"Dans ma vie, j'ai dû prendre part à de nombreux entretiens pénibles, mais je ne me suis jamais senti aussi malheureux et honteux que pendant ces deux heures. Je sentais, de toutes les fibres de mon être, que Itzhak avait raison''.

Source : Nahum Goldman. *Autobiographie, op, cit.* p. 157-158. *Ibidem* p. 260.

Misant sur son opposition à l'Angleterre, les dirigeants sionistes avaient pris contact avec Mussolini dès 1922. Il les avait reçus après sa marche sur Rome d'octobre 1922, le 20 décembre 1922.

Source : Ruth Bondy,
The Emissary : a life of Enzo Sereni p. 45.

Weizmann fut reçu par Mussolini le 3 janvier 1923, et une autre fois le 17 septembre 1926 ; Nahum Goldman, Président de l'Organisation sioniste mondiale, s'entretint, le 26 octobre 1927, avec Mussolini qui lui dit : "Je vous aiderai à créer cet état juif.''

(Nahum Goldman : *Autobiographie* op. cit. p. 170).

Cette collaboration constituait déjà un sabotage de la lutte antifasciste internationale. Elle subordonnait toute la politique sioniste au seul dessein de construire un État Juif en Palestine. Elle se poursuivit pendant la guerre, même au moment où la persécution hitlérienne des juifs européens était la plus atroce.

Au moment de la déportation des juifs de Hongrie, le Vice-Président de l'organisation sioniste, Rudolf Käsztner, négocia avec Eichmann sur cette base : si Eichmann permettait le départ en Palestine de 1684 juifs "utiles" pour la construction du futur État d'Israël (capitalistes, techniciens, militaires, etc...) Käsztner promettait à Eichmann de faire croire aux 460.000 juifs hongrois qu'il ne s'agissait pas d'une déportation à Auschwitz, mais d'un simple transfert.

Le juge Halevi rappelle lors du procès d'Eichmann que Käsztner est intervenu pour sauver l'un de ses interlocuteurs nazis : l'un des exécuteurs de Himmler, le Standartenführer Kurt Becher. Le témoignage de Käsztner, au Procès de Nuremberg, le fit échapper au châtiment.

Le Juge est formel :

> "Il n'y eut ni vérité, ni bonne foi dans le témoignage de Käsztner... Käsztner s'est parjuré sciemment, dans son témoignage devant cette Cour, lorsqu'il a nié qu'il était intervenu en faveur de Becher. En outre, il a caché ce fait important : sa démarche en faveur de Becher était faite au nom de l'Agence juive et du Congrès juif mondial... Il est clair que la recommandation de Käsztner ne fut pas faite en son nom personnel, mais aussi au nom de l'Agence juive et du Congrès juif mondial... et c'est pourquoi Becher fut relâché par les Alliés."

Après le jugement, l'opinion israélienne fut ébranlée. Dans le journal *Haaretz* le Dr Moshé Keren écrivait, le 14 juillet 1955 : "Käsztner doit être inculpé de collaboration avec les nazis..." Mais le journal du soir "Yediot Aharonoth" (23 juin 1955) expliquait pourquoi il ne pouvait en être ainsi...

> "Si Käsztner est mis en jugement, c'est le gouvernement tout entier qui risque un effondrement total devant la nation, par suite de ce que ce procès va découvrir."

Ce qui risquait d'être découvert c'est que Käsztner n'avait pas agi seul mais avec l'accord des autres dirigeants sionistes qui siégeaient, au moment du procès, dans le gouvernement. La seule façon d'éviter que Käsztner parle et que le scandale éclate, c'est que Käsztner disparaisse. Il mourut en effet opportunément, assassiné sur les marches du palais de justice et le gouvernement israélien introduisit un recours devant la Cour Suprême pour le réhabiliter. Ce qu'il obtint.

Cette politique de collaboration atteignit son point culminant en 1941, lorsque le groupe le plus extrémiste des sionistes, le "Lehi" ("Combattants pour la libération d'Israël") dirigé par Abraham Stern et, après sa mort, par un triumvirat dont faisait partie Itzhak Shamir, commit "un crime impardonnable du point de vue moral : prôner une alliance avec Hitler, avec l'Allemagne nazie, contre la Grande-Bretagne."

Source : Bar Zohar, *Ben. Le Prophète armé*,
Fayard. Paris 1966. p. 99.

M. Eliezer Halevi, syndicaliste travailliste connu, membre du Kibboutz Gueva, révèle dans l'hebdomadaire "Hotam" de Tel-Aviv (daté du 19 août 1983) l'existence d'un document signé par M. Itzhak

Shamir, (qui s'appelait alors Yezernitsky) et Abraham Stern, remis à l'Ambassade d'Allemagne, à Ankara, alors que la guerre en Europe faisait rage, et que les troupes du Maréchal Rommel étaient déjà sur le sol égyptien. Il y est dit notamment : "En matière de conception, nous nous identifions à vous. Pourquoi donc ne pas collaborer l'un avec l'autre ?" *Haaretz* dans son édition du 31 janvier 1983, cite une lettre marquée du mot *secret,* envoyée en janvier 1941 par l'ambassadeur de Hitler à Ankara, Franz Von Papen, à ses supérieurs, racontant les contacts avec les membres du groupe Stern. Y est ajouté un mémorandum de l'agent des services secrets nazis à Damas, Werner Otto Von Hentig, sur les pourparlers avec les émissaires de Stern et de Shamir, où il est dit notamment que "la coopération entre le mouvement de libération d'Israël et le nouvel ordre en Europe sera conforme à l'un des discours du chancelier du IIIe Reich dans lequel Hitler soulignait la nécessité d'utiliser toute combinaison de coalition pour isoler et vaincre l'Angleterre". Il y est dit encore que le groupe Stern est "étroitement lié aux mouvements totalitaires en Europe, à leur idéologie et à leur structures." Ces documents se trouvent au Mémorial de l'holocauste (Yad Vashem) à Jérusalem, classés sous le numéro E234151-8.

L'un des chefs historiques du groupe Stern, M. Israël Eldad, confirme, dans un article publié dans le quotidien de Tel-Aviv, le Yediot Aharonoth, du 4 février 1983, l'authenticité de ces pourparlers entre son mouvement et les représentants officiels de l'Allemagne nazie. Il affirme sans ambages que ses collègues avaient expliqué aux nazis qu'une identité d'intérêts entre un nouvel ordre en Europe, selon la conception allemande, et les aspirations du peuple juif en Palestine, représenté par les combattants pour la liberté d'Israël (le groupe Stern) était probable.

Voici les principaux passages de ce texte :

"Principes de base de l'Organisation militaire nationale (NMO) en Palestine (Irgun Zevaï Leumi) concernant la solution de la question juive en Europe et la participation active du NMO à la guerre aux côtés de l'Allemagne."

"Il ressort des discours des dirigeants de l'État national-socialiste allemand qu'une solution radicale de la question juive implique une évacuation des masses juives de l'Europe. (Judenreines Europa).

Cette évacuation des masses juives de l'Europe est la condition première de la solution du problème juif, mais cela n'est possible que par l'installation de ces masses en Palestine, dans un État juif, avec ses frontières historiques.

Résoudre le problème juif de façon définitive, et libérer le peuple juif, c'est l'objectif de l'activité politique et des longues années de lutte du "mouvement pour la liberté d'Israël" (Lehi) et de son Organisation militaire nationale en Palestine (Irgun Zevaï Leumi).

Le NMO, connaissant la position bienveillante du gouvernement du Reich envers l'activité sioniste à l'intérieur de l'Allemagne, et les plans sionistes d'émigration estime que :

1) Il pourrait exister des intérêts communs entre l'instauration, en Europe, d'un ordre nouveau, selon la conception allemande, et les véritables aspirations du peuple juif telles qu'elles sont incarnées par Lehi.

2) La coopération entre l'Allemagne nouvelle et une nation hébraïque rénovée (Völkisch Nationalen Hebräertum) serait possible.

3) L'établissement de l'État historique juif sur une base nationale et totalitaire, et lié par un traité au Reich allemand pourrait contribuer à maintenir et à renforcer, dans l'avenir, la position de l'Allemagne au Proche-Orient.

À condition que soient reconnues, par le gouvernement allemand, les aspirations nationales du "Mouvement pour la liberté d'Israël" (Lehi), l'Organisation militaire nationale (NMO) offre de participer à la guerre aux côtés de l'Allemagne.

La coopération du mouvement de libération d'Israël irait dans le sens des récents discours du Chancelier du Reich allemand, dans lesquels Monsieur Hitler soulignait que toute négociation et toute alliance devait contribuer à isoler l'Angleterre et à la battre.

D'après sa structure et sa conception du monde, le NMO est étroitement lié avec les mouvements totalitaires européens. "

Source : Le texte original, en allemand, se trouve, en Appendice No 11, dans le livre de David Yisraeli : *Le problème palestinien dans la politique allemande, de 1889 à 1945*, Bar Ilan University, Ramat Gan, Israël, 1974, p. 315-317.

Selon la presse israélienne, qui a publié une dizaine d'articles sur ce sujet, à aucun moment les nazis n'ont pris au sérieux les propositions de Stern, de M. Shamir et de leurs amis.

Les pourparlers ont subi un coup d'arrêt lorsque les troupes alliées ont arrêté en juin 1941, l'émissaire d'Abraham Stern et Itzhak Shamir, M. Naftali Loubentchik, au bureau même des services secrets nazis à Damas. D'autres membres du groupe ont poursuivi des contacts jusqu'à l'arrestation, par les autorités britanniques, de M. Itzhak Shamir, en décembre 1941, pour "terrorisme et collaboration avec l'ennemi nazi."

Un tel passé n'empêche pas Itzhak Shamir de devenir Premier Ministre et d'être, aujourd'hui encore, le chef d'une puissante "opposition", la plus acharnée à maintenir l'occupation de la Cisjordanie. C'est qu'en réalité, les dirigeants sionistes, en dépit de leurs rivalités internes, poursuivent le même objectif raciste : chasser par la terreur, l'expropriation ou l'expulsion, tous les autochtones arabes de Palestine, pour en rester les seuls conquérants et les seuls maîtres.

Ben Gourion déclarait :

> "Begin appartient incontestablement au type hitlérien. C'est un raciste disposé à détruire tous les Arabes dans son rêve d'unification d'Israël, prêt, pour réaliser ce but sacré, à user de tous les moyens."
> Source : E. Haber, *Menahem Begin, the man and the legend*
> Ed. Delle Book. New York, 1979, p. 385.

Le même Ben Gourion n'a jamais cru à la possibilité d'une coexistence avec les Arabes. Moins il y aura d'Arabes dans les limites du futur État (d'Israël), mieux cela vaudra. Il ne le dit pas explicitement, mais l'impression qui se dégage de ses interventions et de ses remarques est nette : une grande offensive contre les Arabes ne briserait pas seulement leurs attaques mais aussi réduirait au maximum le pourcentage de la population arabe dans l'État "(...) On peut l'accuser de racisme, mais alors on devra faire le procès de tout le mouvement sioniste, qui est fondé sur le principe d'une entité purement juive en Palestine."

> Source : Bar Zohar (*op. cit*) p. 146.

Au Procès d'Eichmann à Jérusalem, le Procureur Général Haïm Cohen rappelait aux juges :

> "Si cela ne coïncide pas avec votre philosophie, vous pouvez critiquer Käsztner... Mais qu'est-ce que cela a à voir avec la collaboration ?... Il a toujours été dans notre tradition sioniste de sélectionner une élite pour organiser l'immigration en Palestine... Käsztner n'a rien fait d'autre."
> Source : "Court record" 124/53. Jérusalem district court.

Ce haut magistrat invoquait en effet une doctrine constante du mouvement sioniste : il n'avait pas pour objectif de sauver des juifs mais de construire un État juif fort.

Le 2 mai 1948, le Rabbin Klaussner, chargé des *Personnes déplacées,* présentait un Rapport devant la Conférence juive américaine :

> ''Je suis convaincu qu'il faut forcer les gens à se rendre en Palestine... Pour eux un dollar américain leur apparaît comme le plus grand des objectifs. Par le mot ''force'', c'est un programme que je suggère... Il a déjà servi, et très récemment encore. Il a servi pour l'évacuation des juifs de Pologne, et dans l'histoire de ''l'Exodus''...
> Pour appliquer ce programme, il faut, au lieu de fournir du confort aux ''personnes déplacées'', leur créer le plus d'inconfort possible... Dans un second temps, une procédure faisant appel à la Haganah pour harceler les juifs.''
>
> Source : Alfred M. Lilienthal. *What Price Israël.*
> Chicago 1953, p. 194 - 195.

Les variantes de cette méthode d'incitation et même de coercition furent multiples.

En 1940, pour soulever l'indignation contre les Anglais qui avaient décidé de sauver les Juifs menacés par Hitler, en les accueillant dans l'Ile Maurice, le navire qui les transportait, le cargo français *Patria,* ayant fait escale dans le port de Haïfa, le 25 décembre 1940, les dirigeants sionistes de la ''Haganah'' (dont le chef était Ben Gourion), n'hésitèrent pas à le faire exploser, entraînant la mort de 252 Juifs et de membres anglais de l'équipage.

> Source : Dr. Herzl Rosenblum, directeur de *Yediot Aharonoth,* en
> fait révélation en 1958, et la justification en est donnée dans *Jewish
> Newsletter* N.Y. Novembre 1958.

Yehuda Bauer confirme la réalité de ce ''sabotage'' par la Haganah, et le nombre des victimes, dans son livre *Juifs à vendre,* Ed. Liana Levi, Paris 1996, p. 84.

Autre exemple, l'Irak :

> la communauté juive (110.000 personnes en 1948) était bien enracinée dans le pays. Le grand Rabbin d'Iraq, Khedouri Sassoon, avait déclaré : ''Les Juifs et les Arabes ont joui des mêmes droits et privilèges depuis mille ans et ne se considèrent pas comme des

éléments séparés dans cette nation.''
Alors, commencèrent les actions terroristes israéliennes, en 1950, à Bagdad. Devant les réticences des Juifs irakiens à s'inscrire sur les listes d'immigration vers Israël, les services secrets israéliens n'hésitèrent pas, pour convaincre les Juifs qu'ils étaient en danger, à jeter contre eux des bombes... L'attaque contre la synagogue Shem-Tov tua trois personnes et en blessa des dizaines''. Ainsi commença l'exode baptisé : ''Opération Ali Baba''.

Source : Ha'olam Hazeh. 20 avril et 1er juin 1966.
et Yediot Aharonoth du 8 novembre 1977.

Il y a là une doctrine constante depuis que Théodore Herzl avait remplacé la définition du juif non plus par sa religion, mais par sa race.

L'article 4b de la loi fondamentale de l'État d'Israël (qui n'a pas de Constitution), qui définit la ''Loi du retour'' (5710 de 1950) stipule : ''est considéré comme juive une personne née d'une mère juive, ou convertie.'' (Critère racial ou critère confessionnel).

Source : Klein : L'État juif, éd. Dunod. Paris. p. 156.

Ceci était dans la droite ligne de la doctrine fondatrice de Théodore Herzl. Il ne cesse d'y insister dans ses ''Mémoires'' (Diaries) Dès 1895, il précise à un interlocuteur allemand (Speidel), ''Je comprends l'antisémitisme. Nous, les Juifs, nous sommes restés, même si ce n'est pas de notre faute, des corps étrangers dans les diverses nations.''.

Source : Diaries, p. 9.

À quelques pages de là il est plus explicite encore : ''Les antisémites deviendront nos amis les plus sûrs, les pays antisémites nos alliés.''

Source : Diaries, p. 19.

Le but était en effet commun : rassembler les Juifs dans un ghetto mondial. Les faits ont donné raison à Théodore Herzl.

Les Juifs pieux, comme d'ailleurs beaucoup de chrétiens, répétaient chaque jour : ''L'an prochain à Jérusalem''. Ils faisaient de Jérusalem non pas un territoire déterminé, mais le symbole de l'Alliance de Dieu avec les hommes, et de l'effort personnel pour la mériter. Mais le ''Retour'' ne se produisit que sous l'impulsion des menaces antisémites en provenance des pays étrangers.

Le 31 août 1949, s'adressant à un groupe d'Américains en visite en Israël, Ben Gourion déclarait : ''Bien que nous ayons réalisé notre rêve de créer un État juif, nous en sommes encore au début. Il n'y a aujourd'hui que 900 000 Juifs en Israël, tandis que la majorité du peuple juif se trouve encore à l'étranger. Notre tâche future est d'amener tous les Juifs en Israël.''

L'objectif de Ben Gourion était d'amener en Israël quatre millions de Juifs entre 1951 et 1961. Il en vint 800 000. En 1960 il n'y avait, pour l'année, que trente mille immigrés. En 1975-76 l'émigration hors d'Israël dépassait l'immigration.

Seules les grandes persécutions, comme celles de Roumanie, avaient donné une certaine impulsion au "Retour".

Même les atrocités hitlériennes ne réussirent pas à exaucer le rêve de Ben Gourion.

Parmi les victimes juives du nazisme qui se sont réfugiées à l'étranger entre 1935 et 1943, à peine 8,5% sont allées s'installer en Palestine. Les États-Unis limitèrent leur accueil à 182 000 (moins de 7%), l'Angleterre à 67 000 (moins de 2%). L'immense majorité, c'est-à-dire 75%, trouva refuge en Union Soviétique.

Source : "Institute for Jewish Affairs" de New York, repris par Christophe Sykes dans *Crossroads to Israël*, Londres, 1965, et par Nathan Weinstock : *Le sionisme contre Israël*, p. 146.

Un exemple typique des manipulations de l'histoire par les historiens officiels nous est fourni par le dernier livre de Yehuda Bauer, membre de l'Institut d'histoire contemporaine des juifs à l'Université hébraïque de Jérusalem. Son livre s'intitule : *Juifs à vendre*, avec ce sous-titre : *Les négociations entre nazis et juifs. 1933-1945''*. (Ed. Liana Levi, Paris 1996. Traduction de l'anglais par Denis Authier. (Yale University Press, 1994)

L'ouvrage a toutes les apparences extérieures d'un travail scientifique, avec ses 523 notes de références qui occupent 49 pages du livre, avec bibliographie, index, etc. Apparences seulement, car certaines sources traitant du même sujet, et que l'auteur ne pouvait ignorer, y sont passées sous silence (sans doute parce qu'elles vont à l'encontre de sa thèse tendant à montrer la sollicitude des dirigeants sionistes pour arracher les juifs les plus démunis aux griffes d'Hitler, alors qu'ils pratiquaient, eux aussi, une *sélection*. (Cf. supra p. 61, textes de Tom Segev.)

Parmi les témoignages sur la position de Ben Gourion, aucune référence à la célèbre biographie, pourtant apologétique, écrite par Bar Zohar : *Ben Gourion, le prophète armé*. Ed. Fayard, 1966, qui ne figure pas dans la bibliographie, ni dans l'Index. Sans doute l'approbation par Ben Gourion de la ''Haavara'', son principe de sauvetage sélectif des juifs à accueillir en Palestine, son appréciation de Shamir comme ''appartenant au type hitlérien'', l'excluent de l'horizon historique de Bauer.

Les travaux d'Yvon Gelbner, figurant pourtant dans *Yad Vashem studies* Vol. XII, p. 189, pour les mêmes raisons, ne sont pas non plus mentionnés.

Ces travaux émanent pourtant de sa famille spirituelle sioniste. Parmi bien d'autres ''omissions'' de ce genre : *Le septième million* de Tom Segev, qui fit, lui aussi, ses études à l'Université hébraïque de Jérusalem Il est actuellement chroniqueur à *Haaretz*, le plus grand journal israélien.

Pas davantage, dans les 7 lignes consacrées à l'Irgoun Tzvai Leumi (sans même une note) n'est évoqué l'hostilité de cette organisation envers l'Angleterre en 1944. Pas la moindre allusion à ses propositions de collaboration avec Hitler de 1941, dont les auteurs, parmi lesquels Shamir, ne sont pas non plus nommés. (Ceci dans un livre consacré aux ''négociations entre nazis et juifs'' !)

Le livre d'Hannah Arendt sur le même problème : *Eichmann à Jérusalem* et son jugement très dur sur les ''conseils juifs'' dans leurs rapports avec les nazis, est passé sous silence, dans la bibliographie comme dans l'index. Il en est de même pour le livre de Marek Edelman, chef adjoint de l'insurrection du ghetto de Varsovie, qui naturellement ne figure pas, à la page 352 du livre de Yehuda Bauer, dans son palmarès des ''héros'' dans lequel figurent Käsztner, bien qu'il soit ''coupable d'avoir soustrait des nazis à la justice ''comme le reconnaît pourtant Bauer, et qu'il s'était emparé, au profit d'Hitler, de la plus grande entreprise d'armements de Hongrie, l'entreprise Weiss. Bauer fait une liste de ces ''négociateurs'' avec Hitler, ajoutant (p. 352) : ''Tous furent des héros '', ''Tous méritent une telle reconnaissance'' (p. 354) sans le moindre hommage aux résistants juifs tombés dans la lutte contre le fascisme, depuis les volontaires des Brigades Internationales d'Espagne contre Franco, allié de Hitler, jusqu'aux résistants de la M.O.I. en France et aux martyrs du soulèvement du ghetto de Varsovie.

Mais au-delà des aspects scientifiques de ces distorsions du réel par l'un des historiens officiels qui exalte ou justifie toute négociation avec Hitler (mais en dissimule d'essentielles), que dire de l'*a priori* politique et moral : seuls sont des héros, ceux qui ont négocié avec Hitler ! Pas ceux qui lui ont résisté les armes à la main !

De même, ceux qui préconisaient le boycott d'Hitler à l'échelle mondiale, et dont Bauer minimise l'importance stratégique en évoquant seulement les échanges économiques entre l'Allemagne nazie et la Palestine (favorisés par la ''négociation de la Haavara'', ennemie du boycott) ne sont pas des ''héros''.

La visée du livre consiste à essayer de masquer une vérité fondamentale : la préoccupation centrale des dirigeants sionistes, pendant le règne d'Hitler, n'était pas de sauver les juifs de l'enfer nazi, mais, selon le projet du sionisme politique fondé par Théodore Herzl, de fonder un ''État juif'' puissant. Ce programme exigeait donc que, dans toute négociation on sélectionne pour l'immigration un ''matériel humain utile'' (qui amène avec lui des capitaux ou des compétences techniques ou militaires) et que l'on ne s'attendrisse pas sur le sort des plus démunis : (vieillards, immigrants sans ressources ou rendus malades par les mauvais traitements dans les camps) et qui eussent été une charge et non une aide pour construire le bastion.

La deuxième thèse maîtresse du livre de Bauer, consiste à faire croire que la guerre d'Hitler ''c'est une guerre contre les juifs'' (p. 72) et non pas, avant tout une guerre contre le communisme, faisant porter l'essentiel de sa puissance militaire à l'Est, et cherchant au contraire à faire une ''paix séparée'' avec les États-Unis et même l'Angleterre, afin de s'assurer la domination de toute l'Europe sans avoir à combattre sur deux fronts.

> ''Tous les historiens s'accordent pour dire que Himmler préférait une paix séparée avec l'Occident afin de consacrer toutes ses forces contre la menace bolchevique.''
>
> (Bauer p. 167)

> ''Von Papen croyait fermement à une future entente avec les États-Unis et l'Allemagne pour faire barrage au communisme''
>
> (Bauer p. 189).

Les "négociations" entre les sionistes et les nazis avaient précisément cet objet, c'est pourquoi Bauer est obligé de le reconnaître, et même de le rappeler souvent : Hitler permettait à Himmler de négocier avec les sionistes.

"Une note personnelle de Himmler, rédigée le 10 décembre 1942 dit :

> "J'ai demandé au Führer ce qu'il pensait de l'idée de relâcher les juifs contre une rançon. Il m'a donné les pleins pouvoirs pour approuver des opérations de ce type."
>
> (cité par Bauer p. 148).

Ces rapports économiques, et ces "échanges" avaient une raison politique plus profonde que Bauer lui-même avoue :

> "utiliser les filières juives pour entrer en contact avec les puissances occidentales."
>
> (Bauer p. ?83).

Cette préoccupation dominait toutes les autres, les nazis connaissant le poids des lobbies sionistes auprès des dirigeants occidentaux.

> "Les nazis savaient que, contrairement aux Russes le gouvernement de Sa Majesté et celui des États-Unis ont la faiblesse politique de subir les pressions que les juifs exercent sur eux."
>
> (Cité par Bauer p. 260).

Ces dirigeants hitlériens faisaient aisément passer leur antisémitisme au second plan :

> "A la fin de 1944, la volonté de Himmler d'établir le contact avec l'Ouest en se servant dans ce but, entre autres, des juifs, était devenue manifeste".
>
> (Bauer. p. 326).

Les dirigeants sionistes jouaient fort bien ce rôle d'entremetteur.

En avril 1944, Eichmann proposa au délégué sioniste Brand, d'échanger 1 million de juifs contre 10.000 camions (Bauer p. 227 et 229) qui seraient utilisés exclusivement sur le front russe.

Ben Gourion et Moshe Sharett (Shertok), appuyèrent cette offre,

Ben Gourion, envoyant même un appel personnel à Roosevelt pour "ne pas permettre qu'on laisse passer cette chance unique et peut être ultime de sauver les derniers juifs d'Europe." (Bauer p. 265). Le but était clair :

> "Échanger des juifs contre des équipements stratégiques, ou même encore établir des contacts diplomatiques avec l'Ouest, contacts qui pourraient conduire à une paix séparée, voire - telle était l'espérance - à une guerre associant les allemands et les occidentaux contre les soviétiques."
>
> (Bauer, p. 343)

Tel était le but d'Himmler, et les dirigeants sionistes acceptaient de lui servir d'intermédiaires.

Ce complot échoua lorsque les Américains et les Anglais informèrent les soviétiques de ces tractations qui conduisaient à une véritable trahison à l'égard des juifs eux-mêmes, de tous les résistants et de toutes les victimes du nazisme, car Bauer lui-même est obligé de reconnaître :

> "Le rôle essentiel de l'URSS dans la lutte contre l'Allemagne nazie fut le principal soutien de la fermeté alliée. La Wehrmacht a été défaite en Russie par l'Armée rouge : l'invasion de la France, le 6 juin 1944, contribua certes, à cette victoire finale, mais ne fut pas le facteur décisif. Sans les Soviétiques, sans leurs terribles souffrances et leur héroïsme indescriptible, la guerre aurait duré encore des années, et peut-être n'aurait-elle pas été vraiment gagnée."
>
> (Bauer p. 347)

Que penser alors de ceux qui, pour leur "égoïsme collectif", comme disait Buber, proposèrent à Hitler du matériel stratégique assorti de la promesse qu'il ne servirait que sur le front russe ? Si ce marchandage, entre les dirigeants sionistes et les nazis avaient réussi, le système dont Auschwitz est le symbole aurait pu continuer ses crimes.

D'autant plus, et c'est une idée qui imprègne tout le livre, qu'il s'agissait bien d'un "égoïsme collectif".

Pour nous en tenir à la période traitée par Bauer : 1933-1945, toutes les négociations des dirigeants sionistes avec les nazis : depuis la Haavara qui brisait le boycott d'Hitler, jusqu'à l'affaire des camions dirigée contre ceux qui, à Stalingrad, avaient blessé mortellement la bête nazie, et supportaient, en 1944, le poids de 236 divisions des nazis et de leurs satellites alors que seules 19 divisions allemandes s'opposaient en Italie aux troupes américaines, et que 64 étaient réparties de la France à la Norvège - toutes ces "négociations" ont les faveurs de Bauer.

C'est que, du début à la fin, les dirigeants sionistes (dont tous sont passés au pouvoir dans les gouvernements israéliens, y compris ceux qui, en 1941 proposaient leur collaboration à Hitler, comme Shamir) ne pensaient qu'à bâtir un État fort en Palestine, en y amenant "un matériel humain utilisable", subsidiairement des juifs moins efficaces, mais à aucun moment, n'ont pensé aux responsabilités qui incombaient à toute la communauté des résistants à Hitler, comme si les nazis n'avaient eu d'autres ennemis et d'autres victimes que les juifs, et qu'il s'agissait de secourir les seuls juifs.

Même les anglais finirent par être indignés par cette volonté d'ignorer les souffrances de 50 millions de victimes de l'hitlérisme, et d'appeler au secours en faveur des juifs, exclusivement, et encore pas de tous mais avant tout en faveur de ceux qui pouvaient aider à la création d'un État fort en Palestine.

"La délégation londonienne du Congrès juif mondial ayant suggéré l'idée d'une déclaration commune du Pape et des Puissances occidentales, un membre du Foreign Office nota : Serions-nous les instruments de ces gens-là ? Pourquoi le Pape devrait-il condamner l'extermination des juifs de Hongrie, plutôt que l'utilisation des bombes incendiaires contre notre pays."

(Cité par Bauer. p. 393.)

2. Le mythe de la justice de Nuremberg

"Ce tribunal représente une continuation des efforts de guerre des nations alliées."

Robert H. Jackson, Procureur general
des États-Unis (séance du 26 juillet 1946)

L e 8 août 1945, les dirigeants américains, anglais, français et russes, se réunirent à Londres pour mettre au point "la poursuite et le châtiment des grands criminels de guerre des puissances européennes de l'Axe," en créant un "Tribunal militaire international" (article I, a).

Les crimes étaient définis au Titre, article 6.

1 - "Crimes contre la paix" concernant ceux qui étaient responsables du déclenchement de la guerre.
2 - "Crimes de guerre" pour la violation des lois et coutumes de la guerre.
3 - "Crimes contre l'humanité" c'est-à-dire essentiellement contre les populations civiles.

La constitution d'une telle juridiction appelle déjà quelques remarques :

1 - Ce n'est pas un tribunal international puisqu'il n'est constitué que par les vainqueurs et que, par conséquent, ne seront retenus que les crimes commis par les vaincus...[7] Comme le reconnaîtra, avec juste raison, le Procureur général des États-Unis, Robert H. Jackson, qui présidait l'audience du 26 juillet 1946 : "Les Alliés se trouvent encore techniquement en état de guerre avec l'Allemagne... En tant que tribunal militaire, ce tribunal représente une continuation des efforts de guerre des nations alliées."

---

[7] Imaginons qu'à ce tribunal aient siégé des représentants des pays neutres, ou des représentants des pays colonisés : Indiens d'Asie ou d'Amérique, Noirs d'Afrique, Asiatiques, qui subissaient depuis 500 ans une domination féroce qu'Hitler avait infligé à des blancs

2.- Il s'agissait donc d'un tribunal d'exception constituant le dernier acte de la guerre, et excluant, par son principe même, toute responsabilité des vainqueurs, et d'abord, dans le déclenchement de la guerre.

L'on excluait d'avance tout rappel de ce qui en fut la source première : à Nuremberg l'on ne posa pas la question de savoir si le Traité de Versailles, avec toutes ses conséquences, en particulier la multiplication des faillites, et surtout le chômage, n'avait pas permis l'ascension d'un Hitler par l'assentiment d'une majorité du peuple allemand.[8] Par exemple, en imposant à l'Allemagne vaincue de 1918, (la seule loi du plus fort faisant déjà figure de ''droit'') de payer, à titre de réparation, 132 milliards de marks or (l'équivalent de 165 milliards de francs or) alors qu'à cette époque la fortune nationale de l'Allemagne était évaluée à 260 milliards de marks or.

L'économie allemande s'en trouva ruinée et le peuple allemand réduit au désespoir par la faillite, l'effondrement de la monnaie, et surtout le chômage, qui permirent l'ascension de Hitler en lui donnant les plus faciles arguments pour soutenir son mot d'ordre majeur : annuler le Traité de Versailles avec son cortège de misère et d'humiliation.

La meilleure preuve est la montée parallèle du chômage et des succès du ''Parti national-socialiste'' aux différentes élections :

I. De 1924 à 1930

Dates	Voix obtenues	%	Sièges	n° de chômeurs
4/05/24	1918000	6,6	32	3 200 711
7/12/24	908000	3	14	282 645
20/5/28	810000	2,6	12	269 443

---

[8] En 1919, le célèbre économiste Lord George Maynard Keynes, disait : ''Avec un tel traité, dans vingt ans vous aurez une nouvelle guerre.''

II. De 1930 à 1933

Dates	Voix obtenues	%	Sièges	n° de chômeurs
14/4/30	6407000	18,3	107	1061070
31/7/32	13779000	37,3	230	5392248
6/11/32	11737000	33,1	196	5355428
5/3/33	17265000	43,7	288	5598855

Puis lorsque Hitler obtint, avec ses alliés politiques, la majorité absolue au Reichstag, l'aide apportée à son réarmement par les hommes du dollar, de la livre et du franc.

Non seulement la ''Caisse centrale de propagande'' du parti d'Hitler était alimentée par la banque allemande Schreider, mais, le réarmement fut largement financé par les grands trusts américains, anglais et français.

Ce fut le cas du Consortium chimique américain Dupont de Nemours et du trust anglais Imperial Chemicals Industry, qui subventionnaient l'I.G. Farben avec laquelle ils s'étaient partagés le marché mondial de la poudre, et de la Banque Dillon de New-York qui subventionnait le Vereinigte Stahlwerke, trust allemand de l'acier. D'autres étaient subventionnés par Morgan ou Rockefeller, etc...

Ainsi la Livre et le Dollar participèrent-ils au complot qui porta Hitler au pouvoir.

Pour la France, sur une demande adressée au Ministre de l'Économie nationale, par le Sénateur Paul Laffont, sur les quantités de minerai de fer exportées en Allemagne depuis 1934, la réponse fut la suivante :

"Les quantités de minerai de fer (N·204 du tarif des douanes) exportées à destination de l'Allemagne au cours des années 1934, 1935, 1936 et 1937, sont consignées dans le tableau ci-après :

Année	Quantités (en quintaux métriques)
1934	17.060.916
1935	58.616.111
1936	77.931.756
1937	71.329.234

Source : Journal officiel de la République française
du 26 mars 1938.

Mais ni les dirigeants des groupes Dupont de Nemours, Dillon, Morgan, Rockefeller, ni François de Wendel, ne furent interpellés à Nuremberg sur le chapitre consacré au "complot contre la paix".

Note : Les États-Unis produisirent près de 135.000 tonnes d'agents chimiques toxiques durant la guerre, l'Allemagne 70.000 tonnes, le Royaume-Uni 40.000 tonnes et le Japon 7.500 tonnes.

* * *

L'on invoque souvent les imprécations de Hitler et des principaux dirigeants nazis contre les communistes et les juifs.

En particulier le chapitre XV du second volume de *Mein Kampf* où Hitler évoque le passé : celui de la guerre des gaz initiée par les Anglais lors de la Première guerre mondiale, chapitre qui s'intitule : "Le droit de légitime défense" :

> "Si l'on avait, au début et au cours de la guerre, soumis une seule fois douze ou quinze mille de ces Hébreux corrupteurs du peuple aux gaz toxiques que des centaines de milliers de nos meilleurs travailleurs allemands de toute origine et de toute profession ont dû endurer sur le front, le sacrifice de millions d'hommes n'eût pas été vain. Au contraire, si l'on s'était débarrassé à temps de ces quelques douze mille coquins, on aurait peut-être sauvé l'existence d'un million de bons et braves Allemands pleins d'avenir."

Dans un discours devant le Reichstag, le 30 janvier 1939, il dit aussi :

"Si les milieux juifs internationaux de la finance à l'intérieur et à l'extérieur de l'Europe devaient réussir à précipiter une nouvelle fois les peuples dans une guerre mondiale, le résultat ne serait pas la bolchevisation de la terre avec pour corollaire la victoire du judaïsme, mais l'anéantissement (Vernichtung) de la race juive en Europe... Car l'époque où les peuples non juifs étaient livrés sans défense à la propagande est révolue. L'Allemagne national-socialiste et l'Italie fasciste possèdent désormais les institutions qui permettent, chaque fois qu'il est nécessaire, d'éclairer le monde sur les tenants et les aboutissants d'une question que de nombreux peuples pressentent instinctivement, sans pouvoir se l'expliquer scientifiquement.

Les juifs peuvent bien poursuivre leur campagne de harcèlement dans certains États, protégés qu'ils sont par le monopole qu'ils exercent sur la presse, le cinéma, la propagande radiophonique, les théâtres, la littérature, et j'en passe. Pourtant, si ce peuple devait réussir une nouvelle fois à précipiter des millions de personnes dans un conflit totalement absurde pour elles, bien qu'il puisse être profitable aux intérêts juifs, alors se manifesterait l'efficacité d'un travail d'explication qui a permis en quelques années, dans la seule Allemagne, d'abattre complètement (*restlos erlegen*) le judaïsme."

Source : I.M.T. Vol. XXXI, p. 65.

Le 30 janvier 1941, Hitler dit à l'ensemble des juifs d'Europe qu'ils "auraient fini de jouer leur rôle, en cas de guerre généralisée". Puis dans un discours du 30 janvier 1942, il aurait déclaré que la guerre verrait "l'annihilation du judaïsme en Europe".

Le testament politique d'Hitler publié par le Tribunal Militaire International de Nuremberg abonde dans ce sens. On y lit notamment :

"Mais je n'ai laissé subsister aucun doute là-dessus si ces comploteurs internationaux du monde de l'argent et de la finance se remettent à traiter les peuples d'Europe en paquets d'actions, ce peuple qui est le vrai responsable de ce conflit meurtrier aura à rendre des comptes : les juifs ! (*Das or !*)
Je n'ai laissé personne dans l'incertitude du sort qui attend celui par qui des millions d'enfants des peuples aryens d'Europe devraient mourir de faim, des millions d'hommes adultes devraient périr et des centaines de milliers de femmes et d'enfants seraient brûlés et succomberaient aux bombardements dans leur ville. Même si ce doit être avec des moyens plus humains, le coupable devra expier sa faute."

Hitler parle de détruire une "influence" ; Himmler parle plus directement de détruire des personnes.

Voici, par exemple, ce que disait Himmler dans un discours adressé à des commandants des forces navales à Weimar, le 16 décembre 1943 :

> "Quand n'importe où, j'ai été forcé de donner dans un village l'ordre de marcher contre des partisans et contre des commissaires juifs, alors, j'ai systématiquement donné l'ordre de faire également tuer les femmes et les enfants de ces partisans et commissaires."

Plus tard, parlant devant des généraux, le 5 mai 1944, à Sonthofen, il ajoutait :

> "Dans ce conflit avec l'Asie, nous devons prendre l'habitude d'oublier les règles du jeu et les mœurs en usage au cours des guerres européennes passées, bien qu'elles nous soient devenues chères et conviennent mieux à notre mentalité."

Cette sauvagerie n'était malheureusement pas l'apanage d'un seul camp. Le 4 septembre 1940, Hitler déclare au Sportpalast :

> "Si l'aviation anglaise jette trois ou quatre mille kilos de bombes, nous en jetterons cent, cent cinquante, deux cents, trois cents, quatre cents mille kilos et plus encore en une seule nuit."

Ceci constitue une folle exagération des possibilités de bombardement stratégique de la Luftwaffe, mais montre quel degré de haine contre les peuples l'on soulevait dans les deux camps.

En réponse, Clifton Fadiman, éditeur du magazine hebdomadaire *New Yorker* et figure de proue des "Writers War Board", agence littéraire semi-officielle du gouvernement, demandait en 1942, aux écrivains "de susciter une haine ardente contre tous les Allemands et pas seulement contre les dirigeants nazis."

Ces propos soulevant une controverse, Fadiman poursuivit :

> "la seule façon de se faire comprendre des Allemands est de les tuer. Et encore je pense qu'ils ne comprendront pas."

En avril 1942, faisant l'éloge d'un livre de De Sales *The Making of*

Tomorrow (''Préparer demain'') il développe sa conception raciste et il écrit : ''l'actuelle agression nazie n'est pas l'œuvre d'un groupe de gangsters mais plutôt l'expression finale des plus profonds instincts du peuple allemand. Hitler est l'incarnation de forces plus grandes que lui. L'hérésie qu'il prêche est vieille de 2000 ans. Quelles est cette hérésie ? Ni plus ni moins que la rébellion contre la civilisation occidentale qui commence avec Arminius... les dimensions de cette guerre apparaissent alors avec une grande clarté...''

Il approuvait la suggestion d'Hemingway : ''la seule solution finale (*the only ultimate settlement*) serait de stériliser les nazis, au sens chirurgical du mot''.

Il ridiculisait Dorothy Thomson qui faisait une distinction entre les nazis et les autres Allemands.

Ce n'était pas une opinion isolée. Après le discours d'Hitler au Sportpalast le *Daily Herald* de Londres publiait un article du Révérend C.W. Wipp déclarant :

''Le mot d'ordre doit être : ''les balayer'' et, pour cela, concentrer notre science dans la découverte de nouveaux et plus terrifiants explosifs... Un Ministre de l'Évangile ne doit peut-être pas se laisser aller à de tels sentiments, mais je dis franchement que, si je le pouvais, je rayerais l'Allemagne de la carte. C'est une race diabolique qui a été la malédiction de l'Europe pendant des siècles.''

Heureusement des protestations s'élevèrent, contre de telles aberrations en Angleterre où le peuple, pas plus que le peuple allemand et sa haute culture, ne pouvaient être confondus avec des dirigeants sanguinaires et des aboyeurs de la haine et de la mort.

Dès le mois de janvier 1934, le dirigeant sioniste Wladimir Jabotinsky déclarait au journal juif *Natscha Retsch* :

''Nos intérêts juifs exigent l'anéantissement définitif de l'Allemagne, le peuple allemand dans sa totalité représente pour nous un danger.''

Churchill, pour sa part, confia à Paul Reynaud, le 16 mai 1940 :

"Nous affamerons l'Allemagne. Nous démolirons ses villes.
Nous brûlerons ses récoltes et ses forêts."
Source : Paul Baudouin, *Neuf mois au gouvernement.*
La Table Ronde, 1948, p. 57.

En 1942, le Ministre Britannique Lord Vansittart, véritable apôtre
de la haine, pour justifier la terreur des bombardements britanniques :

"Les seuls bons Allemands sont les Allemands morts ; donc,
que les bombes pleuvent !"

En juillet 1944, Winston Churchill adressait à son chef d'État-
major, le général Hastings Imay, un mémorandum de quatre pages où il
proposait le projet suivant :

"Je veux que vous réfléchissiez très sérieusement à cette
question des gaz asphyxiants...

Il est absurde de prendre en compte la moralité dans cette affaire
alors que tout le monde les a mis en œuvre (les gaz asphyxiants)
durant la dernière guerre sans qu'il y ait protestation de la part des
moralistes ou de l'Église. D'un autre côté, à cette époque-là, le
bombardement de villes ouvertes était considéré comme interdit ;
aujourd'hui tout le monde le pratique comme une chose qui va de
soi. Il s'agit tout simplement d'une mode, comparable à l'évolution
de la longueur des jupes des femmes....

Je veux qu'on examine froidement combien ça paierait d'utiliser
des gaz asphyxiants...

On ne doit pas se laisser lier les mains par des principes niais,...

Nous pourrions inonder les villes de la Ruhr et bien d'autres
villes en Allemagne de telle sorte que la majorité de la population
requerrait des soins médicaux constants... Il faudra attendre peut-
être quelques semaines ou même quelques mois avant que je vous
demande d'inonder l'Allemagne de gaz asphyxiants et, si nous le
faisons, allons-y carrément. En attendant je voudrais que cette
question soit examinée froidement par des gens sensés et pas par
une équipe en uniforme de chanteurs de psaumes rabat-joie comme
on en croise ici et là."
Source : *American Heritage*, août-septembre 1985.

Ni Churchill, ni Staline, ni Truman ne furent assis au banc des
criminels de guerre.

Pas plus d'ailleurs que ne furent mis en cause les auteurs des plus
ignobles appels au crime. Pour n'en citer que deux exemples parmi les

plus délirants : l'appel à un "génocide", cette fois au vrai sens du mot, lancé en 1942, par le livre du Juif américain Theodor Kaufman : *Germany Must Perish* ("L'Allemagne doit périr") dont la thèse maîtresse est la suivante : "Les Allemands (quel qu'ils soient : antinazis, communistes, ou même philosémites) ne méritent pas de vivre. En conséquence, dit-il, après la guerre on mobilisera 20.000 médecins pour stériliser chacun 25 allemands ou allemandes par jour, de sorte qu'en trois mois il n'y ait plus un seul Allemand capable de se reproduire, et qu'en 60 ans la race allemande soit totalement éliminée."

Ce fut une aubaine pour nourrir l'antisémitisme : Hitler fit lire des extraits de ce livre par tous les postes de radio. Ou encore "l'Appel à l'Armée Rouge", publié par l'écrivain soviétique Ilya Ehrenbourg, en octobre 1944 :

"Tuez, tuez ! Chez les Allemands, il n'y a pas d'innocents, ni parmi les vivants, ni parmi ceux à naître ! Exécutez les Instructions du camarade Staline en écrasant pour toujours la bête fasciste dans son antre. Brisez par la violence l'orgueil des femmes germaniques. Prenez-les en butin légitime. Tuez, tuez, vaillants soldats de l'Armée Rouge, dans votre assaut irrésistible." (Cité par l'Amiral Doenitz, *Dix ans et 20 jours*, p. 343-44).

Ceux-là non plus ne figuraient pas parmi les accusés de Nuremberg, pas plus que les chefs d'État qui les avaient couverts.

Ni les responsables anglo-américains du bombardement de Dresde, qui fit 200.000 victimes civiles, et sans aucun intérêt militaire, puisque l'Armée soviétique avait dépassé ses objectifs.

Ni le coupable, Truman, de l'Apocalypse atomique d'Hiroshima et de Nagasaki qui fit 300.000 victimes civiles, là aussi sans nécessité militaire puisque la reddition du Japon était déjà décidée par l'Empereur.

Ni Beria et Staline, par exemple, qui rejetaient sur les Allemands le massacre de milliers d'officiers polonais à Katyn.

* * *

Les méthodes de la procédure relevaient des mêmes principes (ou plutôt de la même absence de principes) que le choix des accusés parmi les seuls vaincus.

Le statut de ce tribunal est ainsi défini

Article 19 : le Tribunal ne sera pas lié par les règles techniques relatives à l'administration des preuves. Il adoptera et appliquera autant que possible une procédure rapide (la version anglaise dit : "expéditive") et non formaliste, et admettra tout moyen qu'il estimera avoir une valeur probante.

Article 21 : le Tribunal n'exigera pas que soit apportée la preuve des faits de notoriété publique, mais les tiendra pour acquis. Il considère également comme preuves authentiques les documents et rapports officiels des gouvernements des Alliés.

Tel est le monstre juridique, dont les décisions doivent être canonisées et tenues pour critères d'une intouchable vérité historique, selon la loi Gayssot-Fabius du 13 juillet 1990.

Ce texte insère en effet dans la loi sur la liberté de la presse de 1981, un article 24 bis, disant :

"Seront punis des peines prévues par le sixième alinéa de l'article 24 {un emprisonnement d'un mois à un ans, et d'une amende de 2000 à 300 000 F. ou de l'une de ces deux peines seulement} ceux qui auront contesté, par un des moyens énoncés à l'article 23, l'existence d'un ou plusieurs crimes contre l'humanité tels qu'ils sont définis par l'article 6 du statut du tribunal militaire international annexé à l'accord de Londres du 8 août 1945 et qui ont été commis soit par les membres d'une organisation déclarée criminelle en application de l'article 9 dudit statut, soit par une personne reconnue coupable de tels crimes par une juridiction française ou internationale.

Le tribunal pourra en outre ordonner :

1. L'affichage de sa décision dans les conditions prévues par l'article 51 du Code pénal ;
2. La publication de celle-ci ou l'insertion d'un communiqué dans les conditions prévues par l'article 51-1 du Code pénal, sans que les frais de publication ou d'insertion puissent excéder le maximum de l'amende encourue."

* * *

Une telle procédure du Tribunal de Nuremberg souleva des objections jusque chez les juristes américains du plus haut niveau : ceux de la Cour Suprême.

À commencer par le Juge Jackson qui en fut le Président. L'historien anglais David Irving, qui reconnaît l'avoir d'abord mal jugé, apporte ce témoignage :

"Des juristes de renom, dans le monde entier, eurent honte de la procédure de Nuremberg. Certainement, le Juge Robert H. Jackson, Président américain des accusateurs avait honte de ces procédés ; cela est évident dans son "journal personnel" que j'ai lu.

"J'ai eu le privilège d'avoir accès aux "Mémoires" (du juge Jackson) à la Bibliothèque du Congrès... Peu de temps après que Robert H. Jackson ait reçu du Président Truman la tâche de diriger les juges américains, au procès de Nuremberg (mai 1945), il eut connaissance des plans américains sur le bombardement par bombes atomiques, il se trouva mal à l'aise dans la tâche qui lui était confiée : poursuivre, au nom d'une nation, des actes qu'elle a elle-même commis, car il était conscient que les États-Unis allaient commettre un crime plus grand encore." (33.9392 et 9394).[9]

Se référant au livre d'Alpheus Thomas Mason sur Harlan Fiske Stone, *Pilier de la loi* (Harlan Fiske Stone était Chief Justice of the Supreme Court of United States), l'avocat Christie cite la page 715 de ce livre, ou Stone écrit au Directeur du magazine *Fortune* que, non seulement il désavoue une telle procédure, mais considère qu'il s'agit d'un "lynchage à grande échelle" (*high-grade lynching party in Nuremberg*). (5. 995-996) p. 716.

Le juge Wennerstrum, de la Cour Suprême des États-Unis, Président de l'un des tribunaux (23.5915-5916) fut "si dégoûté de toute l'atmosphère et du comportement des interprètes, avocats, procureurs... qu'il refusa sa nomination et quitta subitement l'Allemagne pour rentrer aux États-Unis. Il exposa au *Chicago Daily Tribune* du 23 février 1948

---

[9] Les références réduites à un nombre renvoient aux minutes du procès de Toronto de 1988, publiées par Barbara Kulaszka, *Did Six Million Really Die ?* Toronto, août 1992.

ses objections à l'égard de l'organisation et de la procédure. Il y mentionne particulièrement le climat de haine et le parti pris d'"étrangers qui venaient d'acquérir la nationalité américaine".[10]

> "Quant aux principaux accusés : Höss, Streicher, Pohl, ils ont été torturés." (23.5919)

En vertu des statuts de Nuremberg, selon lesquels les rapports des commissions d'enquêtes alliées avaient valeur de preuves, le rapport soviétique sur Katyn, accusant les Allemands du massacre de 11.000 officiers polonais a été accepté comme "preuve authentique", indiscutable, le 8 août 1945, par les vainqueurs.

Source : Document URSS-54,
dans le volume 39 du *T.M.I.* (p. 290. 32)

Le Procureur général soviétique, le Général Rudenko put dire que, d'après l'article 21 du Statut du Tribunal de Nuremberg "il ne saurait faire l'objet de contestation." (XV, p. 300).

Le 13 avril 1990 la presse internationale annonçait que le crime de Katyn avait pour auteur Beria et les autorités soviétiques. Le Professeur Naville, de l'Université de Genève, examinant les cadavres, avait trouvé dans leurs poches des documents de 1940 prouvant que l'exécution avait eu lieu à cette date. En 1940 la région de Smolensk était occupée par les soviétiques

* * *

Pour nous en tenir à notre thème : "les mythes fondateurs de l'État d'Israël", nous nous attacherons à examiner l'une des contrevérités qui exercent encore, après plus d'un demi-siècle, le plus de ravages dans le monde actuel et pas seulement au Proche-Orient : le mythe des 6 millions de Juifs exterminés devenu un dogme justifiant, sacralisant (comme l'implique le mot même : *Holocauste*) toutes les exactions de l'État d'Israël en Palestine, dans tout le Proche-Orient, aux États-Unis

---

[10] Dans son livre *The Oranienburg Paradox* (Grosset & Dunlap, 1978, p. 122) le Docteur Goldman précise : "Pendant la guerre, le Congrès mondial juif a mis en place un institut pour les affaires juives à New York. Les directeurs étaient deux grands juristes juifs lithuaniens, Jacob et Nehemiah Robinson. Grâce à leur apport, l'institut a élaboré deux idées totalement révolutionnaires : le tribunal de Nuremberg et les réparations allemandes."

et, à travers les États-Unis, dans toute la politique mondiale, en les plaçant au-dessus de toute loi internationale.

Le Tribunal de Nuremberg a officialisé ce chiffre, qui n'a cessé, depuis lors, de servir à manipuler les opinions publiques, dans la presse, écrite ou parlée, dans la littérature et le cinéma, et jusque dans les manuels scolaires.

Or, ce chiffre ne s'appuie que sur deux témoignages : celui de Höttl et un autre de Wisliceny.

Voici ce que déclara le premier :

"En avril 1944, dit aux juges de Nuremberg, l'Obersturmbannführer Dr Wilhelm Höttl, chef du bureau adjoint de la section IV de l'Office central de sécurité du Reich, le S.S. Obersturmbannführer Adolf Eichmann que je connaissais depuis 1938 eut un entretien avec moi dans mon appartement à Budapest... Il savait qu'il était considéré comme criminel de guerre par les Nations Alliées puisqu'il avait des milliers de vies juives sur la conscience. Je lui demandais combien il y en avait et il me répondit que, bien que le nombre fût un grand secret, il me le dirait parce que des renseignements qu'il possédait, il était arrivé à la conclusion suivante : dans les différents camps d'extermination environ 4 millions de juifs avaient été tués alors et que deux millions avaient trouvé la mort d'une autre manière."
Source : Procès de Nuremberg, tome IV, p. 657.

Et le second :

"Il (Eichmann) disait qu'il sauterait en riant dans la tombe, car l'impression d'avoir cinq millions de personnes sur la conscience serait pour lui la source d'une extraordinaire satisfaction." (*Op. cit.*).

De ces deux témoignages, M. Poliakov lui-même dit :

"Il serait possible d'objecter qu'un chiffre si imparfaitement étayé doit être considéré comme suspect."
Source : Revue d'Histoire de la seconde guerre mondiale, oct. 1956.

Le journal yiddish de New York *Der Aufbau* du 30 juin 1965 signale qu'à cette date 3 millions et 375.000 personnes avaient effectué des demandes de ''réparation'' au titre des dommages subis au temps de la domination d'Hitler.

Ajoutons que le principal témoignage, le plus complet et le plus précis, est celui de Höttl, agent de l'Intelligence Service. Source : la revue anglaise *Weekend* du 25 janvier 1961, portant sur sa couverture le portrait de Höttl, avec cette légende : ''Histoire d'un espion'' plus étrange que la fiction : cet ami de dirigeants nazis avait pour patron un homme des services secrets britanniques.''

Confirmant les objections des grands juristes de la Cour Suprême des États-Unis et de bien d'autres, sur les anomalies juridiques du ''Tribunal de Nuremberg'' nous donnerons seulement, à titre d'exemples, les violations des règles constantes de la procédure de tout procès véritable :

1 - L'établissement et la vérification de l'authenticité des textes produits ;

2 - L'analyse de la valeur des témoignages et des conditions dans lesquelles ils furent obtenus ;

3 - L'examen scientifique de l'arme du crime pour établir son fonctionnement et ses effets.

a) Les textes

Les textes fondamentaux, décisifs pour établir ce que pouvait être ''la solution finale'' sont d'abord les ordres d'extermination attribués aux plus hauts responsables : Hitler, Goering, Heydrich, Himmler, et les directives données pour leur exécution.

D'abord la directive de Hitler sur l'extermination.

Malgré les efforts des théoriciens du génocide et de l'Holocauste, il n'en fut jamais trouvé aucune trace : Madame Olga Wormser-Migot écrit dès 1968 :

''Pas plus qu'il n'existe d'ordre écrit en clair d'extermination par les gaz à Auschwitz, n'existe d'ordre de les cesser en novembre 1944.'' Elle précise : ''ni au procès de Nuremberg, ni au cours des procès de zone, ni au procès de Höss à Cracovie, d'Eichmann en Israël, ni au procès des commandants de camps, ni de novembre

1966 à août 1975, au procès de Francfort (accusés d'Auschwitz de seconde zone) n'a été produit le fameux ordre signé de Himmler, du 22 novembre 1944, sur la fin de l'extermination des juifs par les gaz, l'ordre de mettre fin à la "Solution finale"."

Source : Olga Wormser-Migot.
Le système concentrationnaire nazi.
PUF, 1968, p. 544 et p. 13.

Le Docteur Kubovy, du "Centre de Documentation" de Tel-Aviv, reconnaît, en 1960 : "il n'existe aucun document signé par Hitler, Himmler ou Heydrich parlant d'exterminer les juifs... le mot "extermination" n'apparaît pas dans la lettre de Goering à Heydrich concernant la solution finale de la question juive."

Source : Lucy Dawidowicz,
The War against the Jews (1975) p. 121.

Après un colloque tenu à la Sorbonne, à Paris, en février 1982, pour combattre les travaux critiques des "révisionnistes", Raymond Aron et François Furet avaient dû déclarer, au cours de la conférence de presse qui suivit la rencontre : "Malgré les recherches les plus érudites, on n'a jamais pu trouver un ordre d'Hitler d'exterminer les Juifs."

En 1981, c'est l'aveu de Laqueur : "Jusqu'à aujourd'hui on n'a pas trouvé d'ordre écrit de Hitler en vue de détruire la communauté juive européenne et, selon toute probabilité, cet ordre n'a jamais été donné".

Source : Walter Laqueur : *The Terrible Secret*, trad. all.,
Francfort-sur-le-Main., Berlin., Vienne. 1981, p. 190.

Malgré tout cela il s'est trouvé, à l'instigation de Vidal-Naquet et de Léon Poliakov, d'autres historiens pour signer la déclaration suivante :

"[...]Il ne faut pas se demander comment, techniquement, un tel meurtre de masse a été possible. Il a été possible techniquement puisqu'il a eu lieu. Tel est le point de départ obligé de toute enquête historique sur ce sujet. Cette vérité, il nous appartenait de la rappeler simplement : il n'y a pas, il ne peut pas y avoir de débat sur l'existence des chambres à gaz."

- Il ne faut pas se demander...

- le point de départ obligé ...

- Il ne peut pas y avoir de débat...

Trois interdits, trois tabous, trois limites définitives à la recherche.

Un tel texte marque une date effectivement historique dans l'histoire de l'histoire : le fait qu'il s'agit d'établir est posé, avant toute recherche et toute critique, comme vérité absolue et intangible interdisant, par trois impératifs rédhibitoires, toute recherche et toute critique de ce qui a été une fois, au lendemain d'une victoire, jugé par les vainqueurs.

L'histoire doit pourtant, si elle entend respecter un statut scientifique, être une perpétuelle recherche, remettant en cause même ce que l'on croyait aussi définitivement établi que le postulat d'Euclide ou les lois de Newton.

En voici un exemple notoire :

> "Le Comité International d'Auschwitz prévoyait, en novembre 1990, de remplacer la plaque commémorative à Auschwitz, qui indiquait "4 millions de morts" par une autre portant la mention "plus d'un million de morts". Le docteur Maurice Goldstein, Président de ce comité, s'y opposa."
>
> Source : *Le Soir*, Bruxelles,
> 19-20 octobre 1991, page 16.

En fait, le docteur Goldstein ne contestait nullement la nécessité de changer les anciennes plaques, mais il souhaitait que la nouvelle plaque ne comporte pas de chiffre, tant il savait qu'il serait probablement nécessaire à bref délai de réviser une nouvelle fois à la baisse le chiffre actuellement envisagé.

La plaque, à l'entrée du camp de Birkenau porta donc cette inscription jusqu'en 1994.

> "Ici, de 1940 à 1945, quatre millions d'hommes, de femmes et d'enfants ont été torturés et assassinés par les génocides hitlériens."

Grâce à l'action du Comité international du Musée d'État que préside l'historien Wladislaw Bartoszewski, et comprenant vingt-six membres de toutes nationalités, le texte a été modifié dans un sens moins éloigné de la vérité :

> "Que ce lieu où les nazis ont assassiné un million et demi d'hommes, de femmes, d'enfants, en majorité des juifs de divers pays d'Europe, soit à jamais pour l'humanité un cri de désespoir et

un avertissement.''

Source : Article de Luc Rosenzweig,
dans *Le Monde* du 27 janvier 1995.

Cet exemple montre que l'histoire, pour échapper au terrorisme intellectuel des prédicateurs de la haine, exige une perpétuelle révision. Elle est révisionniste ou bien elle est une propagande déguisée.

Revenons donc à l'histoire proprement dite, critique, ''révisionniste'', c'est-à-dire fondée sur l'analyse des textes, la vérification des témoignages, les expertises sur l'arme du crime.

Voici d'abord ce qui, dans le programme du Parti national-socialiste, concerne les juifs.

Le problème des juifs est abordé au point 4 du Programme du Parti national-socialiste (N.S.D.A.P.) :

> ''Seuls peuvent posséder la nationalité allemande ceux qui sont des citoyens à part entière. Et, sont citoyens à part entière ceux qui ont du sang allemand, sans discrimination confessionnelle. Donc, aucun juif ne peut être citoyen à part entière.''

Staatsbürger désignait le citoyen et *Volksgenosse* le citoyen à part entière, en tant que membre d'une communauté homogène.

Plus loin nous voyons au point 5 :

> ''Celui qui ne possède pas la nationalité allemande ne pourra vivre en Allemagne qu'en qualité d'hôte (*Gast*) et devra se soumettre à la législation en vigueur concernant le séjour des étrangers.''

Puis, au point 7, il est question de l'interdiction de séjour dans le Reich, dans certaines conditions, de ceux qui ne possèdent pas la nationalité allemande ; au point 8, on exige l'arrêt de toute nouvelle immigration de non-Allemands ainsi que l'expulsion immédiate des non-Allemands entrés en Allemagne depuis le 2 août 1914. Ce dernier point est visiblement dirigé contre les juifs de l'Est, qui étaient arrivés en grand nombre dans le Reich pendant et après la Première Guerre mondiale.

Le point 23 aborde également ce problème : il stipule que les juifs n'auront pas le droit de travailler dans la presse, et le point 24 affirme que le Parti lutte contre l'''esprit matérialiste juif''.

b) Les ordres d'Hitler sur l'extermination des juifs

Dans son livre *La Destruction des juifs d'Europe* Raul Hilberg, en 1961 dans la première édition, écrit qu'il y eut deux ordres d'extermination donnés par Hitler : l'un au printemps de 1941 (entrée en Russie) et l'autre quelques mois plus tard.

Mais en 1985 ''dans la deuxième édition, révisée, toutes les référence aux ordres ou aux décisions d'Hitler concourant à la ''solution finale'' ont été systématiquement supprimées''

Source : ''The Revised Hilberg''.
Simon Wiesenthal Annal (Vol, 3, 1986, p. 294)

L'édition de 1961, indiquait, à la page 171 : ''Comment apparut la phase décrétant la mort ? Essentiellement par deux décisions d'Hitler. Un ordre a été donné au printemps de 1941.''

Dans quels termes ces ordres ont-ils été donnés ?

Hilberg :

''Selon le Général Jodl, qui écrivit le document que je cite, les termes étaient les suivants : Adolf Hitler a dit qu'il voulait que les commissaires bolcheviks juifs soient liquidés. C'est le premier point... Tel était le contenu de l'ordre décrit par le Général Jodl.'' (4-82)

Hilberg :

''L'ordre était oral.''

Ainsi : Hilberg a dit que le Général Jodl avait dit qu'Hitler avait dit... !

Dès ses premières diatribes antisémites et dans ''Mein Kampf'', Hitler proclame sa volonté d'expulser les juifs d'Allemagne. Nous ne retiendrons désormais des textes allemands que ceux employant l'expression ''solution finale'' afin d'en obtenir une définition précise.

Le 24 juin 1940, après la victoire sur la France, Heydrich évoque dans une lettre à Ribbentrop, Ministre des finances, "une solution finale territoriale" (*"Eine territoriale Endlösung"*).

Source : Gerald Flemming. *Hitler und die Endlösung.* Wiesbaden-Munich. 1982. p. 56.

Créer, hors de l'Europe, une "réserve" juive, et Ribbentrop suggère alors le "projet Madagascar".

En juillet 1940, le responsable aux affaires juives, Franz Rademacher, résume ainsi cette directive : "Tous les juifs hors d'Europe !"

Source : Joseph Billig. *La Solution finale de la question juive.* Paris, 1977, p. 58.

Cette "solution finale territoriale" répondait en effet à la situation nouvelle de l'Allemagne dominant désormais l'Europe : il ne suffisait plus d'expulser les juifs d'Allemagne.

Le responsable de ce projet de "solution finale" par la déportation de tous les juifs de l'Europe à Madagascar, Rademacher, fait observer que la réalisation exigera quatre ans et, au chapitre "Financement", il indique "La réalisation de la solution finale (*Endlösung*) proposée exige des moyens considérables."

Source : N.G. 2586.

c) Lettre de Goering à Heydrich du 31 juillet 1941

Heydrich demande à Goering :

"En 1939, vous m'avez donné l'ordre de prendre des mesures concernant la question juive. Dois-je maintenant étendre la tâche que vous m'avez confiée alors aux nouveaux territoires dont nous nous sommes emparés en Russie... ?"

Là encore, rien sur l'assassinat des juifs. Il s'agit seulement de leur transfert géographique, tenant simplement compte des conditions nouvelles (33.93739374).[11]

---

[11] Référence aux minutes du Procès de Toronto de 1988. (rappel)

La seule ''solution finale'' consistait donc à vider l'Europe de ses juifs en les éloignant toujours plus jusqu'à ce que la guerre (à supposer qu'on la gagne), permette de les mettre tous dans un ghetto extérieur à l'Europe (comme le projet de Madagascar en avait été la première suggestion).

L'hypothèse du langage codé et secret est insoutenable[12] car, pour d'autres crimes, les documents existent en clair : l'euthanasie, l'ordre de tuer les commandos britanniques, de lyncher les aviateurs américains, d'exterminer la population mâle de Stalingrad si on l'occupait. ''Pour tous ces crimes les documents sont là. Alors que dans ce seul cas il n'y a rien, ni les originaux, ni les copies'', ni, ajoutons-le, les directives ou les commandes nécessaires à l'exécution de si vastes directives. (33.9375-9376).

''En janvier 1942 Reinhard Heydrich, chef de la Gestapo, avait informé les dirigeants de Berlin que le Führer avait décidé l'évacuation de tous les juifs vers les territoires de l'Est, remplaçant ainsi la déportation au-delà des mers antérieurement projetée.'' (34-9544).

Dans une note qui circula en mars 1942, dans le bureau de Heydrich les ministres étaient informés que les juifs d'Europe devaient être concentrés à l'Est ''en attendant qu'après la guerre ils puissent être envoyés dans un territoire éloigné, tel que Madagascar, qui serait leur foyer national..'' (34-9545-9546).

Poliakov note :

> ''Jusqu'à son abandon le ''Plan Madagascar'' fut parfois désigné par les dirigeants allemands sous le nom de ''solution finale'' de la ''question juive''''.
>
> Source : Poliakov. *Le Procès de Jérusalem*
> Paris. 1963, p. 152.

Pour maintenir à tout prix la thèse de l'extermination physique, il fallut donc trouver un subterfuge : ''Solution finale du problème juif fut une des phrases conventionnelles pour désigner le plan hitlérien d'extermination des juifs européens.''

---

[12] Elle permet en effet de faire dire n'importe quoi à n'importe quoi. Pendant l'occupation, un message codé de Londres, par exemple : ''N'oublie pas le rendez-vous avec Marguerite'' pouvait signifier : ''Faites sauter tel pont''

Source : Gerald Reitlinger.
La Solution finale, p. 19.

Il n'est d'ailleurs donné aucune justification à cette hypothèse d'un langage codé, qui permettait de faire dire ce que l'on veut à n'importe quel document. En voici 2 exemples :

Le premier, la lettre de Goering du 31 juillet 1941 (un mois après la lettre d'Heydrich citée plus haut, la signification des mots aurait brusquement changé !).

Par cette lettre Goering complète ses directives à Heydrich :

"En complément de la tâche qui vous a été assignée par décret du 24-1-1939, à savoir, d'obtenir pour la question juive par la voie de l'émigration et de l'évacuation la solution la plus avantageuse possible eu égard aux circonstances, je vous charge par la présente de procéder à tous les préparatifs nécessaires... pour aboutir à une solution d'ensemble (Gesamtlösung) de la question juive dans la zone d'influence allemande en Europe....

Je vous charge de soumettre rapidement un projet d'ensemble (*Gesamtentwurf*) portant sur les mesures d'organisation et les dispositions concrètes et matérielles pour réaliser la solution finale à laquelle nous aspirons de la question juive. (*Endlösung der Judenfrage*.)"

Source : Hilberg (*op. cit.*) 2e édition
p. 401 (N.G. 2586 - E. P. S. 710)

Il est significatif que, citant ce document (à la page 108 de son livre), Reitlinger coupe le début concernant l'émigration et l'évacuation, alors que cette lettre prescrit une nouvelle extension des mesures d'évacuation prises "eu égard aux circonstances" au temps où Hitler ne dominait que la Pologne en janvier 1939 et même pas encore la France, alors qu'en juillet 1941 il domine toute l'Europe.

La signification du texte de Goering est pourtant parfaitement claire dès le premier paragraphe : la politique d'émigration ou d'évacuation des juifs, pratiquée jusque-là en Allemagne, doit s'étendre désormais, en raison des conquêtes nouvelles, à toutes les zones sous domination allemande en Europe. La "solution d'ensemble" tient compte de la situation nouvelle. Elle ne pourra être une "solution finale" qu'après la fin de la guerre, où, en cas de victoire totale en Europe, y compris en Russie, une évacuation finale, en Afrique ou ailleurs, permettra, selon l'objectif constant d'Hitler "de vider l'Europe de ses juifs".

En résumé, la directive de Goering à Heydrich, à moins de vouloir arbitrairement l'interpréter en fonction d'un schéma préconçu, ne fait qu'appliquer à l'Europe ce qui, jusque-là, ne pouvait être appliqué qu'en Allemagne. Objectif sans aucun doute inhumain et criminel, mais qui ne comporte à aucun moment l'idée "d'extermination" que lui prête le Procureur de Nuremberg, Robert M.W. Kempner en déclarant : "Par ces lignes, Heydrich et ses collaborateurs étaient officiellement chargés du meurtre légal (des juifs)".

Goering, ayant protesté contre la traduction anglaise du mot allemand "*Gesamtlösung*" (solution d'ensemble) par "solution finale" (*Endlösung*), amena le Procureur Jackson à reconnaître la falsification et à rétablir l'expression véritable.

Source : I.M.T., IX, 575.

Dès le 24 juin 1940 Heydrich avait informé Ribbentrop de son désir de réaliser au plus tôt la solution finale. Il écrivait :

> "Le problème global posé par la présence actuelle de quelques 3 millions 1/4 de juifs sur les territoires placés aujourd'hui sous la souveraineté allemande ne peut plus être résolu par l'émigration : une solution finale territoriale devient dès lors nécessaire."
>
> Source : Pièce justificative n°464
du procès d'Eichmann à Jérusalem.

À la même époque Himmler avait adressé à Hitler un mémoire dont la conclusion était :

> "J'espère voir la question juive définitivement réglée grâce à l'émigration de tous les juifs vers l'Afrique ou dans une colonie."
>
> Source : *Vierteljahreshefte*, 1957, 197.

Hitler se rallia à cette suggestion puisque le 10 février 1942, le responsable de la "Deutschland III", au Ministère des Affaires étrangères, Rademacher écrivait, dans une lettre officielle :

> "Entre-temps, la guerre contre l'Union Soviétique nous a permis de disposer de nouveaux territoires pour la solution finale. En conséquence, le Führer a décidé de déplacer les juifs non pas vers Madagascar, mais vers l'Est. Ainsi, il n'est plus besoin d'envisager Madagascar pour la solution finale."

Source : Document N.G. 3933, du procès de la Wilhelmstrasse, cité par Reitlinger. *The Final solution* p. 79, où il ''interprète'' encore au sens de ''fiction'' ou ''camouflage'' sans en donner la moindre justification.

L'expression originale est en réalité *die Gesamtlösung der Judenfrage* ou la solution d'ensemble totale sur laquelle il n'y aurait plus à revenir. Mais Goering, qui l'employa pour la première fois dans le 1er paragraphe d'une lettre en date du 31-7-1941 par laquelle il donnait à Heydrich l'ordre de la préparer (P.S. 710 T. XXVI, p. 266) employa dans le dernier paragraphe l'expression *die Endlösung der Judenfrage* et, dans l'usage, ce fut celle-ci qui prévalut, mais dans le même sens et non pas dans celui de liquidation du problème par la liquidation de ceux qui en faisaient l'objet. Pris en flagrant délit de traduction tendancieuse par Goering lui-même, à Nuremberg le 20 mars 1946, le juge Jackson fut bien obligé d'en convenir (T. IX, p. 552). Mais, de cet incident, qui détruisait toute une théorie, la presse ne souffla mot.

Le deuxième exemple de ce changement arbitraire du sens des mots pour justifier une thèse est celui de la conférence du ''Grand Wannsee'', tenue à Berlin le 20 janvier 1942.

Dès le début de la conférence Heydrich rappelle qu'il vient d'être nommé ''*a*u poste de responsable chargé de la préparation de la solution finale de la question juive en Europe'' (*Endlösung der europäischen Judenfrage*)... ''Il sera désormais responsable de l'ensemble des mesures nécessaires à la solution finale de la question juive **sans considération de limites géographiques**'' (souligné par moi R. G.).

Heydrich résume ensuite la politique anti-juive menée jusque-là :

a/ Le refoulement des juifs hors des sphères vitales au peuple allemand.
b/ Le refoulement des juifs hors de l'espace vital du peuple allemand.

Du fait de l'avancée foudroyante de l'armée allemande sur le front de l'Est (Union Soviétique), Heydrich poursuit donc, en fonction de cette situation nouvelle :

''Avec l'autorisation préalable du Führer, l'émigration a laissé place à une autre possibilité de solution : **l'évacuation des juifs**

vers l'Est'' (souligné par moi : R. G.).

"On ne saurait cependant considérer ces actions que comme des palliatifs, mais les expériences pratiques déjà recueillies en ce domaine sont d'une importance significative pour la future solution finale de la question juive."

Source : N.G. 2586 G.

Cette solution définitive ne pouvait en effet être réalisée qu'après la guerre et cette solution est toujours cherchée dans la même voie : l'expulsion de tous les juifs d'Europe. C'est ce que dit expressément Hitler à l'ambassadeur à Paris, Abetz : le Führer lui dit qu'il avait l'intention d'évacuer tous les juifs d'Europe après la guerre.

Source : *Documents on German Foreign Policy*,
1918-1945. Series D. Vol. X. p. 484.

d) Le texte de Wannsee (20 janvier 1942)

"Au cours de la solution finale les juifs seraient acheminés sous direction appropriée vers l'Est pour utiliser leur travail. Ils seront séparés selon les sexes. Les juifs capables de travailler seront conduits en grosses colonnes dans les régions de grands travaux pour construire des routes, et par conséquent sans aucun doute, un grand nombre succombera par sélection naturelle.

Ceux qui finalement resteront, qui, sans aucun doute, constituent l'élément le plus robuste, devront être traités en conséquence car ils représentent une sélection naturelle dont la libération doit être considérée comme la cellule germinale d'un nouveau développement juif. (comme le montre l'expérience de l'histoire...)"

(13-3133).

Irving :

"J'ai lu les comptes-rendus du procès de la Wilhelm Strasse, le second, après celui de Nuremberg. Il y en eut ensuite douze. Aucun d'entre eux n'apporte le témoignage selon lequel on avait, à la conférence de Wannsee, discuté de la liquidation des juifs."

(33-9372 - 9373)

Le Protocole de Wannsee est le compte rendu d'une conférence qui eut lieu le 20 janvier 1942 et à laquelle participèrent les Secrétaires d'État administrativement intéressés à la solution de la question juive et les chefs des services chargés de l'exécution. Il s'agit là d'un texte où il n'est pas question de chambre à gaz ni d'extermination, mais seulement de transfert de juifs dans l'Est européen.

Ce compte rendu présente d'ailleurs toutes les caractéristiques d'un document apocryphe, si on s'en rapporte à la photocopie qui en a été publiée dans le livre de M. Robert N. W. Kempner, *Eichmann und Komplizen*, p. 132 et suivantes (Europa Verlag 1961) : pas de cachet, pas de date, pas de signature, caractères de machine à écrire normaux sur un papier de format réduit, etc...

De toutes façons, il n'y est pas question de chambres à gaz.

Dans les versions françaises qui en ont été données, on a par exemple traduit *"die Zurückdrängung der Juden aus dem Lebensraum des deutschen Volkes"* par *"l'élimination des Juifs de l'espace vital du peuple allemand"* en donnant dans le commentaire, au mot *"élimination"* le sens de *"extermination"* alors qu'il s'agit du *"refoulement des Juifs hors de l'espace vital du peuple allemand"*. On a procédé de même en anglais et en russe.

Cependant, pour exprimer leur décision de refouler les Juifs hors de ce qu'ils appelaient leur espace vital, les Allemands employèrent plus volontiers d'autres expressions de même sens, comme *Ausschaltung* (exclusion, éviction, élimination) ou surtout *Ausrottung* (extirpation, déracinement). C'est ce dernier mot qui a été traduit par extermination qui, en allemand se dit *Vernichtung*. Exemple : dans son discours de Posen devant les Obergruppenführer (généraux de division des Waffen SS) le 4 octobre 1943, Himmler a dit : *"Ich meine jetzt die Judenevakuierung, die Ausrottung des jüdischen Volkes... Das jüdische Volk wird ausgerottet. etc..."*. Précisant sa pensée dans la phrase suivante, il emploie le mot *Ausschaltung...* (P.S. 1919, T. XXIX p. 145). Autrement dit : *"Je pense maintenant à l'évacuation des Juifs, a l'extirpation du peuple juif, etc..."* Mais dans le *"Dossier Eichmann"* M. Billig traduit : *"J'entends par là l'évacuation des Juifs, l'extermination du peuple juif"* (p. 55) et *"évacuation des Juifs, c'est-à-dire extermination"* (p. 47).

Autre exemple : Dans une note du 16 décembre 1941, sur un de ses entretiens avec Hitler (P. S. 1517, T. XXVII, p. 270) Rosenberg emploie l'expression *"Ausrottung des Judentums"*. À l'audience du 17 avril 1946, l'Avocat général américain Dodd traduit *"Extermination des Juifs"* (Tome XI, p. 562). Rosenberg protesta en vain. Mais, dans les discours des nazis, l'expression *"Ausrottung des Christentums"* qui revient souvent, est chaque fois traduite par *"extirpation du Christianisme de la culture allemande"* (Cf. *Revue d'Histoire de la Seconde guerre mondiale*, 1ᵉʳ octobre 1958, p. 62). C'est seulement quand il s'agit du judaïsme (*Judentum*) ou du peuple juif (*das jüdische Volk*) que le mot *Ausrottung* signifierait extermination et s'appliquerait, non pas à l'entité elle-même, mais à tous les individus qui la compose...

La conférence de Wannsee, du 20 janvier 1942, où l'on a prétendu, pendant plus d'un tiers de siècle, qu'y avait été prise la décision "d'exterminer" les Juifs européens, disparaît, à partir de 1984, de la littérature même des plus farouches ennemis des "révisionnistes". Sur ce point ils avaient dû, eux aussi, "réviser" leur histoire : c'était au Congrès de Stuttgart de mai 1984, où cette "interprétation" fut explicitement abandonnée.

Source : Eberhard Jaeckel et Jurgen Rohwer.
Der Mord an den Juden im Zweiten Weltkrieg
("Le meurtre des juifs pendant la
deuxième guerre mondiale").
D.V.A. 1985 p. 67.

En 1992, Yehuda Bauer écrit dans *"The Canadian Jewish News"* du 30 janvier que cette interprétation de Wannsee est "stupide" *(silly)*.

Enfin le plus récent porte-parole des historiens orthodoxes antirévisionnistes, le pharmacien Jean-Claude Pressac, confirme cette nouvelle révision de l'orthodoxie. Il écrit, à la page 35 de son livre : *Les Crématoires d'Auschwitz*, CNRS éditions, Paris 1993 :

"Le 20 janvier, se tenait à Berlin la conférence dite de Wannsee. Si une action de "refoulement" des Juifs vers l'Est fut bien prévue avec l'évocation d'une élimination "naturelle" par le travail, personne ne parla alors de liquidation industrielle. Dans les jours et les semaines qui suivirent, la Bauleitung d'Auschwitz ne reçut ni appel, ni télégramme, ni lettre réclamant l'étude d'une installation adaptée à cette fin."

Et même, dans sa "Chronologie récapitulative" il indique, à la date du 20 janvier 1942 : "Conférence de Wannsee sur le refoulement des Juifs vers l'Est." (p. 114)

L'extermination a été révisée : il s'agit de refoulement.

Il est également remarquable que, dans tout ce livre qui se donne pour objectif de "prouver" la thèse de l'extermination il n'est pas question non plus du document qui, après celui de Wannsee, était, disait-on, le plus décisif : la lettre de Goering à Heydrich du 31 juillet 1941 dans laquelle on affirmait que solution finale signifiait extermination, et non pas transfert hors d'Europe.

* * *

L'avocat Christie, le défenseur d'Ernst Zündel au procès de Toronto, cite la page 651 du livre d'Hilberg où il est écrit :

"En novembre 1944 Himmler a décidé que pour toutes sortes de raisons pratiques, la question juive était résolue. Le 25 du même mois il ordonna le démantèlement de toutes les installations de mort."

Source : Témoignage de Kurt Becher.
8 mars 1946. P.S. 3762.

Hilberg reconnaît que ce n'était pas un ordre de Himmler (4-861 à 864) : "Becher l'a présenté probablement de mémoire dans son témoignage. Il n'avait donc pas besoin d'user du langage exact employé par Himmler."

Une fois de plus Hilberg dit que Becher a dit, qu'Himmler avait dit... (4.867)

Que la "solution finale" du problème juif ne trouvera sa solution qu'après la guerre, c'est ce dont témoigne aussi le "Dossier brun" (*Braun Mappe*) de l'été 1941. Le paragraphe intitulé "Directives pour la solution de la question juive" précise : "Toutes les mesures concernant la question juive dans les territoires occupés de l'Est ne devant être prises qu'après la guerre, la question juive trouvera en Europe une solution générale."

Source : P.S. 702. Henri Monneray.
La persécution des juifs dans les pays
de l'Est présentée à Nuremberg. C.D.J.C. 1949.

Cette mise au point ne comporte aucune atténuation des crimes d'Hitler, mais simplement le rappel d'une évidence qui n'a pas échappé même aux plus acharnés partisans de la thèse de l'extermination : Hitler, dans les deux dernières années de la guerre, après Stalingrad, est aux abois : les alliés détruisent, par leurs bombardements, ses centres de production de guerre, désorganisent ses transports.

Il est acculé à mobiliser des effectifs nouveaux en dégarnissant ses usines, et il n'aurait eu que cette obsession fatale pour son effort de guerre, d'exterminer ses prisonniers et ses juifs, au lieu de les employer, fût-ce dans des conditions inhumaines, à travailler dans ses chantiers. Poliakov lui-même, dans son *Bréviaire de la haine* (p. 3) souligne cette contradiction absurde : ''Il est tellement plus économique de les affecter aux travaux les plus durs, les parquant, par exemple, dans une réserve.''

Mme Hannah Arendt montre aussi ce qu'avait de démentiel une telle opération : ''Les nazis poussèrent carrément l'inutile jusqu'au nuisible quand, en pleine guerre, et malgré la pénurie de matériaux de construction et de matériel roulant, ils dressèrent d'énormes et coûteuses entreprises d'extermination et organisèrent le transport de millions de gens... la contradiction manifeste entre cette façon d'agir et les impératifs militaires donne à toute l'entreprise un air fou et chimérique.''

Source : Hannah Arendt.
Le système totalitaire. Paris, 1972, p. 182.

Ce qui est encore plus étrange, c'est que des esprits aussi subtils que ceux de Poliakov ou de Hannah Arendt, aient été à ce point obnubilés par leurs *a priori*, qu'ils n'aient pas mis en cause leurs hypothèses surréalistes et recouru aux documents et aux faits.

À Auschwitz-Birkenau, se trouvaient des implantations puissantes de IG Farben-industrie (chimiques), de Siemens (transports), de Portland (construction). À Monovitz (l'un des camps annexes d'Auschwitz) travaillaient 10.000 détenus, 100.000 ouvriers civils, et 1.000 prisonniers de guerre britanniques.

Source : *German crimes in Poland.*
Varsovie, 1946, I. p. 37.

De 1942 à 1944, sur les 39 camps satellites d'Auschwitz, 31 utilisaient les détenus comme main d'œuvre et 19 d'entre eux employaient une majorité de juifs.

Le 25 janvier 1942, Himmler adressait la directive suivante à l'inspecteur général des camps de concentration : ''Préparez-vous à accueillir 100.000 juifs... D'importantes tâches économiques seront confiées aux camps de concentration dans les prochaines semaines.''

Source : N.O. 020 - a.

En mai 44 Hitler ordonna d'utiliser 200.000 juifs comme ouvriers dans le programme de construction Jager et de l'organisation Todt.

Un ordre du S.S.W.V.H.A. du 18 novembre 1943 attribuait une prime aux détenus - même juifs - qui se seraient distingués au travail.
Source : Cahiers du Musée d'Auschwitz, 6 - 1962, p. 78.

Il ne s'agit donc là de rien de ''fou ou de chimérique'', mais au contraire d'un réalisme implacable. Mais surtout cela constitue une réfutation supplémentaire des thèses ''exterminationnistes''.

e) Les témoignages

Au procès d'Auschwitz, qui eut lieu à Francfort, du 20 décembre 1963 au 20 août 1965, dans un vaste théâtre, comme il convient à une opération politique à grand spectacle, la formidable mise en scène judiciaire ne put éviter que dans l'exposé des motifs de son verdict, la Cour d'Assises fut amenée à reconnaître qu'elle disposait d'éléments dérisoires pour étayer son jugement.

''Il manqua à la Cour presque tous les moyens d'information dont on dispose dans un procès criminel ordinaire pour se composer une image fidèle des faits, tels qu'ils se sont réellement produits au moment du meurtre. Il manquait les cadavres des victimes, les rapports d'autopsie, les conclusions des experts sur la cause du décès ; il manquait les traces laissées par les coupables, les armes du crime, etc... La vérification des témoignages ne fut possible que dans de rares cas.''
Source : Page 109 de l'exposé des motifs du verdict.

L'arme du crime, c'était pourtant, selon les accusateurs, les ''chambres à gaz''. Et voici que les juges n'en trouvaient pas de ''trace'' !

Il suffisait sans doute que le fait soit de ''notoriété publique''. Comme au temps du procès des sorcières, nul n'aurait osé mettre en doute leur ''commerce charnel'' avec le diable sans risquer d'aller soi-même au bûcher.

Jusqu'en 1757, il était de notoriété publique que le soleil tournait autour de la terre. C'était un fait d'évidence.

L'historien Seignobos soulignait que si la vérité d'un fait devait être consacrée par le nombre des témoignages qui l'attestent, l'existence du diable au Moyen Age serait mieux fondée que celle de n'importe quel personnage historique.

L'un des juristes envoyés par les États-Unis à Dachau devenu un camp américain et un centre de "procès contre les crimes de guerre", Stephen S. Pinter écrit :

"J'ai vécu à Dachau pendant 17 mois après la guerre comme juge militaire des États-Unis, et je puis témoigner qu'il n'y eut pas de chambre à gaz à Dachau. Ce que l'on montre aux visiteurs est présenté de manière erronée comme une chambre à gaz, étant un four crématoire. Il n'y eut également aucune chambre à gaz dans les camps de concentration en Allemagne. On nous a dit qu'il y avait une chambre à gaz à Auschwitz, mais comme Auschwitz était dans la zone russe, nous n'avions pas, de la part des Russes, la permission de visiter... L'on faisait ainsi usage du vieux mythe de propagande selon lequel des millions de juifs ont été tués. Je peux affirmer, après 6 ans d'après-guerre passés en Allemagne et en Autriche, qu'il y eut beaucoup de juifs tués, mais que le nombre de 1 million ne fut certainement jamais atteint, et je me crois plus qualifié que quiconque à ce sujet."

Source : Lettre de Pinter à l'hebdomadaire catholique *Our Sunday visitor*, 14 juin 1959, p. 15.

À défaut de preuves écrites, de documents irrécusables, le Tribunal de Nuremberg dut, comme toute la littérature romancée et les films ultérieurs, se fonder sur des "témoignages".

Les rescapés, appelés comme témoins, et qui ont authentifié l'existence de "chambres à gaz", l'ont fait non d'après ce qu'ils avaient vu, mais d'après ce qu'ils avaient "entendu dire".

Un exemple typique et illustre est celui du Docteur Benedict Kautzsky, qui succéda à son père à la direction du Parti social-démocrate autrichien.

Après avoir déclaré qu'à Auschwitz le maximum de survie était de trois mois (alors qu'il y fut détenu lui-même pendant 3 années), il écrit son livre : *Teufel und Verdammt* ("Le diable et le damné"), publié en Suisse en 1946, à propos des "chambres à gaz" : "Je ne les ai pas vues moi-même, mais leur existence m'a été affirmée par tant de gens dignes de foi.''

Quelques-uns furent tenus pour fondamentaux, notamment ceux de Rudolf Höss, de Sauckel et celui de Nyiszli, *Médecin à Auschwitz*.

Le témoin-clé, qui se révéla le témoin parfait pour ''prouver'' la thèse des vainqueurs, déguisés en toges de juges, fut Rudolf Höss, ancien commandant du camp d'Auschwitz.

Le résumé qu'il donne, dès son arrestation, et qui devient le synopsis de ses dépositions à Nuremberg, répondait à tout ce que le Tribunal attendait de lui.

Voici sa déclaration, faite sous serment et signée par Rudolf Höss le 5 avril 1946.

''J'ai commandé Auschwitz jusqu'au 1er décembre 1943 et j'estime, qu'au moins 2.500.000 victimes y ont été exécutées et exterminées par gazage et crémation, et qu'au moins un autre demi-million y ont succombé à la faim et à la maladie, ce qui fait un total de morts d'environ 3.000.000, La ''solution finale'' de la question juive signifiait l'extermination de tous les juifs d'Europe. J'ai reçu l'ordre de préparer l'extermination à Auschwitz en juin 1941. À cette époque il y avait déjà trois autres camps d'extermination dans le gouvernement général : Belzec, Treblinka, Wolzek.''

L'on ne saurait imaginer plus parfaite confirmation des thèses que l'on allait vulgariser dans les médias pendant un demi-siècle.

Et pourtant, dans ce texte même se trouvaient déjà 3 contre-vérités manifestes :

1 - Le nombre de 3 millions de morts à Auschwitz, nécessaire pour justifier le nombre total des victimes juives (6 millions), chiffre officiel proclamé d'entrée de jeu à Nuremberg et qui n'a cessé d'être le leitmotiv de l'histoire officielle et des médias depuis lors, doit être réduit au moins des 2/3 comme le prouve la nouvelle plaque commémorative d'Auschwitz-Birkenau qui a remplacé le chiffre de 4 millions par : un peu plus d'un million.

2 - Les camps de Belzec et de Treblinka n'existaient pas en 1941. Ils ne furent ouverts qu'en 1942.

3 - Quant au camp de Wolzek, il n'a jamais existé sur aucune carte.

Comment a-t-on pu enregistrer, sans vérification préalable, ce "témoignage capital" ?

Höss lui-même l'explique : les premières déclarations furent écrites sous le contrôle des autorités polonaises qui l'avaient arrêté.

Le livre intitulé : *Commandant à Auschwitz : l'autobiographie de Rudolf Höss,* indique p. 174 :

> "Lors de mon premier interrogatoire, les aveux ont été obtenus en me battant. Je ne sais pas ce qu'il y a dans ce rapport bien que je l'ai signé." (5.956).

(Une note en bas de page : un document dactylographié de 8 pages a été signé par Höss à 2 heures 30 du matin le 14 mars 1946. Il ne diffère pas essentiellement de ce qu'il a depuis lors dit et écrit à Nuremberg ou à Cracovie.)

Höss décrit lui-même, dans ses notes manuscrites de Cracovie, les circonstances du premier interrogatoire que lui fit subir la police militaire britannique.

> "J'ai été arrêté le 11 mars 1946 à 23 heures... La Field Security Police m'a fait subir de pénibles traitements. On m'a traîné jusqu'à Heide, justement dans la caserne d'où, huit mois auparavant, j'avais été relâché par les Anglais. C'est là que se place mon premier interrogatoire, pour lequel on employa des arguments frappants. Je ne sais pas le contenu du procès-verbal, bien que je l'aie signé. Tant d'alcool et de coups de cravache, c'était trop, même pour moi... Quelques jours après, je fus amené à Minden-sur-Weser, principal centre d'interrogatoire de la zone britannique. Là, on me traita plus mal encore, aux mains d'un procureur public, un commandant."
>
> Source : Document NO - 1210.

C'est seulement en 1983 que l'on eut la confirmation des tortures infligées à Rudolf Höss pour en obtenir les "preuves" des "2 millions et demi" de juifs exterminés par lui, donc dès 1943, à Auschwitz.

Le livre est écrit par Ruppert Butler sous le titre : *Legions of Death* ("Les légions de la mort") (Ed. Hamlyn Paperbacks). Il y apporte le témoignage de Bernard Clarke (celui qui a arrêté Rudolf Höss après avoir obtenu de son épouse, sous menace de mort d'elle-même et de ses enfants, l'adresse de la ferme où il se cachait, et où il l'arrêta le 11 mars 1946). Butler raconte qu'il fallut trois jours de tortures pour obtenir une "déclaration cohérente" (celle que nous venons de citer, signée le 14 mars 1946 à 2 heures du matin).

Dès son arrestation il fut battu au point que "en fin de compte l'officier de santé intervint avec insistance auprès du capitaine : dites-lui d'arrêter ou c'est un cadavre que vous ramènerez."

Il est à noter que Butler, comme son interlocuteur Clarke, paraissaient très satisfaits de ces actes de torture.

La commission d'enquête américaine composée des juges Van Roden et Simpson, qui fut envoyée en Allemagne en 1948 pour enquêter sur les irrégularités commises par le Tribunal militaire américain de Dachau - qui avait jugé 1.500 prisonniers Allemands, et condamné 420 à mort - établit que les accusés avaient été soumis à des tortures physiques et psychiques de toute sorte afin de les forcer à faire les "confessions" désirées.

Ainsi, dans 137 cas sur les 139 examinés, les prisonniers allemands avaient reçu, au cours des interrogatoires, des coups de pied dans les testicules qui leur avaient laissé des blessures inguérissables.

Source : Interview du Juge Edward L. Van Roden
à la revue *The Progressive*, de février 1949.

f) Procès d'Auschwitz

Le sort du principal accusé, le dernier commandant d'Auschwitz Richard Baer, qui devait mourir avant le début du procès, est particulièrement digne d'intérêt. Il fut arrêté en décembre 1960 aux environs de Hambourg où il vivait comme ouvrier forestier. En juin 1963, il mourut en prison dans des circonstances mystérieuses.

Selon plusieurs sources, qui ont elles-mêmes pour origine des comptes rendus de presse français, Baer, au cours de sa détention préventive, avait obstinément refusé de confirmer l'existence de chambres à gaz dans le secteur placé autrefois sous sa responsabilité.

Source : Hermann Langbein, *Der Auschwitz-Prozeß*
Europäische Verlagsanstalt, Francfort. 1965.

Le rapport d'autopsie de l'Institut médico-légal de l'Université de Francfort dit que ''l'ingestion d'un poison inodore et non corrosif... n'a pu être exclue''

L'avocat de Nuremberg, Eberhard Engelhardt, cite ce passage du rapport d'autopsie dans une lettre adressée au Parquet de Francfort le 12 novembre 1973 et affirme que Baer a été empoisonné pendant l'enquête.

Deuxième exemple : le rapport Gerstein, officier de la Waffen SS, si visiblement aberrant qu'il fut refusé comme preuve par le Tribunal militaire de Nuremberg le 30 janvier 1946, puis partiellement utilisé par le procureur Français Dubost, pour les factures de Zyklon B qui y étaient annexées. mais utilisé au procès d'Eichmam à Jérusalem en 1961.

Selon ce ''témoin'' le nombre des victimes (60.000 par jour en 3 camps : Belzec, Treblinka et Sobibor) s'élevait à 25 millions de victimes !

Source : Cote P.S. 1553.

Il a en outre vu 700 à 800 personnes entassées, debout dans une pièce de 25 mètres carrés (plus de 28 par mètres carrés !).

Roques soutint une thèse démontrant l'inconsistance du ''rapport Gerstein'', qui obtint la mention ''très bien''. Alain Decaux, dans *Le Matin de Paris*, du 13 septembre 1986, écrivait que ''tous les chercheurs devraient désormais tenir compte de ces travaux'' ajoutant que le Professeur Roques était ''l'homme le mieux informé actuellement sur l'affaire Gerstein.''

On rechercha donc des motifs administratifs. Ayant préparé sa thèse à Paris sous la direction du Professeur Rougeot et la soutenance de thèse ayant été transférée à Nantes, sous la direction du professeur Rivière, de façon parfaitement régulière, il n'aurait pas payé son inscription à la faculté des lettres de Nantes ! C'est ainsi que Henri Roques se vit retirer le titre de docteur.

Troisième exemple : pour nous en tenir aux ''témoins'' les plus célèbres : Le Docteur Miklos Nyiszli, médecin hongrois déporté qui écrivit *Médecin à Auschwitz*, (publié dès 1953 par Jean-Paul Sartre dans *Les Temps Modernes*, traduit par Tibère Kremer, Julliard, 1961).

Exemple : les chambres à gaz, nous dit Miklos Nyiszli ont 200 m. de long et le document produit à Nuremberg nous dit qu'elles ont, soit 210 m2, soit 400 m2, soit 580 m2 de superficie ; cela fait des largeurs respectives de 1m. 05, 2 m. ou 2 m. 90. Cela tient d'autant moins que 3.000 personnes y entrent et y circulent aisément, qu'il y a des colonnes au milieu et des bancs de chaque côté.

Il est significatif que l'*Encyclopaedia Judaica* (1971) et l'*Encyclopaedia of the Holocaust* (1990) ne mentionnent même pas cette œuvre dont elles mesurent sans doute le discrédit qui y est attaché depuis la critique qu'en fit Paul Rassinier.

Sa première affirmation est que, lorsqu'il est arrivé au camp (fin mai 1944) les exterminations par le gaz duraient depuis 4 ans. Or, le document de Nuremberg (N.O. 4.401) indique que les commandes des crématoires n'ont été faites qu'en août 1942 et le document 4.463, qu'elles n'ont été prêtes que le 20 février 1943.

En août 1960, l'Institut d'Histoire Contemporaine (Institut für Zeitgeschichte) de Munich communiquait à la presse :

> "Les chambres à gaz de Dachau n'ont jamais été terminées ni mises en action... Les exterminations massives de Juifs par les gaz ont commencé en 1941-42 et seulement en peu d'endroits de la Pologne occupée, au moyen d'installations techniques prévues à cette fin, mais en aucun cas sur le territoire allemand"
>
> Source : *Die Zeit*, 19 août 1960.

g) Autres exemples

Sauckel (l'un des principaux accusés). Séance du 30 mai 1946 au Tribunal de Nuremberg :

> "Je confirme que ma signature figure dans ce document. Je demande au tribunal la permission d'expliquer comment cette signature fut obtenue.
> Ce document m'a été présenté dans sa forme achevée. J'ai demandé la permission de le lire et de l'étudier afin de décider si je devais le signer. Ceci me fut refusé... Puis un policier polonais ou russe entra et demanda : "Où est la famille de Sauckel ? Nous prendrons Sauckel avec nous mais sa famille sera livrée en territoire soviétique". Je suis père de 10 enfants, et, pensant à ma famille, j'ai signé ce document."

* * *

Parmi les témoignages des criminels, celui du Général Ohlendorf est particulièrement révélateur. Il dirigea, de l'été 1941 à l'été 1942, les "Einsatzgruppen" chargés d'exécuter les commissaires politiques dirigeant l'activité des partisans dans le Sud de la Russie. Au procès du I.M.T.[13] il déclara qu'il avait reçu des ordres oraux pour ajouter à ses fonctions celle d'exterminer les juifs en utilisant les camions aménagés pour donner la mort y compris aux femmes et aux enfants.

Source : I.M.T. Vol IV, p. 311-355 et I.M.T.
Vol XXII, p. 478-480 ; 491-494 ; p. 509-510 ; 538.

Le témoignage du Général Ohlendorf lors de son second procès (N.M.T. case 9) est tout à fait différent : d'abord, il rétracte ses déclarations au I.M.T. en ce qui concerne l'ordre oral d'extermination des juifs : il reconnut avoir tué des juifs et des gitans mais dans le cadre de la lutte contre les partisans, mais non pas selon un plan spécifique d'extermination des juifs et des gitans. Il avoua aussi avoir tué 40.000 personnes et non 90.000 comme il l'avait dit au I.M.T.

Source : N.M.T. Vol IV. p. 223-312.

Aux historiens critiques ne fut opposée aucune réfutation critique, aucune discussion scientifique contradictoire : seuls leur furent opposés, au mieux le silence, au pire la répression.

Tant que subsistera cette répression et cette conspiration du silence à l'égard des recherches critiques, et au contraire un financement pléthorique et la médiatisation pour les défenseurs du tabou, ne seront pas éliminés en moi le doute et même le scepticisme, que l'expérience d'une telle partialité et d'une telle discrimination ne peut que renforcer.

De cette discrimination et de cette partialité j'ai en effet fait l'expérience depuis 14 ans. Depuis ce procès de 1982, intenté par la L.I.C.R.A. parce que j'avais situé la guerre au Liban dans la logique du sionisme politique, et bien que la L.I.C.R.A. ait été invariablement

---

[13] I.M.T. sont les initiales du "International Military Trial" où furent jugés les plus hauts responsables du régime hitlérien. N.M.T. (Nuremberg Military Trials) désigne un ensemble de procès ultérieurs visant des criminels moins importants, bien que certains de ces accusés aient comparu dans plusieurs de ces procès. C'est le cas du Général There, inculpé dans le 9ème de ces procès (Volume 4 du N.M.T.).

déboutée et condamnée aux dépens, en première instance, en appel, et en cassation.

Mon livre *L'Affaire Israël*, éditions Papyrus, Paris 1983, a vu son éditeur acculé immédiatement à la faillite.

Palestine, terre des messages divins, éditions Albatros, Paris 1986, ne put être normalement diffusé. Les libraires qui l'exposaient étaient systématiquement menacés de voir leurs vitrines brisées. La plupart des exemplaires furent retournés à l'éditeur, et il fut pratiquement retiré de la circulation. Jusqu'à ces *Mythes fondateurs de la politique israélienne*, sur lequel s'acharne la presse, du *Canard Enchaîné* au *Monde* en passant par *Le Parisien*, *La Croix*, et *L'Humanité*, sans me donner la possibilité de répondre, à la seule exception du *Figaro*, qui accepta de publier ma réponse, dans une version d'ailleurs tronquée.

Je suis donc obligé, comme certains *nouveaux historiens* en Israël, de publier mon livre en France à compte d'auteur, en *Samizdat*, alors que ce même livre est traduit, et en cours de publication en Italie, en Allemagne, en Turquie, au Liban, aux États-Unis, et même en Russie.

Ces silences, ces persécutions, ces répressions contre une histoire critique des crimes hitlériens reposaient sur des prétextes parfaitement diffamatoires et mensongers : montrer que les crimes immenses de Hitler, à l'égard des juifs comme de tous ses ennemis, communistes allemands ou slaves qui allaient lui infliger la défaite, n'avaient besoin d'aucun mensonge pour révéler leur atrocité, c'était, selon les adversaires de l'histoire critique (qu'ils appelaient ''révisionnistes''), ''innocenter Hitler ou au moins atténuer ses crimes'' !

Montrer que les crimes nazis ne se réduisaient pas à un vaste pogrom contre les seuls juifs, mais avaient fait des dizaines de millions de morts dans la lutte contre le fascisme, c'était du ''racisme'' encourageant à la discrimination et à la haine raciale !

C'est contre une telle orchestration de la haine contre les chercheurs critiques que nous tenons aujourd'hui à apporter, avec leurs sources, des éléments à ce dossier avec l'espoir qu'il servira à engager une discussion véritable sur les réalités objectives de ce passé, sans prêter à tel ou tel chercheur d'arrière-pensées politiques, sans le condamner d'avance à la répression et au silence. On ne prépare pas l'avenir en perpétuant des haines et en les nourrissant par le mensonge.

La critique de témoignages historiquement vérifiés et d'études scientifiques permettant de donner à l'opinion publique la possibilité de réfléchir sur les crimes d'hier pour prévenir ceux de demain, est une obligation morale autant que scientifique.

* * *

Jusqu'ici, l'on a donné, même à des artistes d'un grand talent et d'une parfaite bonne foi, que des chiffres arbitraires et des faux.

Il n'en sortit pas moins de véritables chefs-d'œuvre, comme par exemple, le roman de Robert Merle : *La mort est mon métier*, reconstituant, en première personne, l'itinéraire de Höss, commandant d'Auschwitz. Même en citant les chiffres arbitraires du faux témoin, Robert Merle atteignit parfois un style digne de Stendhal :

> ''... le Procureur s'écria : Vous avez tué trois millions et demi de personnes !
> - Je réclamai la parole et je dis : Je vous demande pardon, je n'en ai tué que deux millions et demi !

Il y eut alors des murmures dans la salle. Je n'avais rien fait d'autre, pourtant, que rectifier un chiffre inexact.''

Source : Robert Merle : *La Mort est mon métier.*
Ed. Gallimard. 1952. Folio. p. 365-6.

Dans le domaine cinématographique, un film artistique admirable et nuancé d'Alain Resnais, *Nuit et brouillard*, donne une image poignante, inoubliable, de la barbarie et du martyre, mais il se trouve défiguré et dénaturé par l'évocation du chiffre arbitraire de 9 millions de victimes juives, à Auschwitz seulement !

Mais bientôt toute une littérature, et surtout un raz de marée cinématographique et télévisuel furent consacrés à cette inversion du sens du crime hitlérien. Combien de fois fut projeté, après la libération, lorsque toute une génération pouvait témoigner et juger, les exploits de ceux qui ont le plus efficacement lutté contre les nazis, par exemple le film *La bataille de l'eau lourde*, qui évoque l'exploit décisif de Joliot-Curie et de son équipe pour soustraire, en Norvège, les stocks d'eau lourde qui auraient permis à Hitler de construire et d'utiliser le premier, la bombe atomique ?

Même question pour *La bataille du rail* qui montre comment les cheminots ont saboté les transports allemands pour paralyser leurs concentrations de troupes ? Combien de films, comme *Paris brûle-t-il ?* montrent, malgré la majoration du rôle des états-majors extérieurs, le soulèvement du peuple de Paris libérant lui-même sa ville et capturant le gouverneur allemand Von Choltitz, pour le contraindre à la capitulation ?

À l'inverse, combien de fois nous a-t-on repassé *L'Exodus, L'Holocauste, la Shoah*, et tant d'autres bandes romancées dont chaque semaine les visions larmoyantes inondent nos écrans ? Comme si la souffrance "sacrificielle" de quelques-uns était sans commune mesure avec la souffrance de tous les autres et avec leurs luttes héroïques.

Shoah de Lanzman, pendant 9 heures, nous inflige, avec des imageries de pierre et d'interminables convois ferroviaires aux bruitages obsessionnels, des témoignages comme celui du coiffeur de Treblinka qui plaçait, dans une pièce de 16 mètres carrés, 60 femmes et 16 coiffeurs !

Pour ce "Shoah-business" les commanditaires sont généreux. Et d'abord l'État d'Israël. Menahem Begin avait fait débloquer pour le film "Shoah" 850.000 dollars pour, disait-il, ce "projet d'intérêt national".

Source : "Agence télégraphique juive"
20 juin 1986. *The Jewish Journal.*
N.Y. 27 juin 1986 p. 3.

L'une des pellicules qui ont le plus contribué à manipuler l'opinion mondiale, "le téléfilm "Holocauste" est un crime contre la vérité historique. Le thème général était qu'un événement aussi massif : l'extermination de 6 millions de juifs, n'avait pu rester inaperçu du peuple allemand dans son ensemble. Si donc les Allemands n'avaient pas su, c'est qu'ils n'avaient pas voulu savoir, ils étaient donc coupables."

Source : *Libération*, 7 mars 1979.

Et voici les fruits vénéneux que portent ces "bréviaires de la haine".

"Tous ces agents de l'ennemi doivent être renvoyés du territoire métropolitain. Voici deux ans que nous demandons la possibilité de le faire. Ce qu'il nous faut, c'est très simple et c'est très clair :

l'autorisation, et suffisamment de bateaux. Le problème qui consisterait à faire couler ces bateaux ne relève pas, hélas ! du conseil municipal de Paris.''

> Source : *Bulletin municipal officiel de Paris.*
> Débat des assemblées, conseil municipal de Paris,
> séance du 27 octobre 1962, page 637.

Il s'agissait d'un propos réfléchi. M. Moscovitch devait le confirmer le 15 janvier 1963, à l'occasion d'un procès en diffamation intenté par lui-même :

> ''J'ai effectivement regretté que les ennemis de la France ne soient pas exterminés... et je le regrette encore !''
> (*Le Monde*, 17 janvier 1963).

Le roman a participé à cette mystification.

Après un premier ouvrage digne et sobre, écrit juste à sa sortie du camp de Buchenwald : *L'Univers concentrationnaire*'' Ed. de Minuit 1946, David Rousset a fourni sous forme littéraire et subtile, dans *Les jours de notre mort* la plupart des poncifs qui formèrent le moule de la littérature concentrationnaire.

Jusqu'à Martin Gray, dans *Au nom de tous les miens*, utilisant les services d'un grand écrivain français pour décrire un camp où il n'avait jamais mis les pieds. Depuis les fausses archives du Ministère des Anciens combattants ''découvertes'' par Serge Klarsfeld, jusqu'aux faux apocalyptiques d'Elie Wiesel (Prix Nobel) qui a même vu, ''de ses yeux vu'', des ''flammes gigantesques'' monter d'une fosse de plein air ''où l'on jetait de petits enfants'', (des flammes que n'ont ''repérées'' aucun des avions américains qui ne cessèrent de survoler le camp). Dans un crescendo de l'atroce et du délirant, il ajoute : ''Plus tard j'ai appris par un témoin que, pendant des mois et des mois, le sol n'avait cessé de trembler ; et que de temps en temps, des geysers de sang en avaient giclé.'' (Il s'agit cette fois, d'un ''témoignage'' sur Babi Yar.)

> Source : Elie Wiesel : *Paroles d'étranger,*
> Ed. du Seuil. 1982, p. 192, p. 86.

L'apothéose de cette littérature romanesque est le best-seller mondial du *Journal d'Anne Frank.* Le roman, merveilleusement émouvant, se substitue au réel, et une fois de plus le mythe se déguise en histoire.

L'historien anglais David Irving, intervenant au Procès de Toronto les 25 et 26 avril 1988 (33.9399-9.400) apporte, sur le ''Journal'' d'Anne Frank, ce témoignage :

> ''Le père d'Anne Frank, avec qui j'ai correspondu pendant plusieurs années, a finalement accepté de donner son accord pour que l'on soumette le manuscrit du ''Journal'' à un examen de laboratoire, ce que j'exige toujours lorsqu'il y a contestation sur un document.''

Le laboratoire qui se livra à cette expertise est le laboratoire de la police criminelle allemande, à Wiesbaden. La conclusion fut qu'une partie du ''Journal'' d'Anne Frank était écrite avec un stylo à bille (ce genre de stylos ne fut commercialisé qu'en 1951 alors qu'Anne Frank est morte en 1945).

David Irving poursuit :

> ''Ma propre conclusion sur le ''Journal'' d'Anne Frank est qu'il est, en grande partie authentiquement écrit par une juive d'une dizaine d'années. Les textes ont été pris par son père, Otto Frank, après la mort tragique par le typhus de la jeune fille dans un camp de concentration : son père, et d'autres personnes que je ne connais pas, ont corrigé ce ''Journal'' pour lui donner une forme vendable qui enrichit à la fois le père et la Fondation Anne Frank. Mais, en tant que document historique l'œuvre n'a aucune valeur parce que le texte en a été altéré.''

Ce ''Shoah-business'' n'utilise que des ''témoignages'' évoquant diverses manières de ''gazer'' les victimes, sans qu'il nous soit jamais montré le fonctionnement d'une seule ''chambre à gaz'' (dont Leuchter a démontré l'impossibilité physique et chimique), ni un seul de ces innombrables camions qui auraient servi, par l'émanation du Diesel, de ''chambre à gaz ambulantes''. Ni les tonnes de cendres des cadavres enfouis après leur crémation.

> ''Il n'existe aucune photographie des chambres à gaz et les cadavres sont partis en fumée. Il reste des témoins.''
> Source : *Le Nouvel Observateur*, 26 avril 1985.

L'interminable navet de Claude Lanzman est ainsi conçu. L'auteur lui-même nous dit : ''Il fallait faire ce film avec du rien, sans documents d'archives, tout inventer.''

Source : *Le Matin de Paris,* 29 avril 1985, p. 12.

h) L'arme du crime

Si l'on se place du point de vue de l'objectif assigné à un procès criminel, il aurait été de la première importance d'entendre des experts se prononcer sur un grand nombre de questions, ne serait-ce que pour se faire une idée de la crédibilité de nombreux témoins ainsi que de quelques "documents". Que l'on nous permette de formuler ici quelques-unes de ces questions :

- Combien de temps fallait-il au gaz Zyklon B pour agir, et comment se manifestaient ses effets ?

- Pendant combien de temps le gaz restait-il actif dans un local fermé (soit sans aération, soit avec une aération immédiatement consécutive à l'utilisation) ?

- Était-il possible comme on l'a affirmé, de pénétrer sans masque à gaz, dans les locaux imprégnés de gaz Zyklon ? une demi-heure seulement après l'utilisation de ce gaz ?

- Était-il possible de brûler complètement les cadavres en 20 minutes dans un four crématoire ?

- Les fours crématoires peuvent-ils fonctionner jour et nuit sans interruption ?

- Est-il possible de brûler des cadavres humains dans des fosses profondes de plusieurs mètres et dans l'affirmative, en combien de temps ?

Or, jusqu'ici aucune "pièce à conviction" n'a été produite. Nous n'en donnerons que deux exemples :

- celui des "chambres à gaz itinérantes" par camions ;

- celui du savon fait avec de la graisse humaine. (Bobard utilisé déjà pendant la guerre de 1914-18).

(Tout comme d'ailleurs, le "gazage" est une version recyclée des

''gazages'' des Serbes par les Bulgares en 1916.)
Source : *The Daily Telegraph.* Londres 22 mars 1916. p. 7.
The Daily Telegraph. Londres 25 juin 1946. p. 5.

L'histoire des exterminations par de véritables ''chambres à gaz mobiles'' constituées par des camions dans lesquels auraient été exterminés des milliers de gens par une orientation de l'échappement de Diesel vers l'intérieur a été répandue pour la première fois dans l'opinion occidentale dans le *New-York Times* du 16 juillet 1943, p. 7. (Jusque-là le thème n'avait été développé que dans la presse soviétique.)

Là encore, l'arme du crime (les centaines ou les milliers de camions aménagés pour ces assassinats) a disparu. Pas un seul d'entre eux n'a pu être produit, à aucun procès, comme pièce à conviction.

L'on peut noter aussi que si le plan ''d'extermination'' devait rester le ''secret'' le plus absolu dont parle Höss, il serait étrange qu'il ait été communiqué à des milliers de chauffeurs de camions et à leurs funèbres assistants prenant livraison des victimes (sans ordre de mission) et faisant disparaître magiquement ces milliers de cadavres, en restant dépositaires du ''terrible secret''.

Wiesenthal a assuré la promotion de la légende du ''savon humain'' dans des articles publiés en 1946 dans le journal de la communauté juive autrichienne, *Der Neue Weg* (La nouvelle voie). Dans un article intitulé ''RJF'', il écrivait :

''Les terribles mots ''Transport pour savon'' furent entendus pour la première fois à la fin de 1942. C'était dans le Gouvernement général (de Pologne) et l'usine se trouvait en Galicie, à Belzec. D'avril 1942 à mai 1943, 900.000 juifs furent utilisés comme matière première dans cette usine.''

Après la transformation des cadavres en diverses matières premières, écrivait Wiesenthal, ''Le reste, les déchets graisseux résiduels, était employé à la production de savon. '' Il poursuivait ainsi :

''Après 1942, les gens dans le Gouvernement général savaient très bien ce que signifiait le savon RJF. Le monde civilisé ne peut pas imaginer la joie que ce savon procurait aux nazis du Gouvernement général et à leurs femmes. Dans chaque morceau de savon, ils voyaient un juif qui avait été magiquement mis là et qu'on avait ainsi empêché de devenir un second Freud, Ehrlich ou Einstein.''

Le Mémorial de Yad Vashem répond très officiellement que les nazis n'avaient pas fabriqué de savon avec les cadavres des juifs. Pendant la guerre l'Allemagne avait souffert d'une pénurie de matière grasse et la production de savon passa sous la supervision du gouvernement. Les barres de savon furent marquées des initiales RIF, le sigle allemand qui désigne ''Office du Reich pour l'approvisionnement en matière grasses''. Certains, lurent, par erreur RJF, et interprétèrent ''pure graisse juive''. La rumeur s'étendit rapidement.

* * *

Il existe trois documents qui permettraient, s'ils étaient discutés sérieusement et publiquement, de mettre fin aux polémiques sur les ''chambres à gaz'' : ce sont le ''Rapport Leuchter'' (5 avril 1988), la contre-expertise de Cracovie du 24 septembre 1990, et celle de Germar Rudolf (1994) car ce sont les seuls qui relèvent d'une approche scientifique et objective, et qui comportent l'analyse de prélèvements effectués sur place, permettant une analyse chimique.

Le Zyklon B, à base d'acide cyanhydrique, est tenu pour le produit qui aurait gazé des multitudes de détenus. Normalement il est employé pour la désinfection de linges ou d'instruments risquant de propager des épidémies, notamment le typhus, dès avant la Première guerre mondiale. Néanmoins l'acide cyanhydrique fut utilisé, pour la première fois, pour l'exécution d'un condamné, en Arizona, en 1920. D'autres États américains l'utilisèrent pour l'exécution de leurs condamnés, notamment la Californie, le Colorado, le Maryland, le Mississippi, le Missouri, le Nevada, le Nouveau-Mexique et la Caroline du Nord.

Source : Rapport Leuchter (n· 9.004)

L'ingénieur Leuchter a été consultant pour les États du Missouri, de la Californie et de la Caroline du Nord. Aujourd'hui plusieurs de ces États ont renoncé à ce mode d'exécution en raison du coût excessif, non seulement du gaz HCN mais du matériel de fabrication et d'entretien qui, en raison des mesures de sécurité qu'exige son usage, en font le mode d'exécution le plus coûteux.

En outre, la ventilation nécessaire après la fumigation par le Zyklon

B exige un minimum de 10 heures selon les dimensions du bâtiment (6.005).

L'étanchéité de la salle exige un revêtement d'époxy ou d'acier inoxydable, et les portes doivent être pourvues de joints d'amiante, de néoprène ou de téflon (7.001).

Après avoir visité et expertisé par prélèvements les "chambres à gaz" présumées d'Auschwitz-Birkenau et d'autres camps de l'Est, Leuchter aboutit aux conclusions suivantes : (12.001 à propos des crématoires 1 et 2 d'Auschwitz) : "L'inspection sur place de ces constructions indique que la conception de ces installations aurait été extrêmement mauvaise et dangereuse si elles avaient dû servir en tant que chambres d'exécution. Rien n'y est prévu...

Le Krema I est adjacent à l'hôpital S.S. d'Auschwitz et il est doté de drains de canalisations qui se jettent dans le principal égout du camp, ce qui aurait permis au gaz de s'infiltrer dans tous les bâtiments du camp. (12.002). Sur Majdanek : le bâtiment ne pouvait pas être utilisé dans le but qu'on lui attribue et ne correspond même pas aux nécessités minimales de la construction d'une chambre à gaz."

Leuchter a conclu qu'aucune des conditions n'était remplie pour des chambres à gaz homicides. Quiconque y travaillerait aurait mis en danger sa propre vie et celle de ceux des alentours. (32.9121). Il n'y avait aucun moyen de ventilation ni de distribution de l'air, aucun moyen d'ajouter le matériel exigé par le *Zyklon B* (33. 145).

"Après avoir passé en revue tout le matériel de documentation et inspecté tous les emplacements à Auschwitz, Birkenau et Majdanek, l'auteur trouve que les preuves sont écrasantes : en aucun de ces lieux il n'y a eu de chambre à gaz d'exécution."

Source : Fait à Malden. Massachusetts, le 5 avril 1988. Fred Leuchter Jr. Ingénieur en Chef.

Au procès de Toronto l'avocat Christie a relevé combien les "témoignages" étaient en contradiction avec la réalité des possibilités chimiques et techniques. En voici trois exemples :

a)   - Rudolf Höss, dans *Commandant d'Auschwitz*, p. 198, écrit :

"La porte était ouverte une demie heure après l'adduction du gaz et après que la ventilation l'ait renouvelé. Le travail pour l'enlèvement des cadavres commençait aussitôt''.

''On accomplissait cette tâche avec indifférence comme si elle faisait partie d'un travail quotidien. Tout en traînant les cadavres ils mangeaient ou fumaient.''

''Ils ne portaient donc même pas de masques ?'' demande l'avocat Christie (5-1123).

Il n'est pas possible de manipuler des cadavres qui viennent d'être en contact avec du Zyklon B dans la demi-heure qui suit et moins encore de manger, de boire ou de fumer... Il faut au moins dix heures de ventilation pour qu'il n'y ait pas de danger.

b) - L'avocat Christie produisit le document PS 1553 de Nuremberg, avec, en annexe, plusieurs factures. Hilberg dut admettre que la quantité de Zyklon B envoyée à Oranienburg était la même qu'à Auschwitz, et le même jour.

Or Hilberg indique qu'Oranienburg était ''un camp de concentration et un centre administratif où personne, à sa connaissance, ne fut gazé''.

Les prélèvements et l'expertise de Leuchter montrent même que les traces d'acide cyanhydrique du Zyklon B sont beaucoup plus importantes dans les salles où l'on est sûr qu'elles étaient réservées à la désinfection, que dans celles des présumées ''chambres à gaz''.

''On aurait pu s'attendre à la détection d'un taux plus élevé de cyanure dans les échantillons prélevés dans les premières chambres à gaz (en raison de la plus grande quantité de gaz utilisé, d'après les sources, dans ces endroits) que dans l'échantillon de contrôle. Comme c'est le contraire qui est vrai, force est de conclure {...} que ces installations n'étaient pas des chambres à gaz d'exécution.''

Source : Rapport Leuchter (op. cit.) 14.006.

Cette conclusion est partiellement confirmée par la contre-expertise de Cracovie menée par l'Institut d'expertises médico-légales de Cracovie du 20 février au 18 juillet 1990, dont les résultats ont été communiqués au Musée par lettre du 24 septembre 1990.

Source : Référence de l'Institut. 720.90.
Référence du Musée 1-8523 / 51 / 1860 . 89.

Il est vrai que l'on montre aux touristes, sinon le fonctionnement, du moins des reconstitutions plus ou moins bien bricolées de "chambres à gaz", même là où il est avéré qu'elles n'ont jamais fonctionné, comme à Dachau.

c) - Leuchter a examiné les lieux qui, selon les cartes officielles de Birkenau, avaient été utilisées comme "fosses de crémation" par les nazis pour se débarrasser des cadavres. La plupart des textes de la littérature de l'Holocauste les décrivent comme des fosses d'environ 6 pieds de profondeur... Le plus remarquable, à leur sujet, c'est que le niveau de l'eau était à un pied ou un pied et demi de la surface. Leuchter a souligné qu'il était impossible de brûler des corps sous l'eau. Et il n'y avait aucune raison de penser que les choses avaient changé depuis la guerre car la littérature de l'Holocauste décrit Auschwitz et Birkenau comme ayant été construits sur un marécage (32.9100, 9101). Il y a pourtant, dans l'exposition, des photographies de ces prétendues "fosses de crémation".

En ce qui concerne les crématoires de plein air, dans des "fosses de crémation" : "Birkenau est construit sur un marais, tous ces emplacements avaient de l'eau à environ 60 cm de la surface. L'opinion de l'auteur de ce rapport est qu'il n'y a jamais eu de fosses de crémation à Birkenau." (14.008).

Un document précieux pour l'étude objective à partir de documents incontestables du complexe d'Auschwitz-Birkenau, et en particulier sur ces fameuses incinérations en plein air dont la "fumée obscurcissait tout le ciel" d'après de si nombreux témoignages, aura été la série des photographies aériennes d'Auschwitz et de Birkenau prises par l'aviation américaine et publiées par les Américains Dino A. Brugioni et Robert C. Poirier (*The Holocaust Revisited : A Retrospective Analysis of the Auschwitz Birkenau Extermination Complex*, C.I.A. février 1979. Washington D.C. 19 pages).

En dépit du commentaire, qui se veut orthodoxe, des analystes de la C.I.A., on ne retrouve sur ces photos rien qui corresponde à cet enfer de feu dont les flammes dévoraient, a-t-on osé nous dire, jusqu'à 25.000 cadavres par jour, entre mai et août 1944, en raison surtout de la déportation des juifs hongrois. Les photos aériennes (le 26 juin et le 25 août 1944) ne révèlent pas la moindre trace de fumée. Ni d'ailleurs de concentration de foules, ou d'activité particulière.

L'Album d'Auschwitz, recueil de 189 photographies prises dans le camp même de Birkenau à la même époque, publié avec une introduction de Serge Klarsfeld et un commentaire de J.-C. Pressac, donne à voir 189 scènes de la vie concentrationnaire lors de l'arrivée d'un convoi de déportés venu de Hongrie. Là encore, rien, rigoureusement rien, qui confirmerait une extermination massive et systématique.

Tout au contraire, de très multiples photographies, qui permettent d'avoir une vue d'ensemble du lieu, non seulement ne comportaient rien qui confirmerait cette extermination, mais excluent en outre qu'une telle extermination ait pu avoir lieu au même moment en quelque lieu "secret" du camp. Le commentaire de J.-C. Pressac, par les extrapolations manifestes auxquelles il se livre, rend au contraire visible et palpable le mécanisme de la fabrication.

Source : *L'Album d'Auschwitz*. Éditions du Seuil pour l'édition et la traduction française. Paris, 1983. 221 pages.

Mais c'est le Canadien John C. Ball, spécialiste de l'interprétation des photos aériennes, qui semble avoir réuni le plus de documents photographiques originaux et mené avec compétence une analyse rigoureuse. Ses conclusions sont en totale contradiction avec l'histoire officielle.

Source : *Air Photo Evidence*, Ball Resource limited. Suite 160. 7231 120th street Delta, B.C. Canada. 4C6PS. 1992.

L'ensemble des questions techniques ont été soulevées lors du procès de Ernst Zündel à Toronto, où les deux parties ont pu s'exprimer librement et complètement. Le compte rendu de ce procès est donc une source exceptionnelle pour tout historien honnête puisqu'il permet de prendre connaissance des thèses en présence et de tous les éléments de la controverse. Les déclarations des uns et des autres sont d'autant plus précieuses et significatives que chacun parlait sous le contrôle de la critique immédiate de l'autre partie.

Un détail qui semble bien d'une importance décisive : le 5 et 6 avril 1988, le directeur du Crématorium de Calgary (Canada), Yvan Lagacé, dont les crématoires sont d'un type et d'une conception proche de ceux de Birkenau, pourtant construits en 1943, put exposer l'ensemble des contraintes techniques et des nécessités d'entretien de ce type de moufles d'incinération. Il parla de la nécessité de pauses de refroidissement entre les crémations, et lors de l'introduction d'un corps, faute de quoi on endommage les revêtements ignifuges des fours.

L'on demanda à Lagacé de donner son avis sur le fait que Raul Hilberg, dans son livre, *La Destruction des juifs d'Europe* (2e édition, p. 978) évalue le rendement de 46 fours dans les 4 crématoires de Birkenau.

Hilberg prétend :

"Le rendement théorique journalier des 4 fours de Birkenau était de plus de 4.400, mais avec les arrêts et les ralentissements, pratiquement la limite était inférieure."

Lagacé déclara que cette affirmation était "absurde" et "irréaliste". Prétendre que 46 fours pouvaient brûler plus de 4.400 corps en un jour est grotesque. Se fondant sur sa propre expérience, Lagacé affirma qu'il était possible d'incinérer 184 corps par jour à Birkenau.

Source : Procès de Toronto, 27 736 à 738.

Ce n'est certes pas un livre comme celui de Pressac : *Les Crématoires d'Auschwitz. La machinerie du meurtre de masse,* (Paris, 1993) qui ne consacre qu'un chapitre de 20 pages (sur 147) aux "chambres à gaz", et qui ne cite même pas le Rapport Leuchter auquel il a consacré, en 1990, (toujours financé par la Fondation Klarsfeld) une "réfutation" à laquelle nul n'ose plus se référer, qui équilibrera les analyses de Leuchter.

Tant que n'aura pas lieu, entre spécialistes de compétence égale, un débat scientifique et public sur le rapport de l'ingénieur Fred Leuchter, et sur la contre-expertise de Cracovie effectuée 1990 à la demande des autorités du musée d'Auschwitz, et tant que l'ensemble des pièces du débat sur les "chambres à gaz" ne feront pas l'objet d'une discussion libre, le doute existera et même le scepticisme.

Jusqu'ici, à l'égard des contestataires de l'histoire officielle, les seuls arguments employés furent le refus de discuter, l'attentat, la censure et la répression.

******

3. Le mythe des "six millions" (L'*Holocauste*)

***

"Génocide : destruction méthodique d'un groupe ethnique par l'extermination de ses individus."
Dictionnaire Larousse "À l'instar de la promesse divine contenue dans la Bible, le Génocide est un élément de justification idéologique pour la création de l'État d'Israël."

Tom Segev, *Le septième million.*
Ed. Liana Levi. 1993. p. 588.

Trois termes sont souvent employés pour définir le traitement qui fut infligé aux juifs, par le nazisme : Génocide, Holocauste, Shoah.

Le terme "Génocide" a un sens précis, de par son étymologie même : extermination d'une race. À supposer qu'il existât une "race" juive, comme le prétendait le racisme hitlérien et comme le soutiennent encore les dirigeants israéliens.

Y a-t-il eu, au cours de la guerre, un "génocide" des juifs ?

Le terme de "génocide", dans tous les dictionnaires, a un sens précis. Le Larousse donne, par exemple, cette définition : "Génocide : Destruction méthodique d'un groupe ethnique par l'extermination de ses individus."

Cette définition ne peut s'appliquer à la lettre que dans le cas de la conquête de Canaan par Josué, où il nous est dit pour chaque ville conquise : "il n'en reste aucun survivant" (par exemple dans Nombres XXI, 35).

Le mot a donc été employé à Nuremberg de manière tout à fait erronée puisqu'il ne s'agit pas de l'anéantissement de tout un peuple comme ce fut le cas pour les "exterminations sacrées" des Amalécites, des Cananéens et d'autres peuples encore dont le livre de Josué dit par exemple qu'à Eglôn et à Hébron : "il ne laisse aucun survivant." (Josué X, 37) ou à Hagor : "ils passèrent tous les êtres humains au tranchant de l'épée...ils ne laissèrent aucun être animé.'' (Josué XI, 14).

Au contraire le judaïsme (sa définition comme ''race'' appartenant au vocabulaire hitlérien) a connu un essor considérable dans le monde depuis 1945.

Sans aucun doute les juifs ont été l'une des cibles préférées d'Hitler en raison de sa théorie raciste de la supériorité de la ''race aryenne'', et aussi de l'assimilation systématique qu'il fit entre les juifs et le communisme qui était son ennemi principal (ce dont témoignent les exécutions de milliers de communistes allemands, puis, au cours de la guerre, son acharnement contre les prisonniers ''slaves''). Il avait, pour cet amalgame, créé le terme de ''judéo-bolchevisme''.

Dès la création de son parti ''national-socialiste'', il avait envisagé non seulement d'extirper le communisme, mais de chasser tous les juifs, d'Allemagne d'abord, puis de toute l'Europe lorsqu'il en fut le maître. Et ceci de la façon la plus inhumaine : d'abord par l'émigration, puis par l'expulsion, et, pendant la guerre, par l'incarcération dans des camps de concentration en Allemagne d'abord, puis par la déportation, envisagée d'abord à Madagascar, qui eût constitué un vaste ghetto pour les juifs européens, puis à l'Est dans les territoires occupés, surtout en Pologne, où slaves, juifs, tziganes, furent décimés, d'abord par un travail forcé au service de la production de guerre, puis par de terribles épidémies de typhus dont la multiplication des fours crématoires témoigne de l'ampleur.

Quel fut le bilan atroce de cet acharnement hitlérien contre ses victimes politiques ou racistes ?

Cette deuxième guerre mondiale fit 50 millions de morts dont 17 millions de soviétiques et 9 millions d'Allemands. La Pologne, les autres pays occupés d'Europe, et aussi les millions de soldats d'Afrique ou d'Asie mobilisés pour cette guerre qui, comme la première, était née de rivalités occidentales, payèrent un lourd tribut de morts.

La domination hitlérienne fut donc autre chose qu'un vaste ''pogrom'' dont les juifs auraient été, sinon les seules, du moins les principales victimes, comme une certaine propagande tend à l'accréditer. Elle fut une catastrophe humaine qui, malheureusement, n'est pas sans précédent, car Hitler appliqua à des blancs ce que les colonialistes européens, depuis cinq siècles, appliquaient aux ''hommes de couleur'', depuis les Indiens d'Amérique, dont 60 millions sur 80 furent détruits (eux aussi par le travail forcé et les épidémies plus encore que par les armes) jusqu'aux Africains dont dix à vingt millions furent déportés aux Amériques, et, comme les négriers obtenaient un esclave pour 10 tués dans la lutte pour la capture, la "traite" coûta à l'Afrique de 100 à 200 millions de morts.

Le mythe faisait l'affaire de tout le monde : parler du "plus grand génocide de l'histoire'', c'était, pour les colonialistes occidentaux, faire oublier leurs propres crimes : (la décimation des Indiens d'Amérique et la traite des esclaves africains), pour Staline, gommer ses répressions sauvages.

Pour les dirigeants anglo-américains, après le massacre de Dresde du 13 février 1945, qui fit périr dans les flammes, par les bombes au phosphore, en quelques heures, 200.000 civils, sans raison militaire puisque l'armée allemande battait en retraite sur tout le front de l'Est devant l'offensive foudroyante des soviétiques qui en janvier étaient déjà sur l'Oder.

Pour les États-Unis, plus encore, qui venaient de lâcher sur Hiroshima et Nagasaki, les bombes atomiques, faisant "plus de 200.000 tués et près de 150.000 blessés condamnés à plus ou moins longue échéance.''

Source : Paul-Marie de la Gorce : *1939-1945. Une guerre inconnue.*
Ed. Flammarion. Paris, 1995. p. 535.

Les fins n'étaient pas militaires mais politiques. Churchill écrivait, dès 1948, dans son livre : *La Deuxième guerre mondiale* (Volume VI) : "Il serait faux de supposer que le sort du Japon fut décidé par la bombe atomique.''

L'amiral américain William A. Leahy, dans son livre *I Was There* ("J'étais là'') confirme : "À mon avis, l'emploi de cette arme barbare à Hiroshima et Nagasaki n'a pas été d'une grande aide dans la guerre contre le Japon.''

En effet, l'Empereur du Japon Hirohito avait déjà engagé la négociation pour la reddition de son pays, dès le 21 mai 1945 auprès de l'Union Soviétique (qui n'était pas encore en guerre contre le Japon), par l'intermédiaire de son Ministre des Affaires étrangères et l'ambassadeur soviétique Malik. ''Le Prince Konoye fut prié de se préparer à se rendre à Moscou pour négocier directement avec Molotov.''

Source : Paul-Marie de la Gorce. *op. cit.* p. 532.

''À Washington on connaissait parfaitement les intentions japonaises : ''Magic'' rendait compte de la correspondance entre le Ministre des Affaires Étrangères et son correspondant à Moscou.''

Source : *Ibidem.* p. 533.

L'objectif poursuivi n'était donc pas militaire mais politique, comme l'avouait le ministre américain de l'Air, Finletter, expliquant que l'emploi des bombes atomiques avait pour but ''de mettre le Japon ''Knock-out'' avant l'entrée de la Russie en guerre.''

Source : Saturday Review of Literature du 5 juin 1944.

L'amiral américain Leahy concluait (*op. cit.*) : ''En employant les premiers la bombe atomique, nous nous sommes abaissés au niveau moral des barbares du Moyen Age... cette arme nouvelle et terrible, qui sert à une guerre non civilisée, est une barbarie moderne, indigne des chrétiens.''

Ainsi tous ces dirigeants, qu'un véritable ''Tribunal International'' composé par des pays neutres eût placés au banc des criminels de guerre à côté de Goering et de sa bande, découvrirent avec les ''chambres à gaz'', les ''génocides'' et les ''holocaustes'', un alibi inespéré pour ''justifier'' sinon pour effacer leurs propres crimes contre l'humanité.

L'historien américain W.F. Albright, qui fut Directeur de l'American School of Oriental Research écrit dans son livre majeur de synthèse, *De l'âge de pierre à la chrétienté. Le monothéisme et son évolution.* (Trad. française : Ed. Payot, 1951), après avoir justifié les ''exterminations sacrées'' de Josué dans son invasion de Canaan, ''Nous autres, Américains, avons peut-être... moins le droit de juger les Israélites... puisque nous avons exterminé... des milliers d'Indiens dans tous les coins de notre grand pays et avons réuni ceux qui restaient dans de grands camps de concentration.'' (p. 205).

Le terme d'*Holocauste,* appliqué au même drame depuis les années soixante-dix à partir du livre d'Elie Wiesel : *La Nuit* (1958) et popularisé par le titre du film : ''L'Holocauste'', marque mieux encore la volonté de faire du crime commis contre les juifs un événement exceptionnel sans comparaison possible avec les massacres des autres victimes du nazisme ni même avec aucun autre crime de l'histoire, car leurs souffrances et leurs morts avaient ainsi un caractère sacral. Le "Larousse universel" (2 volumes, Paris, 1969, p. 772) définit ainsi "holocauste" : "Sacrifice en usage chez les juifs, et dans lequel la victime était entièrement consumée par le feu."

Le martyre des juifs devenait ainsi irréductible à tout autre : par son caractère sacrificiel il était intégré au projet divin à la manière de la Crucifixion de Jésus dans la théologie chrétienne, inaugurant ainsi un temps nouveau. Ce qui permettra à un rabbin de dire : "La création de l'État d'Israël, c'est la réponse de Dieu à l'Holocauste."

Pour justifier le caractère sacral de l'Holocauste il fallait qu'il y eût extermination totale et organisation industrielle inédite des exécutions puis crémation.

Extermination totale. Il fallait pour cela que fût envisagée une solution finale du problème juif qui fut l'extermination.

Or aucun texte n'a jamais pu être produit attestant que la "solution finale" du problème juif était, pour les nazis, l'extermination.

L'antisémitisme d'Hitler est lié, dès ses premiers discours, à la lutte contre le bolchevisme (il emploie constamment l'expression "judéo-bolchevisme") ; les premiers camps de concentration qu'il fit construire étaient destinés aux communistes allemands dont des milliers périrent, y compris leur chef Thaelman.

Quant aux juifs ils furent chargés par lui des accusations les plus contradictoires : d'abord, ils étaient - disait-il - les acteurs les plus actifs de la révolution bolchevique (Trotski, Zinoviev, Kamenev, etc...) ; en même temps, ils étaient, selon lui, les capitalistes les plus exploiteurs du peuple allemand.

Il importait donc, après avoir liquidé le mouvement communiste, et préparé l'expansion de l'Allemagne à l'Est, à la manière des chevaliers teutoniques, d'écraser l'Union Soviétique, ce qui fut, du début à la fin de sa carrière, sa préoccupation centrale, obsessionnelle, et qui se manifesta, au temps de sa puissance, par sa férocité à l'égard des prisonniers slaves (polonais et russes). Il créa même, pendant la guerre contre l'U.R.S.S., des "Einsatzgruppen", c'est-à-dire des unités chargées spécialement de lutter contre la guerre des partisans soviétiques et d'abattre leurs commissaires politiques, même prisonniers. Parmi eux beaucoup de juifs, héroïques, comme leurs compagnons slaves, furent massacrés.

Ce qui prouve les limites de la propagande sur ''l'antisémitisme soviétique''. L'on ne peut à la fois prétendre que les soviétiques écartaient les juifs des postes importants et affirmer que les juifs constituaient la majorité des ''commissaires politiques'' des partisans que les ''Einsatzgruppen'' étaient chargés d'abattre. Car on imagine mal qu'une telle responsabilité : diriger l'action des partisans derrière les lignes ennemies (où la désertion et la collaboration étaient le plus aisées) eût été confiée à des juifs dont on se serait méfié...

Quant à la masse des juifs allemands puis européens lorsque Hitler devint maître du continent, l'une des idées les plus monstrueuses des nazis fut d'en vider l'Allemagne puis l'Europe (judenrein).

Hitler procéda par étapes :

la première fut d'organiser leur émigration dans des conditions qui lui permettaient de spolier les plus riches. (Et nous avons vu que les dirigeants sionistes de la ''Haavara'' collaborèrent avec efficacité à cette entreprise, en promettant, en échange, d'empêcher le boycott de l'Allemagne hitlérienne et de ne pas participer au mouvement antifasciste.)

la deuxième étape fut l'expulsion pure et simple poursuivant le dessein de les envoyer tous dans un ghetto mondial : après la capitulation de la France : l'île de Madagascar, qui devait passer sous contrôle allemand après avoir fait indemniser par la France les anciens résidents français. Le projet fut abandonné, moins du fait des réticences françaises, qu'en raison de l'importance du tonnage de navires nécessaires pour cette opération, qu'en temps de guerre l'Allemagne ne pouvait consacrer à cette tâche.

- L'occupation hitlérienne de l'Est de l'Europe, notamment de la Pologne, rendit possible d'atteindre la ''solution finale'' : vider l'Europe de ses juifs en les déportant massivement dans ces camps extérieurs. C'est là qu'ils subirent les pires souffrances, non seulement celles de toutes les populations civiles en temps de guerre, telles que les bombardements aériens, la famine et les privations de toutes sortes, les marches forcées, mortelles pour les plus faibles, pour évacuer les centres, mais aussi le travail forcé, dans les conditions les plus inhumaines pour servir l'effort de guerre allemand (Auschwitz-Birkenau était, par exemple, le centre le plus actif des industries chimiques de l'I. G. Farben). Enfin les épidémies, notamment le typhus, firent d'épouvantables ravages dans une population concentrationnaire sous-alimentée et réduite à l'épuisement.

Est-il donc nécessaire de recourir à d'autres méthodes pour expliquer la terrible mortalité qui frappa les victimes de tels traitements, et ensuite d'exagérer démesurément les nombres, au risque d'être obligés ensuite de les réviser en baisse ?... et par exemple d'être contraint...

- de changer l'inscription de Birkenau-Auschwitz pour réduire le nombre des morts de 4 millions à 1 ?

- de changer l'inscription de la "chambre à gaz" de Dachau pour préciser qu'elle n'avait jamais fonctionné.

- ou celle du "Vélodrome d'Hiver" à Paris indiquant que le nombre de juifs qui y furent parqués était de 8.160 et non pas 30.000 comme l'indiquait la plaque d'origine, qui a été retirée.

Source : *Le Monde*, 18 juillet 1990, p. 7.

Il ne s'agit pas d'établir une comptabilité macabre.

L'assassinat d'un seul innocent, qu'il soit juif ou qu'il ne le soit pas, constitue déjà un crime contre l'humanité. Mais si le nombre des victimes n'a, à cet égard, aucune importance, pourquoi s'accrocher, depuis plus d'un demi-siècle au chiffre fatidique de six millions, alors qu'on ne considère pas comme intouchable le nombre des victimes non-juives de Katyn, de Dresde ou d'Hiroshima et de Nagasaki, pour lesquelles il n'a jamais existé de nombre d'or, contrairement au chiffre de six millions qui a été sacralisé, bien qu'il ait fallu constamment réviser à la baisse ce nombre d'une seule catégorie de victimes, dont les injustes souffrances ne sont pas contestables.

Pour le seul camp d'Auschwitz-Birkenau :

- 9 millions disait, en 1955, le film d'Alain Resnais *Nuit et Brouillard*, par ailleurs fort beau et profondément émouvant ;

- 8 millions selon les *Documents pour servir l'Histoire de la guerre.
Camps de concentration.* Office français d'édition, 1945, p. ?

- 4 millions d'après le rapport soviétique auquel le Tribunal de Nuremberg a donné valeur de preuve authentique en vertu de l'article 21 de ses statuts qui stipulaient : "Les documents et rapports officiels des commissions d'enquête des gouvernements alliés ont valeur de preuves authentiques". Ce même article 21 proclamait : "Ce tribunal n'exigera pas que la preuve des faits de notoriété publique soit rapportée. Il les tiendra pour acquis."

- 2 millions selon l'historien Léon Poliakov, dans son *Bréviaire de la haine,* Calmann-Lévy, 1974, p. 498.

- 1 million deux cent cinquante mille, selon l'historien Raul Hilberg dans *La Destruction des Juifs d'Europe.* Edition en anglais, Holmes and Mayer, 1985, p. 895.

Or voici qu'au terme de longues recherches historiques, faites par des savants de toutes origines sous la pression des critiques révisionnistes, le Directeur de l'Institut d'histoire du temps présent au C.N.R.S., Monsieur François Bédarida, résume ses travaux, dans un article paru dans *Le Monde* et intitulé : "L'évaluation des victimes d'Auschwitz" :

"La mémoire collective s'est emparée du chiffre de quatre millions - celui-là même qui, sur la foi d'un rapport soviétique, figurait jusqu'ici à Auschwitz sur le monument élevé à la mémoire des victimes du nazisme, - cependant qu'à Jérusalem le musée de Yad Vashem indiquait quant à lui un total très au-dessus de la réalité.

Pourtant, dès la fin de la guerre, la mémoire savante s'était mise au travail. De ces investigations patientes et minutieuses, il résultait que le chiffre de quatre millions, ne reposant sur aucune base sérieuse, ne pouvait être retenu.

Le tribunal, au demeurant, s'appuyait sur une affirmation d'Eichmann, soutenant que la politique d'extermination avait causé la mort de six millions de juifs, dont quatre millions dans les camps. Si maintenant l'on s'en rapporte aux travaux les plus récents et aux statistiques les plus fiables - c'est le cas de l'ouvrage de Raul Hilberg, la "Destruction des juifs d'Europe" (Fayard 1988), on aboutit à environ un million de morts à Auschwitz. Un total corroboré par l'ensemble des spécialistes, puisque aujourd'hui ceux-ci s'accordent sur un nombre de victimes oscillant entre 950.000 au minimum et 1,2 million au maximum. "

Source : *Le Monde*, 23 juillet 1990.

L'on n'en continue pas moins, après avoir officiellement réduit le nombre des victimes, à Auschwitz-Birkenau, de 4 à 1 million, à répéter le chiffre global : 6 millions[14] de juifs exterminés, selon cette étrange arithmétique : 6 - 3 = 6.

Cette série d'évaluation concerne le seul camp d'Auschwitz. Une démonstration du même genre pourrait être faite pour d'autres camps.

Par exemple, combien y eut-il de morts à Majdanek ? :

- 1 million cinq cent mille selon Lucy Dawidowicz dans *The War against the Jews*. Penguin books, 1987 p. 191.

- Trois cent mille selon Lea Rosch et Eberhard. Jaeckel dans *Der Tod ist ein Meister im Dritten Reich*. Ed. Hoffmann und Campe, 1991, p. 217.

- Cinquante mille selon Raul Hilberg (*Op.cit.*)

Alors la question se pose. N'est-ce pas servir la propagande des néo-nazis allemands (ou, en France, tel parti d'extrême droite) que de fournir cet argument : "Si vous avez menti sur ce problème du nombre des victimes juives, pourquoi n'auriez-vous pas exagéré les crimes de Hitler ?"

On ne combat pas la minimisation criminelle de l'horreur nazie par

---

[14] *The American Oranienburg Year Book,* No 5702, du 22 septembre 1941 au 11 septembre 1942, vol. 43, publié à Philadelphie par *The Oranienburg publication society of America,* indique à la page 666, qu'après l'expansion maxima nazie, jusqu'en Russie, et en comptant ceux des juifs restés en Allemagne, en 1941, il y avait en Europe soumise à l'Allemagne trois million cent dix mille sept cent vingt-deux (!) juifs. Comment en exterminer six millions ?

de pieux mensonges, mais par la vérité, qui est la meilleure accusatrice de la barbarie.

Les mêmes variantes troublantes sur les moyens de l'assassinat des juifs peuvent également engendrer le doute :

- Le *New York Times* du 3 juin 1942 parle d'un "bâtiment d'exécution" ou l'on fusillait 1.000 juifs par jour.

- Le 7 février 1943, le même journal parle de "stations d'empoisonnement du sang" en Pologne occupée.

- En décembre 1945, dans son livre *Der letze Jude aus Polen*, Europa-Verlag, Zurich, New York, p. 290 et suivantes, Stefan Szende fait entrer les juifs dans une immense piscine ou l'on fait passer un courant à haute tension pour les exécuter. Il conclut : "Le problème de l'exécution de millions d'hommes était résolu."

- Le document de Nuremberg P.S. 3311, du 14 décembre 1945, indique dans un procès-verbal que les victimes étaient ébouillantées dans des "chambres à vapeurs brûlantes".

- Deux mois et demi plus tard (février 1946) le même Tribunal remplace les chambres à vapeur d'eau bouillante, par des chambres à gaz. En 1946 Simon Wiesenthal ajoute une variante aux chambres d'exécution : elles comportaient des rigoles pour recueillir la graisse des juifs assassinés pour en faire du savon. Chaque savonnette portait l'inscription RJF (pure graisse juive). En 1958, dans son livre *La Nuit,* il ne fait aucune allusion aux chambres à gaz, mais, dans la traduction allemande (éditions Ullstein), le mot "crématoire" n'est pas traduit par *Krematorium,* mais par "chambre à gaz".

Il y eut d'autres versions : celle de la mort par la chaux vive répandue dans des wagons, due au polonais Jan Karski, auteur du livre, *Story of a secret State*, éd. The Riverside Press, Cambridge. Traduit en français sous le titre, *Un Témoignage devant le Monde*. Ed. Self, Paris 1948.

Mais les deux versions les plus médiatisées par la télévision, la presse, les manuels scolaires sont l'exécution par le Zyklon B, et d'autre part, les camions tuant par une manipulation des gaz d'échappement de leur moteurs Diesel.

Le moins qu'on puisse dire - là encore pour ne pas donner prise à la propagande des admirateurs de Hitler, c'est qu'il est pour le moins fâcheux qu'aucune expertise n'ait été ordonnée, ni par le Tribunal de Nuremberg, ni par aucun autre tribunal ayant eu à juger par la suite des criminels de guerre, pour fixer définitivement quelle avait été l'arme du crime.

* * *

Un autre exemple déplorable, le camp de Dachau. Le film sur les atrocités nazies projeté à Nuremberg au cours du procès a montré une seule "chambre à gaz". C'était celle de Dachau. Des visites pour les touristes et les élèves des écoles furent organisées à Dachau. Aujourd'hui une discrète pancarte indique que personne n'a pu y être gazé car la "chambre à gaz" n'a jamais été achevée.

Au visiteur ou au pèlerin l'on indique que les gazages ont eu lieu à l'Est, hors du territoire qui fut celui de l'Allemagne avant la guerre.

Un communiqué de Martin Broszat, membre de *l'Institut d'histoire contemporaine de Munich,* publié le 19 août 1960 dans *Die Zeit,* reconnaissait en effet : "Ni à Dachau, ni à Bergen-Belsen, ni à Buchenwald des juifs ou d'autres détenus n'ont été gazés...[15]

L'anéantissement massif des juifs par le gaz commença en 1941-1942 ... avant tout en territoire polonais occupé, (mais nulle part dans l'Ancien Reich) : à Auschwitz-Birkenau, à Sobibor, à Treblinka, Chelmno et Belzec. "

Or il y eut autant de "témoins" oculaires des "gazages" dans ces camps de l'Ouest qu'il y en eut pour les camps de l'Est.

---

[15] Contredisant ainsi une fois de plus les "décisions" de Nuremberg qui se fondaient sur l'existence de "gazages" dans ces camps. M. Martin Broszat devint, en 1972, directeur de l'Institut d'histoire contemporaine de Munich. La révélation était d'autant plus importante qu'une quantité de "témoignages" de "témoins oculaires" avaient affirmé l'existence de chambres à gaz dans ces camps et qu'une mise en scène "reconstituant" la "chambre à gaz" de Dachau était le document qui impressionnait le plus fortement les visiteurs.
Au tribunal de Nuremberg, Sir Hartley Shawcross, le 26 juillet 1946, mentionne "des chambres à gaz non seulement à Auschwitz et à Treblinka, mais aussi à Dachau..." (TMI, tome 19, p. 4563)

Ne donne t'on pas ainsi des arguments à tous ceux qui sont désireux de réhabiliter Hitler en demandant, par exemple, pourquoi l'on devrait rejeter les récits des "témoins oculaires" des camps de l'Ouest et tenir pour vrais ceux des survivants des camps de l'Est.

C'est leur donner des arguments pour mettre en doute la réalité indubitable des persécutions, des souffrances et des meurtres à l'égard des juifs et des autres opposants au régime nazi, comme par exemple les communistes allemands qui en furent les premières victimes, dès 1933, et pour lesquels furent crées les premiers camps de concentration.

Outre les bombardements qui frappèrent indistinctement les populations des pays en guerre, le travail forcé, comme celui des esclaves, les transferts constants dans des conditions inhumaines qui laissaient des milliers de cadavres sur les routes, la sous-alimentation la plus barbare, les épidémies ravageuses de typhus, cette tragédie a-t-elle besoin du couronnement de flammes infernales pour rendre compte du massacre des juifs par l'antisémitisme féroce des nazis ?

Est-il besoin, dès lors, pour maintenir à tout prix son caractère d'exceptionnalité à "l'Holocauste" (extermination sacrificielle par le feu) d'agiter le spectre des "chambres à gaz" ?

En 1980, pour la première fois le caractère unique du massacre des juifs fut remis en question par un journaliste célèbre, Boaz Evron :

> "... Comme si cela allait de soi, chaque hôte de marque est emmené en visite obligatoire à Yad Vashem [...] pour bien lui faire comprendre les sentiments et la culpabilité que l'on attend de lui."
> "En estimant que le monde nous hait et nous persécute, nous nous croyons exemptés de la nécessité d'être comptables de nos actes à son égard." L'isolement paranoïaque par rapport au monde et à ses lois pouvait entraîner certains Juifs à traiter les non-Juifs comme des sous-hommes, rivalisant ainsi avec le racisme des nazis. Evron mit en garde contre la tendance à confondre l'hostilité des Arabes avec l'antisémitisme nazi. "On ne peut distinguer la classe dirigeante d'un pays de sa propagande politique, car celle-ci est présentée comme une part de sa réalité, écrivait-il. Ainsi, les gouvernants agissent dans un monde peuplé de mythes et de monstres qu'ils ont eux-mêmes créés."
> Source : Boaz Evron : "Le génocide : un danger pour la nation", *Iton 77*, N· 21. mai-juin 1980. p. 12 et sqq.

D'abord bien qu'existe dans l'esprit de millions de gens dont la bonne foi est indiscutable, la confusion entre ''four crématoire'' et ''chambre à gaz'', l'existence, dans les camps hitlériens d'un nombre important de fours crématoires pour tenter d'enrayer la diffusion des épidémies de typhus, le four crématoire n'est pas un argument suffisant : il existe des fours crématoires dans toutes les grandes villes, à Paris, (au Père-Lachaise) à Londres, et dans toutes les capitales importantes, et ces incinérations ne signifient pas évidemment une volonté d'exterminer les populations.

Il fallut donc adjoindre aux fours crématoires des ''chambres à gaz'' pour établir le dogme de l'extermination par le feu.

La première exigence, élémentaire pour en démontrer l'existence, était de produire l'ordre prescrivant cette mesure. Or dans les archives si minutieusement établies par les autorités allemandes, et toutes saisies par les alliés lors de la défaite d'Hitler, ni les budgets affectés à cette entreprise, ni les directives concernant la construction et le fonctionnement de ces chambres, en un mot, rien de ce qui eût permis l'expertise de ''l'arme du crime'', comme dans toute enquête judiciaire normale, ne fut trouvé. Rien de tel ne fut produit.

Il est remarquable qu'après avoir officiellement reconnu qu'il n'y avait pas eu de gazage homicide dans le territoire de l'ancien Reich malgré les attestations innombrables de ''témoins oculaires'', le même critère de la subjectivité des témoignages n'ait plus été accepté en ce qui concerne les camps de l'Est, de Pologne notamment. Même lorsque ces ''témoignages'' sont entachés des plus légitimes suspicions.

La mise en scène du Musée de Dachau permit de tromper, non seulement des milliers d'enfants que l'on y amenait pour leur enseigner le dogme de l'Holocauste, mais aussi des adultes, tel le Père Morelli, dominicain, qui écrit dans *Terre de détresse* (Ed. Bloud et Gay, 1947, p. 15) : ''J'ai posé des yeux pleins d'épouvante sur le sinistre hublot d'où les bourreaux nazis pouvaient pareillement voir se tordre les gazés misérables.''

Il n'est pas jusqu'à des anciens déportés de Buchenwald ou de Dachau qui se laissèrent suggestionner par la légende si soigneusement entretenue. Un grand historien français, Michel de Boüard, doyen honoraire de la Faculté de Caen, membre de l'Institut et ancien déporté de Mauthausen, déclarait en 1986 :

''Dans la monographie sur Mauthausen que j'ai donnée (...) en 54, à deux reprises je parle de chambre à gaz. Le temps de la réflexion venu, je me suis dit : où ai-je acquis la conviction qu'il y avait une chambre à gaz à Mauthausen ? Ce n'est pas pendant mon séjour au camp car ni moi ni personne ne soupçonnait qu'il pouvait y en avoir ; c'est donc un ''bagage'' que j'ai reçu après la guerre, c'était admis. Puis j'ai remarqué que dans mon texte - alors que j'appuie la plupart de mes affirmations par des références - il n'y en avait pas concernant la chambre à gaz...''

Source : *Ouest-France*, 2 et 3 août 1986. p. 6.

Jean Gabriel Cohn-Bendit écrivait déjà :

''Battons-nous pour qu'on détruise ces chambres à gaz qu'on montre aux touristes dans les camps où l'on sait maintenant qu'il n'y en avait point, sous peine qu'on ne nous croie plus sur ce dont nous sommes sûrs.''

Source : *Libération* du 5 mars 1979, p. 4.

Dans le film qui fut projeté à Nuremberg au tribunal et à tous les accusés, la seule chambre à gaz qui soit présentée est celle de Dachau.

Le 26 août 1960, M. Broszat, au nom de l'Institut d'histoire contemporaine de Munich, d'obédience sioniste, écrivait dans *Die Zeit* (p. 14) : ''La chambre à gaz de Dachau ne fut jamais achevée, et n'a jamais fonctionné.''

Depuis l'été 1973, une pancarte, en face des douches, explique que : ''cette chambre à gaz, camouflée en salle de douches, n'a jamais été mise en service.'' ajoutant que les prisonniers condamnés au gazage étaient transférés à l'Est.

Mais la ''chambre à gaz'' de Dachau est la seule qui ait été présentée en photographie aux accusés de Nuremberg, comme l'un des lieux d'extermination massive, et les accusés y ont cru, à l'exception de Goering et de Streicher.

*****

4. Le mythe d'une "terre sans peuple pour un peuple sans terre"

****

"Il n'y a pas de peuple palestinien... Ce n'est pas comme si nous étions venus les mettre à la porte et leur prendre leur pays. Ils n'existent pas." Madame Golda Meir.

Déclaration au *Sunday Times*, 15 juin 1969.

L'idéologie sioniste repose sur un postulat très simple : il est écrit dans la Genèse (XV, 18-21) : "Le Seigneur conclut une Alliance avec Abraham en ces termes : C'est à ta descendance que je donne ce pays, du fleuve d'Égypte au grand fleuve, le fleuve Euphrate."

À partir de là, sans se demander en quoi consiste l'Alliance, à qui a été faite la Promesse, ou si l'Élection était inconditionnelle, les dirigeants sionistes, même s'ils sont agnostiques ou athées, proclament : la Palestine nous a été donnée par Dieu.

Les statistiques, même du gouvernement israélien, montrent que 15% des Israéliens sont religieux. Ceci n'empêche pas 90% d'entre eux d'affirmer que cette terre leur a été donnée par Dieu... auquel ils ne croient pas.

L'immense majorité des Israéliens actuels ne partage ni la pratique ni la foi religieuses, et les différents "partis religieux" qui jouent pourtant un rôle décisif dans l'État d'Israël ne rassemblent qu'une infime minorité des citoyens.

Cet apparent paradoxe est expliqué par Nathan Weinstock dans son livre : *Le sionisme contre Israël :*

"Si l'obscurantisme rabbinique triomphe en Israël, c'est parce que la mystique sioniste n'a de cohérence que par référence à la religion mosaïque. Supprimez les concepts de "Peuple élu" et de "Terre promise", et le fondement du sionisme s'effondre. C'est pourquoi les partis religieux puisent paradoxalement leur force dans la complicité des sionistes agnostiques. La cohérence interne de la structure sioniste d'Israël a imposé à ses dirigeants le renforcement de l'autorité du clergé. C'est le parti social-démocrate "Mapaï", sous l'impulsion de Ben Gourion, qui a inscrit les cours de religion obligatoires au programme des écoles, et non les partis confessionnels."

Source : *Le sionisme contre Israël.*
Ed. Maspero, 1969, p. 315.

"Ce pays existe comme accomplissement d'une promesse faite par Dieu lui-même. Il serait ridicule de lui demander des comptes sur sa légitimité. Tel est l'axiome de base formulé par Madame Golda Meir."

Source : *Le Monde* du 15 octobre 1971.

"Cette terre nous a été promise et nous avons un droit sur elle." redit Begin.

Source : Déclaration de Begin à Oslo,
12 décembre 1978.

"Si l'on possède la Bible, si on se considère comme le peuple de la Bible, on devrait posséder également les terres bibliques, celles des Juges et des Patriarches, de Jérusalem, d'Hébron, de Jéricho, et d'autres lieux encore."

Source : Moshé Dayan,
Jerusalem Post. 10 août 1967.

Très significativement, Ben Gourion évoque le "précédent" américain où en effet, pendant un siècle, la frontière demeura mouvante jusqu'au Pacifique, où fut proclamée la "fermeture de la frontière" en fonction des succès de la "chasse aux Indiens" pour les refouler et s'emparer de leurs terres.

Ben Gourion dit très clairement : "Il ne s'agit pas de maintenir le statu-quo. Nous avons à créer un État dynamique, orienté vers l'expansion."

La pratique politique correspond à cette singulière théorie : prendre la terre, et en chasser les habitants, comme le fit Josué, le successeur de Moïse.

Menahem Begin, le plus profondément imbu de la tradition biblique, proclamait : "Eretz Israël sera rendue au peuple d'Israël. Tout entière et pour toujours ?"

Source : Menahem Begin :
The Revolt : story of the Irgoun, p. 335.

Ainsi d'emblée, l'État d'Israël se place au-dessus de toute loi internationale.

Imposé à l'O.N.U., le 11 mai 1949 par la volonté des États-Unis, l'État d'Israël ne fut admis qu'à trois conditions :

1 - Ne pas toucher au statut de Jérusalem ;
2 - Permettre aux Arabes palestiniens de revenir chez eux ;
3 - Respecter les frontières fixées par la décision de partition.

Parlant de cette résolution des Nations Unies sur le "partage", prise bien avant son admission, Ben Gourion déclare :

"l'État d'Israël considère que la résolution des Nations Unies du 29 novembre 1947, est nulle et non avenue."
Source : *New York Times*, 6 décembre 1953.

Faisant écho aux thèses citées plus haut de l'américain Albright, sur le parallèle entre les expansions américaines et sionistes, le Général Moshé Dayan écrit :

"Prenez la Déclaration américaine de l'Indépendance. Elle ne contient aucune mention des limites territoriales. Nous ne sommes pas obligés de fixer les limites de l'État."
Source : *Jerusalem Post* du 10 août 1967.

La politique correspond très exactement à cette loi de la jungle : la "partition" de la Palestine découlant de la résolution des Nations Unies ne fut jamais respectée.

Déjà, la résolution de partage de la Palestine, adoptée par l'Assemblée Générale des Nations Unies (composée alors d'une écrasante majorité d'États Occidentaux) le 29 novembre 1947, marque les desseins de l'Occident sur leur "bastion avancé" : à cette date les Juifs constituent 32 % de la population et possèdent 5,6 % du sol : ils reçoivent 56 % du territoire, avec les terres les plus fertiles. Ces décisions avaient été obtenues sous la pression des États-Unis.

Le Président Truman exerça une pression sans précédent sur le

Département d'État. Le sous-secrétaire d'État Sumner Welles écrit : "Par ordre direct de la Maison-Blanche les fonctionnaires américains devaient user de pressions directes ou indirectes... afin d'assurer la majorité nécessaire au vote final".

> Source : Sumner Welles, *We Need not Fail*,
> Boston, 1948. p. 63.

Le Ministre de la Défense d'alors, James Age, confirme : "Les méthodes utilisées pour faire pression, et pour contraindre les autres nations au sein des Nations Unies, frôlaient le scandale."

> Source : *Les Mémoires de Age*.
> N.Y. The Viking Press. 1951, p. 363.

La puissance des monopoles privés fut mobilisée :

> Dex Pearson, dans le *Chicago-Daily* du 9 février 1948, donne des précisions, dont celle-ci : "Harvey Age, propriétaire des plantations de caoutchouc au Libéria, agit auprès du gouvernement libérien..."

Dès 1948, même ces décisions partiales furent violées.

Les Arabes protestant contre une telle injustice et la refusant, les dirigeants israéliens en profitent pour s'emparer de nouveaux territoires, notamment Jaffa et Saint Jean d'Acre, si bien qu'en 1949 les sionistes contrôlaient 80% du pays et que 770.000 Palestiniens avaient été chassés.

La méthode employée était celle de la terreur :

L'exemple le plus éclatant fut celui de Deir Yassin : le 9 avril 1948, par une méthode identique à celle des nazis à Oradour, les 254 habitants de ce village (hommes, femmes, enfants, vieillards) furent massacrés par les troupes de "L'Irgoun", dont le chef était Menahem Begin.

Dans son livre, *La Révolte : Histoire de l'Irgoun*, Begin écrit qu'il n'y aurait pas eu d'État d'Israël sans la "Victoire" de Deir Yassin (p. 162 de l'édition anglaise). Il ajoute :

> "La Hagana effectuait des attaques victorieuses sur d'autres fronts... Pris de panique, les Arabes fuyaient en criant : Deir Yassin." *(Idem,* p. 162, repris par l'édition française p. 200.)

Était considéré comme "absent" tout Palestinien ayant quitté son domicile avant le 1er août 1948.

C'est ainsi que les 2/3 des terres possédées par les Arabes (70.000 ha sur 110.000) furent confisquées. Lorsqu'en 1953 fut promulguée la loi sur la propriété foncière, l'indemnité est fixée sur la valeur de la terre en 1950, mais entre-temps la livre israélienne avait perdu 5 fois sa valeur.

En outre, depuis le début de l'immigration juive, et là encore dans le plus pur style colonialiste, les terres étaient achetées à des féodaux propriétaires (les "*effendi*") non-résidents ; si bien que les paysans pauvres, les fellahs, furent chassés de la terre qu'ils cultivaient, par ces arrangements faits sans eux entre leurs maîtres anciens et les nouveaux occupants. Privés de leur terre ils ne leur restait plus qu'à fuir.

Les Nations Unies avaient nommé un médiateur, le Comte Folke Bernadotte. Dans son premier rapport le Comte Bernadotte écrivait : "Ce serait offenser les principes élémentaires que d'empêcher ces innocentes victimes du conflit de retourner à leur foyer, alors que les immigrants juifs affluent en Palestine et, de plus, menacent, de façon permanente, de remplacer les réfugiés arabes enracinés dans cette terre depuis des siècles." Il décrit "le pillage sioniste à grande échelle et la destruction de villages sans nécessité militaire apparente."

Ce rapport (U.N. Document A. 648, p. 14) a été déposé le 16 septembre 1948. Le 17 septembre 1948 le Comte Bernadotte et son assistant français, le Colonel Serot, étaient assassinés dans la partie de Jérusalem occupée par les sionistes.

> Source : Sur l'assassinat du Comte Bernadotte, voir le rapport du Général A. Lundstrom (qui se trouvait assis dans la voiture de Bernadotte), rapport adressé, le jour même de l'attentat (17 septembre 1948) aux Nations Unies. Puis le livre publié par ce général pour le 20e anniversaire du crime, *L'Assassinat du Comte Bernadotte*, imprimé à Rome (éd. East. A. Fanelli) en 1970, sous le titre : *Un tributo alla memoria del Comte Folke Bernadotte*. Le livre de Ralph Hewish : *Count Bernadotte, his life and work* (Hutchinson, 1948). Et, dans l'hebdomadaire milanais *Europa*, les aveux de Baruch Nadel (cités dans *Le Monde* du 4 et 5 juillet 1971).

Ce n'était pas le premier crime sioniste contre quiconque dénonçait leur imposture.

Lord Moyne, Secrétaire d'État britannique au Caire, déclare, le 9 juin 1942, à la Chambre des Lords, que les juifs n'étaient pas les descendants des anciens Hébreux, et qu'ils n'avaient pas de "revendication légitime" sur la Terre Sainte. Partisan de modérer l'immigration en Palestine, il est alors accusé d'être *"un ennemi implacable de l'indépendance hébreue."*

Source : Isaac Zaar : *Rescue and Liberation :
America's Part in the Birth of Israël,*
N.Y. Bloc Publishing Cy. 1954 p. 115.

Le 6 novembre 1944, Lord Moyne est abattu au Caire par 2 membres du groupe Stern (Itzhak Shamir).

Des années plus tard, le 2 juillet 1975, l'*Evening Star* d'Auckland révèle que les corps des deux assassins exécutés ont été échangés, contre 20 prisonniers arabes, pour les enterrer au "Monument des héros" à Jérusalem. Le gouvernement britannique déplora qu'Israël honore des assassins et en fasse des héros.

Le 22 juillet 1946, l'aile de l'hôtel du Roi David, à Jérusalem, où était installé l'état-major militaire du Gouvernement britannique, explosait, entraînant la mort d'environ 100 personnes : Anglais, Arabes et juifs. C'était l'œuvre de l'Irgoun, de Menahem Begin, qui le revendiqua.

L'État d'Israël se substitua alors aux anciens colonialistes, et avec les mêmes procédés : par exemple l'aide agricole permettant l'irrigation fut distribuée d'une manière discriminatoire, de telle sorte que les occupants juifs furent systématiquement favorisés : entre 1948 et 1969, la surface des terres irriguées est passée, pour le secteur juif, de 20.000 à 164.000 ha, et, pour le secteur arabe de 800 à 4.100 ha. Le système colonial a été ainsi perpétué et même aggravé : Le Docteur Rosenfeld, dans son livre : *Les Travailleurs arabes migrants*, publié par l'Université hébraïque de Jérusalem en 1970, reconnaît que l'agriculture arabe était plus prospère au temps du mandat britannique qu'aujourd'hui.

La ségrégation s'exprime aussi dans la politique du logement. Le Président de la Ligue israélienne des Droits de l'Homme, le docteur Israël Shahak, professeur à l'Université hébraïque de Jérusalem, dans son livre, *Le Racisme de l'État d'Israël* (p. 57) nous apprend qu'il existe en Israël des villes entières (Carmel, Nazareth, Illith, Hatzor, Arad, Mitzphen-Ramen, et d'autres) où la loi interdit formellement aux non-juifs d'habiter.

Au niveau de la culture règne le même esprit colonialiste.

"Le Ministre de l'Éducation Nationale, en 1970, proposa aux lycéens deux versions différentes de la prière au "Yizkar". L'une déclare que les camps de la mort avaient été bâtis par le "gouvernement nazi diabolique et la nation allemande de meurtriers". La seconde évoque plus globalement "la nation allemande de meurtriers"... Elles comportent, toutes les deux un paragraphe... appelant Dieu "à venger sous nos yeux le sang des victimes"".

> Source : "Ce sont mes frères que je cherche".
> Ministère de l'éducation et de la culture.
> Jérusalem, 1990.

Cette culture de la haine raciale a porté ses fruits :

"À la suite de Kahana, des soldats, de plus en plus nombreux, pénétrés de l'histoire du Génocide, imaginèrent toutes sortes de scénarios pour exterminer les Arabes", dit se souvenir l'officier Ehud Praver, responsable du corps enseignant de l'armée. "Il est très préoccupant que le Génocide puisse ainsi légitimer un racisme juif. Nous devons désormais savoir qu'il n'est pas seulement indispensable de traiter de la question du Génocide, mais aussi de celle de la montée du fascisme, d'en expliquer la nature et les dangers pour la démocratie." Selon Praver, "trop de soldats se sont mis à croire que le Génocide peut justifier n'importe quelle action déshonorante."

> Source : Tom Segev. *op. cit.* p. 473.

Le problème a été posé très clairement, avant même l'existence de l'État d'Israël. Le Directeur du "Fonds national juif", Yossef Weitz, écrivait dès 1940 :

"Il doit être clair pour nous qu'il n'y a pas de place pour deux peuples dans ce pays. Si les Arabes le quittent, il nous suffira (...) Il n'existe pas d'autre moyen que de les déplacer tous ; il ne faut pas laisser un seul village, une seule tribu... Il faut expliquer à Roosevelt, et à tous les chefs d'États amis, que la terre d'Israël n'est pas trop petite si tous les Arabes s'en vont, et si les frontières sont un peu repoussées vers le nord, le long du Litani, et vers l'est, sur les hauteurs du Golan."

> Source : Yossef Weitz, *Journal*, Tel-Aviv, 1965.

Dans le grand journal israélien *Yediot Aharonoth*, du 14 juillet 1972, Yoram Ben Porath, rappelait avec force l'objectif à atteindre : "C'est le devoir des dirigeants israéliens d'expliquer clairement et courageusement à l'opinion un certain nombre de faits, que le temps fait oublier. Le premier de ceux-ci, c'est le fait qu'il n'y a pas de sionisme, de colonisation, d'État juif, sans l'éviction des Arabes et l'expropriation de leurs terres."

Nous sommes, ici encore, dans la logique la plus rigoureuse du système sioniste : comment créer une majorité juive dans un pays peuplé par une communauté arabe palestinienne autochtone ?

Le sionisme politique a apporté la seule solution découlant de son programme colonialiste : réaliser une colonie de peuplement en chassant les Palestiniens, et en poussant à l'immigration juive.

Chasser les Palestiniens et s'emparer de leur terre fut une entreprise délibérée et systématique.

Au temps de la Déclaration Balfour, en 1917, les sionistes ne possédaient que 2,5% des terres, et lors de la décision de "partage" de la Palestine, 6,5%. En 1982, ils en possèdent 93%.

Les procédés employés, pour déposséder l'autochtone de sa terre, sont ceux du colonialisme le plus implacable, avec une coloration raciste encore plus marquée dans le cas du sionisme.

La première étape avait les caractères d'un colonialisme classique : il s'agissait d'exploiter la main-d'œuvre locale. C'était la méthode du Baron Edouard de Rothschild : tout comme en Algérie il exploitait, sur ses vignobles, la main d'œuvre à bon marché des fellahs, il avait simplement étendu son champ d'action en Palestine, exploitant, sur ses vignobles, d'autres Arabes que les Algériens.

Un tournant s'opéra, aux alentours de 1905, lorsqu'arriva de Russie une vague nouvelle d'immigrants au lendemain de l'écrasement de la Révolution de 1905. Au lieu de continuer le combat sur place, aux côtés des autres révolutionnaires russes, les déserteurs de la révolution vaincue importèrent en Palestine un étrange "socialisme sioniste". Ils créèrent des coopératives artisanales et des *Kibboutz* paysans en éliminant les fellahs palestiniens pour créer une économie s'appuyant sur une classe ouvrière et agricole juive. Du colonialisme classique (du type anglais ou français), l'on passait ainsi à une colonie de peuplement, dans la logique du sionisme politique, impliquant un afflux d'immigrants "en faveur" desquels, et "contre" personne (comme dit le Professeur Klein), devaient être réservés la terre et les emplois. Il s'agit désormais de remplacer le peuple palestinien par un autre peuple, et, naturellement, de s'emparer de la terre.

Le point de départ de la grande opération c'est la création, en 1901, du "Fonds national juif" qui présente ce caractère original, même par rapport aux autres colonialismes : la terre acquise par lui ne peut être revendue, ni même louée, à des non-juifs.

Deux autres lois concernent le *Kéren Kayémet* ("Fonds national juif". Loi adoptée le 23 novembre 1953) et le *Kéren Hayesod* ("Fonds de reconstruction". Loi adoptée le 10 janvier 1956). "Ces deux lois, écrit le Professeur Klein, ont permis la transformation de ces sociétés, qui se voient attribuer un certain nombre de privilèges." Sans énumérer ces privilèges, il introduit, comme une simple "remarque", le fait que des terres possédées par le "Fonds national juif" sont déclarées "Terres d'Israël", et une loi fondamentale est venue proclamer l'inaliénabilité de ces terres.

C'est l'une des quatre "lois fondamentales" (éléments d'une future constitution, qui n'existe toujours pas, 50 ans après la création d'Israël) adoptées en 1960. Il est fâcheux que le savant juriste, avec son habituel souci de la précision, ne fasse aucun commentaire sur cette "inaliénabilité". Il n'en donne même pas la définition : une terre "sauvée" (Rédemption de la terre) par le Fonds national juif, est une terre devenue "juive" : elle ne pourra jamais être vendue à un "non-juif", ni louée à un "non-juif", ni travaillée par un "non-juif".

Peut-on nier le caractère de discrimination raciste de cette loi fondamentale ?

La politique agraire des dirigeants israéliens est celle d'une spoliation méthodique de la paysannerie arabe.

L'ordonnance foncière de 1943, sur l'expropriation d'intérêt public, est un héritage de la période du mandat britannique. Cette loi est détournée de son sens lorsqu'elle est appliquée de façon discriminatoire, par exemple lorsqu'en 1962 sont expropriés 500 ha à Deir El-arad, Nabel et Be'neh, "l'intérêt public" consistant à créer la ville de Carmel réservée aux seuls Juifs.

Autre procédure : l'utilisation des "lois d'urgence", décrétées en 1945 par les Anglais contre les Juifs et les Arabes. La loi 124 donne au Gouverneur militaire, sous prétexte, cette fois, de "sécurité", la possibilité de suspendre tous les droits des citoyens, y compris leurs déplacements : il suffit que l'armée déclare une zone interdite "pour raison de sécurité d'État", pour qu'un Arabe ne puisse se rendre sur ses terres sans autorisation du gouverneur militaire. Si cette autorisation est refusée, la terre est alors déclarée "inculte", et le ministère de l'Agriculture peut "prendre possession de terres non cultivées afin d'en assurer la culture".

Lorsque les Anglais promulguèrent, en 1945, cette législation férocement colonialiste, pour lutter contre le terrorisme juif, le juriste Bernard (Itzhak) Joseph, protestant contre ce système de "lettres de cachet" déclara : "Serons-nous tous soumis à la terreur officielle ?... Aucun citoyen n'est à l'abri d'un emprisonnement à vie sans procès... les pouvoirs de l'administration d'exiler n'importe qui sont illimités... il n'est pas besoin de commettre une quelconque infraction, une décision prise dans quelque bureau suffit...".

Le même Bernard (Itzhak) Joseph, devenu ministre de la Justice d'Israël, appliquera ces lois contre les Arabes.

J. Shapira, à propos des mêmes lois, dans le même meeting de protestation du 7 février 1946, à Tel-Aviv, (Hapraklit, février 1946, p. 58-64), déclarait plus fermement encore : "L'ordre établi par cette législation est sans précédent dans les pays civilisés. *Même en Allemagne nazie il n'existait pas de pareilles lois.*" Le même J. Shapira, devenu Procureur général de l'État d'Israël, puis ministre de la Justice, appliquera ces lois contre les Arabes. Car pour justifier le maintien de ces lois de terreur, "l'état d'urgence" n'a jamais été abrogé, depuis 1948, dans l'État d'Israël.

Shimon Pérès écrivait, dans le journal *Davar* du 25 janvier 1972 :

> "L'utilisation de la loi 125, sur laquelle le gouvernement militaire est fondé, est en continuation directe de la lutte pour l'implantation juive et l'immigration juive."
> L'ordonnance sur la culture des terres en friche, de 1948, amendée en 1949, va dans le même sens, mais par une voie plus directe : sans même chercher le prétexte de "l'utilité publique" ou

de la "sécurité militaire", le ministre de l'Agriculture peut réquisitionner toute terre abandonnée. Or, l'exode massif des populations arabes sous la terreur, du genre de Yassin en 1948, de Kafr Kassem le 29 octobre 1956, ou des "pogroms" de "l'unité 101", créée par Moshé Dayan, et longtemps commandée par Ariel Sharon, a ainsi "libéré" de vastes territoires, vidés de leurs propriétaires ou travailleurs arabes, et donnés aux occupants juifs.

Le mécanisme de la dépossession des fellahs est complété par l'ordonnance du 30 juin 1948, l'arrêté d'urgence du 15 novembre 1948 sur les propriétés des "absents", la loi relative aux terres des "absents" (14 mars 1950), la loi sur l'acquisition des terres (13 mars 1953), et tout un arsenal de mesures tendant à légaliser le vol en contraignant les Arabes à quitter leur terre pour y installer des colonies juives, comme le montre Nathan Weinstock dans son livre *Le Sionisme contre Israël*.

Pour effacer jusqu'au souvenir de l'existence de la population agricole palestinienne, et accréditer le mythe du "pays désert", les villages arabes furent détruits, avec leurs maisons, leurs clôtures, et même leurs cimetières et leurs tombes. Le Professeur Israël Shahak a donné, en 1975, district par district, la liste de 385 villages arabes détruits, passés au bulldozer, sur 475 existant en 1948. "Pour convaincre qu'avant Israël, la Palestine était un "désert", des centaines de villages ont été rasés au bulldozer avec leurs maisons, leurs clôtures, leurs cimetières et leurs tombes."

Source : Israël Shahak., *Le Racisme de l'État d'Israël*,
p. 152 et suivantes.

Les colonies israéliennes continuent à s'implanter, avec un regain depuis 1979, en Cisjordanie, et, toujours selon la plus classique tradition colonialiste, les colons ont été armés.

Le résultat global est le suivant : après avoir chassé un million et demi de Palestiniens, la "terre juive", comme disent les gens du "Fonds national juif", 6,5% en 1947, représente aujourd'hui plus de 93% de la Palestine (dont 75% à l'État, et 14% au Fonds national).

Le bilan de cette opération était d'avance remarquablement (et significativement) résumé dans le journal des *Afrikaners* de l'Afrique du sud, *Die Transvaler*, expert en matière de discrimination raciale (apartheid) : "Quelle est la différence entre la manière par laquelle le peuple israélien s'efforce de rester lui-même parmi les populations non-juives, et celle des Afrikaners pour essayer de rester ce qu'ils sont ?"

Source : Henry Katzew, *South Africa : a Country Without Friends,* cité par R. Stevens (Zionism, South Africa, and Apartheid).

Le même système d'apartheid se manifeste dans le statut personnel comme dans l'appropriation des terres. L'*autonomie* que veulent octroyer aux Palestiniens les Israéliens, c'est l'équivalent des "bantoustans" pour les Noirs en Afrique du sud.

Analysant les conséquences de la loi du "Retour", Klein pose la question : "Si le peuple juif déborde largement la population de l'État d'Israël, inversement, l'on peut dire que toute la population de l'État d'Israël n'est pas juive, puisque le pays compte une importante minorité non-juive, essentiellement arabe et druze. La question qui se pose est de savoir dans quelle mesure l'existence d'une Loi du Retour, qui favorise l'immigration d'une partie de la population (définie par son appartenance religieuse et ethnique) ne peut être considérée comme discriminatoire."

Source : Claude Klein, Directeur de l'Institut de droit comparé à l'Université hébraïque de Jérusalem. *Le Caractère juif de l'État d'Israël.* Ed. Cujas. Paris, 1977. p. 33.

L'auteur se demande en particulier si la Convention internationale sur l'élimination de toutes les formes de discrimination raciales (adoptée le 21 décembre 1965 par l'Assemblée générale des Nations Unies) ne s'applique pas à la Loi du Retour. Par une dialectique dont nous laissons juge le lecteur, l'éminent juriste conclut par ce distinguo subtil : en matière de non-discrimination "une mesure ne doit pas être dirigée contre un groupe particulier. La Loi du Retour est prise en faveur des Juifs qui veulent s'établir en Israël, elle n'est dirigée contre aucun groupe ou nationalité. On ne voit pas dans quelle mesure cette loi serait discriminatoire.".

Source : *op. cit.* de Klein, p. 35.

Au lecteur qui risquerait d'être dérouté par cette logique pour le moins audacieuse, qui revient à dire, selon une boutade célèbre, que tous les citoyens sont égaux mais certains sont plus égaux que les autres - illustrons concrètement la situation créée par cette Loi du Retour. Pour ceux qui n'en bénéficient pas est prévue une Loi sur la nationalité (5712-1952) ; elle concerne (article 3) "tout individu qui, immédiatement avant la fondation de l'État, était sujet palestinien, et qui ne devient pas israélien en vertu de l'article 2" (celui qui concerne les Juifs). Ceux que désigne cette périphrase (et qui sont considérés comme "n'ayant jamais eu de nationalité auparavant", c'est-à-dire comme des apatrides par hérédité) doivent prouver (preuve documentaire très souvent impossible parce que les papiers ont disparu dans la guerre et la terreur qui ont accompagné l'instauration de l'État sioniste), qu'ils habitaient cette terre de telle à telle époque. Sans quoi reste, pour devenir citoyen, la voie de la ''naturalisation'', exigeant par exemple, ''une certaine connaissance de la langue hébraïque''. Après quoi, ''s'il le juge utile'' le ministre de l'Intérieur accorde (ou refuse) la nationalité israélienne. En bref, en vertu de la loi israélienne, un Juif de Patagonie devient citoyen israélien à l'instant même où il pose le pied à l'aéroport de Tel-Aviv ; un Palestinien, né en Palestine, de parents palestiniens, peut être considéré comme apatride. Il n'y a là nulle discrimination raciale *contre* les Palestiniens ; simplement une mesure en faveur des Juifs !

Il semble donc difficile de contester la Résolution de l'Assemblée générale de l'O.N.U., du 10 novembre 1975 (Résolution 3379-xxx) définissant le sionisme comme ''forme de racisme et de discrimination raciale''.

En fait, ceux qui s'installent en Israël sont, pour une infime minorité ceux qui viennent pour accomplir ''la promesse''. La ''loi du retour'' a très peu joué. Il est heureux qu'il en soit ainsi car, dans tous les pays du monde, des juifs ont joué un rôle éminent dans tous les domaines de la culture, de la science et des arts, et il serait navrant que le sionisme atteigne l'objectif que se sont fixés les antisémites : arracher les juifs à leurs patries respectives pour les enfermer dans un ghetto mondial. L'exemple des juifs français est significatif ; après les accords d'Evian de 1962 et la libération de l'Algérie, sur 130.000 juifs quittant l'Algérie, 20.000 seulement sont allés en Israël et 110.000 en France. Ce mouvement n'était pas la conséquence d'une persécution antisémite car la proportion de colons français d'Algérie non-juifs, quittant l'Algérie était la même. Ce départ avait pour cause non l'antisémitisme mais le colonialisme français antérieur et les juifs français d'Algérie ont connu le même sort que les autres Français d'Algérie.

En résumé, la quasi-totalité des immigrants juifs en Israël est venue pour échapper aux persécutions antisémites.

En 1880 il y a 25.000 juifs en Palestine pour une population de 500.000 habitants.

À partir de 1882 commencent les immigrations massives à la suite des grands pogroms de la Russie tsariste.

De 1882 à 1917 arrivent ainsi 50.000 juifs en Palestine. Puis viennent, entre les deux guerres, les émigrés polonais et ceux du Maghreb pour échapper à la persécution.

Mais la masse la plus importante vint d'Allemagne en raison de l'ignoble antisémitisme d'Hitler ; près de 400.000 juifs arrivèrent ainsi en Palestine avant 1945.

En 1947, à la veille de la création de l'État d'Israël, il y avait 600.000 juifs en Palestine sur une population totale de 1 million 250 mille habitants.

Alors commença le déracinement méthodique des Palestiniens. Avant la guerre de 1948 environ 650.000 Arabes habitaient dans les territoires qui allaient devenir l'État d'Israël. En 1949 il en restait 160.000. En raison d'une forte natalité leurs descendants étaient 450.000 à la fin de 1970. La ligue des Droits de l'Homme d'Israël révèle que du 11 juin 1967 au 15 novembre 1969, plus de 20.000 maisons arabes ont été dynamitées en Israël et en Cisjordanie.

Il y avait, au recensement britannique du 31 décembre 1922, 757.000 habitants en Palestine, dont 663.000 Arabes (590.000 Arabes musulmans et 73.000 Arabes chrétiens) et 83.000 juifs (c'est-à-dire : 88 % d'Arabes et 11 % de juifs). Il convient de rappeler que ce prétendu ''désert'' était exportateur de céréales et d'agrumes.

Dès 1891, un sioniste de la première heure, Asher Guinsberg (écrivant sous le pseudonyme Ahad Ha'am, ''Un du peuple'') visitant la Palestine, apporte ce témoignage :

''À l'extérieur, nous sommes habitués à croire que Eretz-Israël est aujourd'hui quasi désertique, un désert sans cultures, et que quiconque désire acquérir des terres peut venir ici s'en procurer autant que son cœur désire. Mais en vérité il n'en est rien. Sur toute l'étendue du pays, il est difficile de trouver des champs non cultivés. Les seuls endroits non cultivés sont des champs de sable et des montagnes de pierres où ne peuvent pousser que des arbres fruitiers, et ce, après un dur labeur et un grand travail de nettoyage et de récupération''.

Source : Ahad. *Œuvres complètes* (en Hébreu). Tel-Aviv. Devir Publ. House, 8é édition. p. 23.

En réalité, avant les sionistes, les ''bédouins'' (en fait céréaliers) exportent 30.000 tonnes de blé par an ; la superficie des vergers arabes triple de 1921 à 1942, celle des orangeraies et des autres agrumes est multipliée par sept entre 1922 et 1947, la production est multipliée par dix entre 1922 et 1938.

Pour ne retenir que l'exemple des agrumes, le Rapport Peel, présenté au Parlement britannique, par le Secrétaire d'État aux colonies, en juillet 1937, se fondant sur la rapide progression des orangeraies en Palestine, estime que, sur les trente millions de cageots d'oranges d'hiver dont s'accroîtra la consommation mondiale dans les dix années à venir, les pays producteurs et exportateurs seront les suivants :

Palestine : 15 millions États-Unis : 7 millions Espagne : 5 millions Autres pays (Chypre, Égypte, Algérie, etc...) : 3 millions.

Source : "Rapport Peel", chapitre 8, § 19, p. 214.

Selon une étude du Département d'État américain, remise le 20 mars à une commission du Congrès "plus de deux cent mille Israéliens sont maintenant installés dans les territoires occupés (Golan et Jérusalem-Est compris) Ils constituent "approximativement" 13% de la population totale de ces territoires."

Quelques 90.000 d'entre eux résident dans les 150 implantations de Cisjordanie, "où les autorités israéliennes disposent à peu près de la moitié des terres."

À Jérusalem-Est et dans les banlieues arabes dépendant de la municipalité, poursuit le Département d'État, près de 120.000 Israéliens sont installés dans quelques douze quartiers. Dans la bande de Gaza, où l'État hébreu a confisqué trente pour cent d'un territoire déjà surpeuplé, 3.000 Israéliens résident dans une quinzaine d'implantations. Sur le plateau du Golan, ils sont 12.000 répartis dans une trentaine de localités."

Source : *Le Monde* du 18 avril 1993.

Le quotidien *Yedioth Aharonoth*, le plus fort tirage de la presse israélienne, écrivait :

"Depuis les années soixante-dix, il n'y a jamais eu pareille accélération de la construction dans les territoires. Ariel Sharon (le ministre du logement et de la construction), poursuit *Yedioth*, est fébrilement occupé à établir de nouvelles implantations, à développer celles qui existent déjà, à faire des routes et préparer de nouveaux terrains à construire".

Source : Ces textes israéliens sont reproduits dans *Le Monde* du 18 avril 1991.

(Rappelons qu'Ariel Sharon fut le général commandant l'invasion du Liban, qui arma les milices phalangistes qui exécutèrent les "pogroms" des camps palestiniens de Sabra et de Chatila. Sharon ferma les yeux sur ces exactions et en fut complice comme le révéla même la commission israélienne chargée d'enquêter sur les massacres.)

Le maintien de ces colonies juives dans les territoires occupés, et leur protection par l'armée israélienne, et l'armement des colons, (comme autrefois les aventuriers du Far West en Amérique), rend illusoire toute "autonomie" véritable des Palestiniens et rend impossible la paix tant que subsiste l'occupation de fait.

L'effort principal d'implantation coloniale porte sur Jérusalem avec le but avoué de rendre irréversible la décision d'annexion de la totalité de Jérusalem pourtant unanimement condamnée par les Nations Unies (y compris par les États-Unis !).

Les implantations coloniales dans les territoires occupés sont une violation flagrante des lois internationales et notamment de la Convention de Genève du 12 août 1949, dont l'article 49 stipule : "La puissance occupante ne pourra procéder au transfert d'une partie de sa propre population civile dans le territoire occupé par elle."

Même Hitler n'avait pas enfreint cette loi internationale : il n'a jamais installé de "colons" civils allemands sur des terres d'où auraient été chassés des paysans français.

Le prétexte de la "sécurité", comme celui du "terrorisme" de l'Intifada, sont dérisoires : les chiffres sont à cet égard éloquents :

"1116 Palestiniens ont été tués depuis le début de l'Intifada (la révolte des pierres), le 9 décembre 1987, par les tirs des militaires, des policiers ou des colons. Soit 626 en 1988 et 1989, 134 en 1990, 93 en 1991, 108 en 1992, et 155 du 1er janvier au 11 septembre 1993. Parmi les victimes figurent 233 enfants âgés de moins de dix-sept ans d'après une étude réalisée par Betselem, l'association israélienne des droits de l'homme.
Des sources militaires chiffrent à près de vingt mille le nombre des Palestiniens blessés par balles, et l'Office des Nations Unies pour l'aide aux réfugiés de Palestine (U.N.R.W.A.), à quatre-vingt-dix mille.
Trente-trois soldats israéliens ont été tués depuis le 9 décembre 1987, soit 4 en 1988, 4 en 1989, 1 en 1990, 2 en 1991, 11 en 1992

et 11 en 1993.

Quarante civils, pour la plupart des colons, ont été tués dans les territoires occupés, selon un décompte établi par l'armée.

Selon les organisations humanitaires, quinze mille Palestiniens, en 1993, sont détenus dans les prisons de l'administration pénitentiaire et dans les centres de détention de l'armée.

Douze Palestiniens sont morts dans les prisons israéliennes depuis le début de l'Intifada, certains dans des conditions qui n'ont pas encore été éclaircies, assure Betselem. Cette organisation humanitaire indique aussi qu'au moins vingt mille détenus sont torturés, chaque année, dans les centres de détention militaire, au cours d'interrogatoires''.

Source : *Le Monde* du 12 septembre 1993.

Autant de violations de la loi internationale tenue pour un ''chiffon de papier'' et, plus encore comme l'écrit le professeur Israël Shahak : ''parce que ces colonies, par leur nature même, s'inscrivent dans un système de spoliation, de discrimination et d'apartheid.''

Source : Israël Shahak :
Le racisme de l'État d'Israël. p. 263.

Voici le témoignage du Professeur Shahak sur l'idolâtrie qui consiste à remplacer le Dieu d'Israël par l'État d'Israël.

''Je suis un Juif qui vit en Israël. Je me considère comme un citoyen respectueux des lois. Je fais mes périodes dans l'armée tous les ans, bien que j'aie plus de quarante ans. Mais je ne suis pas ''dévoué'' à l'État d'Israël ou à quelque autre État, ou organisation ! Je suis attaché à mes idéaux. Je crois qu'il faut dire la vérité, et faire ce qu'il faut pour sauver la justice et l'égalité pour tous. Je suis attaché à la langue et à la poésie hébraïques, et j'aime à penser que je respecte modestement quelques-unes des valeurs de nos anciens prophètes.

Mais vouer un culte à l'État ? J'imagine bien Amos ou Isaïe si on leur avait demandé de ''vouer'' un culte au royaume d'Israël ou de Judée !

Les Juifs croient et disent trois fois par jour qu'un Juif doit être voué à Dieu et à Dieu seulement : ''Tu aimeras Yaveh, ton Dieu, de tout ton cœur, de toute ton âme, et de tout ton pouvoir.'' (Deutéronome, ch. VI, verset 5). Une petite minorité y croit encore. Mais il me semble que la majorité de son peuple a perdu son Dieu, et lui a substitué une idole, exactement comme quand ils adorèrent tant le veau d'or dans le désert qu'ils donnèrent tout leur or pour lui élever une statue. Le nom de leur idole moderne est l'État d'Israël''

Source : *Ibidem* p. 93.

III

L'utilisation politique du mythe

1. Le lobby aux États-Unis.

"Le Premier ministre d'Israël a beaucoup plus d'influence sur la politique étrangère des États-Unis au Moyen-Orient qu'il n'en a dans son propre pays."

Paul Findley, *They dare to speak out*, p. 92.

Comment de tels mythes ont-ils pu susciter des croyances difficilement déracinables chez des millions de gens de bonne foi ? - Par la création de tout puissants "lobbies" capables d'infléchir l'action des politiques et de conditionner les opinions publiques. Les modes d'action sont adaptés selon les pays.

Aux États-Unis, où vivent 6 millions de Juifs, le "vote juif" peut être déterminant, car la majorité électorale (en raison du nombre élevé des abstentions et de l'absence de projets globaux différents entre les 2 partis) dépend de peu de chose, et la victoire peut être emportée avec peu d'écart.

En outre, la volatilité de l'opinion qui dépend pour une large part du "look" du candidat ou de l'habileté de ses prestations télévisées, est fonction des budgets de ses comités et des possibilités de son "marketing" politique. "En 1988, les élections américaines aux postes de membres du Sénat exigent un budget publicitaire de 500 millions de dollars"

Source : Alain Cotta. *Le capitalisme dans tous ses états.*
Ed. Fayard. 1991. p. 158.

Le lobby le plus puissant officiellement accrédité au Capitole est le A.I.P.A.C. ("*American Israeli Public Affairs Committee*")

La puissance des sionistes aux États-Unis était telle déjà en 1942 qu'à l'Hôtel Biltmore, à New York, une Convention maximaliste décide qu'il faut passer du *"Foyer juif en Palestine"* (promis par Balfour : la colonisation lente par achats de terre, sous protectorat britannique ou américain), à la création d'un *État juif souverain.*

La duplicité qui caractérise toute l'histoire du sionisme, s'exprime dans les "interprétations" de ce qui fut l'aboutissement des efforts de Herzl : la "Déclaration Balfour" (en 1917). La formule de *"foyer national juif"* est reprise du Congrès de Bâle. Lord Rothschild avait préparé un projet de déclaration préconisant *"le principe national du peuple juif"*. La déclaration finale de Balfour ne parle plus de toute la Palestine, mais seulement de "l'établissement *en* Palestine d'un Foyer national pour le peuple juif". En fait tout le monde dit *"foyer"* comme s'il s'agissait d'un centre spirituel et culturel, et pense, en réalité : *État.* Comme Herzl lui-même. Lloyd George écrit dans son livre : *The Truth about the Peace Treaties*, (Ed. Gollancz, 1938, vol. ? p. 1138-39) :

> "Il ne saurait y avoir de doute sur ce que les membres du Cabinet avaient à l'époque en tête... La Palestine deviendrait un État indépendant." Il est significatif que le Général Smuts, membre du Cabinet de guerre, déclarait à Johannesburg, le 3 novembre 1915 : "Au cours des générations à venir, vous allez voir se lever là-bas (en Palestine) une fois de plus un grand État Juif."

Dès le 26 janvier 1919 Lord Curzon écrivait :

> "Pendant que Weizmann vous dit quelque chose, et que vous pensez "foyer national juif", il a en vue quelque chose de tout à fait différent. Il envisage un État juif, et une population arabe soumise, gouvernée par les juifs. Il cherche à réaliser cela derrière l'écran et la protection de la garantie britannique."

Weizmann avait clairement expliqué au gouvernement britannique que l'objectif du sionisme était de créer un "État juif" (avec quatre ou cinq millions de juifs). Lloyd George et Balfour lui donnèrent l'assurance "qu'en usant du terme "foyer national", dans la Déclaration Balfour, nous entendions bien par là un État juif".

Le 14 mai 1948, Ben Gourion proclame à Tel-Aviv l'indépendance : "L'État juif en Palestine s'appellera : Israël".

Malgré la divergence entre ceux qui, comme Ben Gourion,

considéraient comme un devoir pour chaque Juif dans le monde de venir vivre dans cet État, et ceux qui pensaient que l'action des Juifs aux États-Unis était plus importante, dans l'intérêt même d'Israël, cette dernière tendance l'emporta : sur 35.000 Américains ou Canadiens qui immigrèrent en Israël, 5.400 seulement s'y fixèrent.

> Source : Melvin I. Wrofsky : *We are one !*
> *American Jewry and Israël.* New York, 1978,
> Ed. Ander Press-Doubleday, p. 265-6.

L'État d'Israël fut admis aux Nations Unies grâce aux pressions éhontées du lobby.

Eisenhower ne voulait pas s'aliéner les pays pétroliers arabes :

> ''Une prodigieuse source de puissance stratégique et l'une des plus grandes richesses de l'histoire du monde.'' disait-il.
> Source : Bick, Ethnic linkage and Foreign policy. p. 81.

Truman balaya ses scrupules pour des raisons électorales, et il en fut ainsi de ses successeurs.

Sur la puissance du lobby sioniste et du ''vote juif'', le Président Truman lui-même avait, devant un groupe de diplomates, déclaré en 1946 :

> ''Je regrette Messieurs, mais je dois répondre à des centaines de milliers de gens qui attendent le succès du sionisme. Je n'ai pas des milliers d'Arabes parmi mes électeurs.''
> Source : William Eddy, *F.D. Roosevelt and Ibn Saoud.* N.Y.
> ''American friends of the Middle East'', 1954, p. 31.

L'ancien Premier ministre britannique Clement Atlee apporte ce témoignage :

> ''La politique des États-Unis en Palestine était modelée par le vote juif et par les subventions de plusieurs grandes firmes juives.''
> Source : Clement Atlee. *A Prime Minister Remembers.*
> Ed. Heinemann. Londres 1961 p. 181.

Eisenhower avait, en accord avec les soviétiques, stoppé en 1956 l'agression israélienne (appuyée par les dirigeants anglais et français) contre le canal de Suez.

Le Sénateur J.F. Kennedy n'avait, en cette affaire, montré aucun enthousiasme.

En 1958, la "Conférence des Présidents" des associations juives charge son Président Klutznik, de contacter Kennedy, candidat possible. Il lui déclara crûment :

"Si vous dites ce que vous devez dire, vous pouvez compter sur moi. Sinon je ne serai pas le seul à vous tourner le dos".

Ce qu'il devait dire, Klutznik le lui résuma : l'attitude d'Eisenhower dans l'affaire de Suez était mauvaise alors qu'en 48 Truman était dans la bonne voie... Kennedy suivit ce "conseil" en 1960, lorsqu'il fut désigné par la Convention démocrate comme candidat. Après ses déclarations à New-York, devant des personnalités juives, il reçut 500.000 dollars pour sa campagne, Klutznik comme conseiller, et 80 % du vote juif.

> Source : britannique I. Wrofsky,
> *op. cit.*, p. 265-6 et 271 à 80.

Lors de sa première rencontre avec Ben Gourion, à l'hôtel Waldorf-Astoria de New York, au printemps de 1961, John F. Kennedy lui dit :

"Je sais que j'ai été élu grâce aux votes des juifs américains. Je leur dois mon élection. Dites-moi ce que je dois faire pour le peuple juif."

> Source : Edward Tivnan, *The lobby.* p. 56
> (citant le biographe de Ben Gourion, Michel Bar Zohar)

Après Kennedy, Lyndon Johnson alla plus loin encore. Un diplomate israélien écrivait :

"Nous avons perdu un grand ami. Mais nous en avons trouvé un meilleur... Johnson est le meilleur des amis que l'État juif ait eu à la Maison-Blanche".

> Source : I.L. Kenan. *Israël's Defense Line*,
> Buffalo. Prometheus book. 1981. p. 66-67.

Johnson appuya en effet puissamment la "guerre des Six jours" en 1967. Désormais 99% des juifs américains défendirent le sionisme israélien. "Etre juif aujourd'hui signifie : être lié à Israël.*"*

> Source : Schlomo Avineri :
> *The Making of Modern Zionism.*

N.Y. Basic Books, 1981, p. 219.

La résolution 242 des Nations Unies, en novembre 1967, exigeant l'évacuation des territoires occupés pendant la guerre, De Gaulle, après cette agression, prononça l'embargo sur les armes à destination d'Israël. Le Parlement américain suivit. Mais Johnson, en décembre, le fit lever et, sous la pression de l'A.I.P.A.C., livra les avions Phantom commandés par Israël.

Source : Bick, *op. cit.* p. 65 et 66.

En conséquence de quoi, Israël ne critiqua pas la guerre au Viêt-Nam.

Source : Abba Eban. *Autobiographie.* p. 460.

Lorsqu'en 1979, Golda Meir vint aux E.U., Nixon la compara à la ''Deborah biblique'' et la couvrit d'éloges sur la prospérité (boom) d'Israël.

Source : Steven L. S. Spiegel : *The Other Arab-Israeli Conflict* University of Chicago Press. 1985, p. 185.

Le ''Plan Rogers'' reprenant l'essentiel de la résolution 262 de l'O.N.U., fut rejeté par Golda Meir.

Source : Kenan. *op. cit.* p. 239.

Nixon livra à Israël 45 Phantom de plus, et rajouta 80 bombardiers Skyhawk.

Nasser mourut le 8 septembre 1970 et Sadate proposa la paix avec Israël. Moshé Dayan, ministre de la Défense, refusa, malgré le ministre des Affaires étrangères, Abba Eban.

Sadate, le 6 octobre 1973, lança alors l'offensive qui reçut le nom de guerre du Yom Kippour et détruisit la réputation de Madame Golda Meir qui dut démissionner le 10 avril 1974, ainsi que Moshé Dayan.

Néanmoins, le lobby juif du Capitole remporta à Washington un grand succès pour le réarmement accéléré d'Israël : 2 milliards de dollars, sous prétexte de combattre un lobby arabe concurrent.

Source : Neff, *Warriors of Jerusalem*, p. 217.

L'argent des banques juives de Wall Street s'ajouta à l'aide gouvernementale.

Source : Bick. *op. cit.* p. 65.
et Abba Eban. *op. cit.* p. 460.

Sur les 21 personnes qui ont versé plus de 100.000 dollars pour le Sénateur Hubert Humphrey, 15 étaient juives, aux premiers rangs desquelles les maîtres de la ''mafia juive d'Hollywood'' comme Lew Wasserman. D'une manière générale ils apportaient plus de 30% des fonds électoraux du Parti Démocrate.

Source : Stephen D. Isaacs. *Jews and American Politics.*
N.Y. Ed. Doubleday. 1974. chapitre 8.

L'A.I.P.A.C se mobilisa de nouveau et obtint en trois semaines, le 21 mai 1975, la signature de 76 sénateurs demandant au Président Ford d'appuyer comme eux Israël.

Source : Texte intégral dans Shechan. ''Arabs, Israelis, and Kissinger''. Reader's digest press, p. 175.

La voie de Jimmy Carter était tracée : à la Synagogue d'Elisabeth, dans le New Jersey, revêtu de la toge de velours bleu, il proclama :

''J'honore le même Dieu que vous. Nous (les baptistes) étudions la même Bible que vous.'' Et il conclut : ''La survie d'Israël ne relève pas de la politique. C'est un devoir moral.''

Source : *Time* du 21 juin 1976.

C'était l'époque où Begin et les partis religieux avaient, en Israël, enlevé le pouvoir aux travaillistes : ''Begin se considérait plus comme juif que comme israélien'', écrit son biographe.

Source : Silvère, Begin : *The Haunted Prophet*, p. 164.

En novembre 1976, Nahum Goldman, Président du Congrès juif mondial, vint à Washington voir le Président, et ses conseillers, Vance et Brzezinski. Il donna à l'administration Carter ce conseil inattendu : ''Briser le lobby sioniste aux États-Unis.''

Source : *Stern.* New York. 24 avril 1978.

Goldman avait consacré sa vie au sionisme et joué un rôle de premier plan dans le ''lobby'' depuis l'époque Truman, et il disait aujourd'hui, que sa propre création, la Conférence des Présidents, était une ''force destructive'' et ''un obstacle majeur'' à la paix au Moyen-Orient.

Begin était au pouvoir et Goldman était décidé à miner sa politique, fût-ce en détruisant son propre groupe de pression.

Six ans plus tard, Cyrus Vance, l'un des interlocuteurs de cette rencontre, confirme les propos de Goldman : "Goldman nous a suggéré de briser le lobby, mais le Président et le Secrétaire d'État répondirent qu'ils n'en avaient pas le pouvoir, et que d'ailleurs cela aurait pu ouvrir la porte à l'antisémitisme."

Source : Interview de Cyrus Vance à Edward Tivnan :
The Lobby. Ed. Simon and Schuster.1987 p. 123.

Begin, partageant le pouvoir avec les travaillistes, désigna Moshé Dayan comme Ministre des Affaires étrangères à la place de Shimon Peres. Le Président de la Conférence des Présidents juifs aux États-Unis, Schindler, fit accepter ce tournant en faveur des extrémistes et souligna le pragmatisme de Dayan. Begin, pour un temps, ne se soucia guère des sionistes américains, qu'il considérait comme les soutiens des travaillistes.

Mais les hommes d'affaires américains constatant l'influence des rabbins sur Begin et surtout l'attachement de celui-ci à la "libre entreprise" (contrairement aux interventions étatiques des travaillistes), saluèrent les accords de Camp David (septembre 1978). Sadate, faisant une paix séparée avec Israël, ne touchait pas à la Cisjordanie (Judée et Samarie, terres "bibliques" selon Begin) et ne retenait que le Sinaï qui, pour Begin, n'était pas "terre biblique".

Source : Stephan D. Isaacs :
Jews and American Policy.
Doubleday, 1974, p. 122.

En 1976, Carter avait recueilli 68% du vote juif ; en 1980 il n'en obtint que 45%, ayant, dans l'intervalle, vendu des avions F 15 à l'Égypte et des "Awacs" à l'Arabie Saoudite, en assurant pourtant que cela ne servirait jamais contre Israël puisque l'armée américaine en contrôlait et en dirigeait toutes les données au sol.

Il fut néanmoins battu par Reagan en 1980, qui, au contraire, accorda 600 millions de dollars de crédits militaires pour les 2 années suivantes.

Begin assuré, après Camp David, de n'être pas attaqué à revers par l'Égypte, et rassuré par le fait que les Awacs vendus à l'Arabie Saoudite étaient entièrement sous contrôle américain, put montrer aux Américains son pouvoir par une guerre préventive en procédant

ROGER GARAUDY

(comme les Japonais à Pearl Oranienburg et les Israéliens pour l'aviation égyptienne lors de la guerre des Six jours) à une destruction, sans déclaration de guerre, de la centrale nucléaire irakienne d'Ozirak, construite par les Français. Begin invoquant toujours le même mythe sacré :

> "Il n'y aura jamais plus un autre Holocauste."
>
> Source : *Washington Post.* 10 juin 1981.

Encouragé par la faiblesse de la protestation américaine craignant une aggravation de la situation au Moyen-Orient, Begin, un mois plus tard, le 17 juillet 1981, bombardait l'Ouest de Beyrouth pour y détruire, disait-il, des bases de l'O. L. P

Reagan annonça alors le projet de vendre pour 8 milliards et demi d'Awacs à l'Arabie Saoudite, et d'autres missiles, toujours dans des conditions qui ne menaçaient en rien Israël car le contrôle américain était total.

Si bien qu'une majorité au Sénat accepta cette bonne affaire économique et ce renforcement de l'emprise américaine dans le Golfe. (Les Saoudiens s'étaient engagés à ne survoler ni la Syrie ni la Jordanie, et donc pas Israël.)

> Source : *Facts and files.* 20 septembre 1981, p. 705.

Begin, toujours possédé par la vision du "grand Israël" de la légende biblique, poursuivit l'implantation de colonies israéliennes en Cisjordanie (commencée par les travaillistes) que Carter avait déclarées "illégales" et contraires aux résolutions 242 et 338 des Nations Unies. Mais Reagan voyait en Israël un moyen de bloquer les visées de l'Union Soviétique sur les pétroles du Golfe. En novembre 1981, Ariel Sharon, Ministre de la guerre de Begin, rencontra son homologue américain Caspar Weinberger, et élabora avec lui un plan de "coopération stratégique" pour dissuader toute menace soviétique dans la région.

> Source : *N.Y. Times,* 1er décembre 1981.

Le 14 décembre, Begin annexe le Golan. Reagan proteste contre cette nouvelle violation de la résolution 242. Begin s'insurge :

> "Sommes-nous une république bananière ? Un État vassal du vôtre ?"
>
> Source : Steven Emerson, "Dutton of Arabia"
> in *New Republic* du 16 juin 1982.

154 | P a g e

L'année suivante Begin envahissait le Liban. Le général Haig, dirigeant le département d'État, donne le feu vert à cette invasion destinée à imposer un gouvernement chrétien à Beyrouth.

Source : Ze'ev Shiff et Ehud Ya'ari :
Israël's Lebanon War.
N.Y., Simon and Schuster, 1984.

Peu d'Américains critiquèrent cette invasion comme peu d'Israéliens avaient critiqué celle du Viêt-Nam. Mais les massacres de Sabra et de Chatila, sous les yeux de Sharon et d'Eytan, et avec leur complicité, et les images qui en furent données à la télévision, obligeaient le lobby juif à rompre le silence.

Le Vice-Président au congrès juif mondial, Hertzberg, et bon nombre de rabbins, critiquèrent Begin en octobre 1982. Begin reprocha au rabbin Schindler, qui avait fait cette critique à la télévision, d'être "plus américain que juif" et l'un de ses adjoints le dénonça comme "traître".

Source : Michael There :
"American Jews and Israel. The schism",
N.Y., 18 octobre 1982.

Un porte-parole de A.I.P.A.C. expliqua la stratégie de ceux qui, comme lui, approuvaient l'invasion :

"Nous voulons renforcer notre soutien d'Israël vers la droite - avec les gens qui ne se soucient pas de ce qui se passe sur la "West Bank" mais qui visent l'Union Soviétique."

Source : Interview recueillie par Tivnan
(*op. cit.*) p. 181.

À cette occasion les chrétiens sionistes soutinrent l'agression israélienne et leur chef Jerry Falwell, que Begin appelait "l'homme qui représente 60 millions de chrétiens américains" dans un pays où il n'y a que 6 millions de juifs reçut la plus haute distinction sioniste : le prix Jabotinski pour services rendus à Israël, plus 100 millions de dollars de l'État israélien et 140 millions de dollars de la donation Swaggert.

Source : *Time* "Power, glory, politics".
17 février 1986.

La puissance financière et, par conséquent, politique, dans un monde où tout s'achète et se vend, devint de plus en plus déterminante.

Depuis 1948 les États-Unis ont fourni à Israël 28 milliards d'aide économique et militaire.

Source : *Time Magazine* de juin 1994.

* * *

Confortés par le flux financier qui, du dehors, déferlait sur Israël :

1 - Par les "réparations" allemandes et autrichiennes ;

2 - Par les libéralités inconditionnelles des États-Unis ;

3 - Par les versements de la "Diaspora" ; les dirigeants israéliens pouvaient concevoir, en politique extérieure, les visées les plus ambitieuses d'un "grand Israël".

Un témoignage précis nous en est fourni par un article de la revue *Kivounim* (Orientations) publié à Jérusalem par L'Organisation sioniste mondiale sur "les plans stratégiques d'Israël pour les années 80" :

"En tant que corps centralisé, l'Égypte est déjà un cadavre, surtout si l'on tient compte de l'affrontement de plus en plus dur entre musulmans et chrétiens. Sa division en provinces géographiques distinctes doit être notre objectif politique pour les années 1990, sur le front occidental.

Une fois l'Égypte ainsi disloquée et privée de pouvoir central, des pays comme la Libye, le Soudan, et d'autres plus éloignés, connaîtront la même dissolution. La formation d'un État copte en Hautes-alpes, et celle de petites entités régionales de faible importance, est la clef d'un développement historique actuellement retardé par l'accord de paix, mais inéluctable à long terme.

En dépit des apparences, le front Ouest présente moins de problèmes que celui de l'Est. La partition du Liban en cinq provinces... préfigure ce qui se passera dans l'ensemble du monde arabe. L'éclatement de la Syrie et de l'Irak en régions déterminées sur la base de critères ethniques ou religieux doit être, à long terme, un but prioritaire pour Israël, la première étape étant la destruction de la puissance militaire de ces États.

Les structures ethniques de la Syrie l'exposent à un démantèlement qui pourrait aboutir à la création d'un État chi'ite le long de la côte, d'un État sunnite dans la région d'Alep, d'un autre à Damas, et d'une entité druze qui pourrait souhaiter constituer son propre État - peut-être sur notre Golan - en tout cas avec l'Houran et le nord de la Jordanie... Un tel État serait, à long terme, une garantie de paix et de sécurité pour la région. C'est un objectif qui est déjà à notre portée. Riche en pétrole, et en proie à des luttes intestines, l'Irak est dans la ligne de mire israélienne. Sa dissolution serait, pour nous, plus importante que celle de la Syrie, car c'est lui qui représente, à court terme, la plus sérieuse menace pour Israël.''

Source : *Kivounim*, Jérusalem,
No 14, février 1982, pages 49 à 59.

(Le texte intégral, dans son original hébreu, est reproduit dans mon livre : *Palestine, terre des messages divins*. Ed. Albatros. Paris 1986, p. 377 à 387, et dans sa traduction française à partir de la page 315.)

Pour la réalisation de ce vaste programme, les dirigeants israéliens disposaient d'une aide américaine sans restriction. Sur les 507 avions dont ils disposaient à la veille de l'invasion du Liban, 457 venaient des États-Unis grâce aux dons et prêts consentis par Washington. Le lobby américain se chargeait d'obtenir les moyens nécessaires, fût-ce, sous la pression du ''lobby'' sioniste, contre les intérêts nationaux.

Lorsque les objectifs du plan Kivounim étaient trop éloignés, et l'affrontement trop risqué, le lobby israélien réussissait à faire réaliser l'opération par les États-Unis. La guerre contre l'Irak en est un exemple saisissant.

''Deux puissants groupes de pression poussent les États-Unis au déclenchement du conflit.

1- Le ''lobby juif'' parce que l'élimination de Sadam Hussein écarterait la menace du pays arabe le plus puissant... Les Juifs américains jouent dans le système médiatique d'outre Atlantique un rôle essentiel. Le compromis permanent entre le Président et le Congrès amène la Maison Blanche à tenir le plus grand compte de leurs instances.

2- Le ''lobby des affaires''... en est venu à penser que la guerre pouvait relancer l'économie. La Seconde guerre mondiale, et les énormes commandes qu'elle a valu aux États-Unis, n'a-t-elle pas mis fin à la crise de 1929 dont ils n'étaient vraiment jamais sortis ? La guerre de Corée n'a-t-elle pas provoqué un nouveau boom ?

Bienheureuse guerre qui ramènerait la prospérité en Amérique...''

Source : Alain Peyrefitte : *Le Figaro* du 5 novembre 1990.

''Il est difficile de surestimer l'influence politique de

l'American Israeli Public Affairs Committee (A.I.P.A.C.)...
disposant d'un budget qui a quadruplé de 1982 à 1988 (1.600.000
dollars en 1982 ; 6.900.000 dollars en 1988)''
Source : *Wall Street Journal* du 24 juin 1987.

Les dirigeants sionistes ne cachaient pas ce rôle de leur lobby. Ben
Gourion déclarait clairement :

> ''Quand un Juif, en Amérique ou en Afrique du Sud, parle à ses
> compagnons juifs de ''notre'' gouvernement, il entend le
> gouvernement d'Israël.''
> Source : Rebirth and Destiny of Israël, 1954, p. 489.

Au 23ème Congrès de l'organisation sioniste mondiale il précise
à propos des devoirs d'un Juif à l'étranger, que : ''l'obligation
collective de toutes les organisations sionistes de diverses nations
d'aider l'État juif en toute circonstance est inconditionnelle, même
si une telle attitude entre en contradiction avec les autorités de leurs
nations respectives.''
> Source : Ben Gourion : ''Tasks and character of a modern
> Zionist'', *Jerusalem Post*, du 17 août 1952
> et *Jewish Telegraphic Agency* du 8 août 1951.[16]

Cette confusion du judaïsme comme religion (respectable comme
toute autre) avec le sionisme politique comportant allégeance
inconditionnelle à l'État d'Israël se substituant au Dieu d'Israël, ne
saurait en effet que nourrir l'antisémitisme.

Le Département d'État fut contraint de réagir. Dans une lettre
adressée au ''Conseil américain pour le judaïsme'', rendue publique par
celui-ci le 7 mai 1964, le Secrétaire d'État Talbot, se référant aux
principes mêmes de la Constitution américaine, à l'égard desquels les
exigences des dirigeants sionistes constituaient un défi, rappelait que
son pays ''reconnaît l'État d'Israël en tant qu'État souverain, et la

---

[16] Rien n'a changé à cette attitude depuis un demi-siècle. Le grand Rabbin de
France Joseph Sitruk déclarait à Jérusalem au Premier Ministre israélien Itzhak
Shamir : ''Chaque Juif français est un représentant d'Israël... Soyez assuré que
chaque Juif en France est un défenseur de ce que vous défendez.''
Source : Radio israélienne du lundi 9 juillet 1990. Repris par *Le Monde* du 12
et du 13 juillet 1990 et par le quotidien de la Communauté juive de France :
Jour J, du jeudi 12 juillet 1990 où il ajoutait : ''Il n'y a pas dans mon esprit la
moindre idée d'une double allégeance. ''On eût pu en effet s'y tromper !

citoyenneté de l'État d'Israël. Il ne reconnaît aucune autre souveraineté ou citoyenneté à cet égard. Il ne reconnaît pas de relations politico-légales fondées sur une identification religieuse de citoyens américains. Il ne fait aucune discrimination entre les citoyens américains en ce qui concerne leur religion. En conséquence, il devrait être clair que le Département d'État ne considère pas le concept de "peuple juif" comme étant un concept de droit international."

Source : Cité par Georges Friedman dans *Fin du peuple juif*, Gallimard 1956, Idées poche, p. 292.

Déclaration purement platonique d'ailleurs car cet évident rappel juridique ne fut suivi d'aucune mesure contre le lobby.

L'affaire Pollard en fournit un exemple.

En novembre 1985, un militant sioniste américain Jonathan Pollard, analyste à l'état-major de la marine, est arrêté alors qu'il transporte chez lui quelques documents secrets. Interrogé par le F.B.I., il reconnaît avoir reçu 50.000 dollars depuis le début 1984 pour transmettre ces documents à Israël.

"L'affaire Pollard n'a pas surgi brusquement, à partir de rien. Elle s'inscrit dans le système actuel - de plus en plus malsain - des relations américano-israéliennes, caractérisées par une dépendance excessive qui favorise des attitudes imprudentes.

Cette situation a été créée en 1981, lorsque l'Administration Reagan a donné à Israël ce qui a été interprété comme une "carte blanche" à son aventurisme militaire, sous prétexte d'autodéfense... Le premier résultat en a été l'invasion du Liban.

... Il était prévisible qu'une telle complaisance de Washington encourage l'arrogance de Jérusalem. Il est bien connu que des liens d'étroite dépendance sécrètent du ressentiment et de l'agressivité... De la part d'Israël, ce ressentiment prend des formes inconsidérées, le raid sur Tunis en est une, il se pourrait que l'affaire Pollard en soit une autre."

Source : *Washington Post*, 5 décembre 1985.

"Depuis des décennies, les Juifs américains s'efforcent de convaincre l'opinion publique américaine que leur soutien inconditionnel à Israël ne porte pas atteinte à leur loyalisme à l'égard des États-Unis. Il semble maintenant qu'il sera difficile de leur faire confiance sur ce point, et ceux qui parlent de "double allégeance" vont trouver des oreilles complaisantes."

Source : *Haaretz*, 1er décembre 1985.

Les exemples ne manquent pas où le lobby israélo-sioniste réussit à imposer aux États-Unis une attitude contraire aux intérêts américains mais utile pour la politique d'Israël.

En voici quelques exemples.

Le Président de la Commission des Affaires étrangères du Sénat, le Sénateur Fulbright, décida de faire comparaître les principaux dirigeants sionistes devant un Comité qui mit à jour leurs activités souterraines. Il résumait les résultats de son enquête dans une interview "Face à la nation" à la C.B.S. du 7 octobre 1973 : "Les Israéliens contrôlent la politique du Congrès et du Sénat", et ajoutait : "Nos collègues du Sénat, environ 70% d'entre eux, se déterminent plus sous la pression d'un lobby que sur leur propre vision de ce qu'ils considèrent comme des principes de liberté et de droit."

Aux élections suivantes, Fulbright perdit son siège de Sénateur.

Depuis l'enquête du Sénateur Fulbright, le "lobby" sioniste n'a cessé d'accroître son emprise sur la politique américaine. Dans son livre : *They dare to speak out* ("Ils ont osé parler") publié en 1985 par Lawrence Hill and Company, Paul Findley, qui fut, pendant vingt-deux ans, député au Congrès des États-Unis, a décrit le fonctionnement actuel du "lobby" sioniste et sa puissance. Cette véritable "succursale du gouvernement israélien" contrôle le Congrès et le Sénat, la Présidence de la République, le "State Department" et le Pentagone, de même que les "médias", et exerce son influence dans les Universités comme dans les Églises.

Les preuves et les exemples abondent montrant comment les exigences des Israéliens passent avant les intérêts des États-Unis : le 3 octobre 1984, la Chambre des représentants, à une majorité de plus de 98%, abroge toute limitation aux échanges entre Israël et les États-Unis, malgré le rapport défavorable du Ministère du Commerce et de tous les syndicats (p. 31). Chaque année, quelles que soient les restrictions de tous les autres chapitres du budget, les crédits pour Israël sont augmentés. L'espionnage est tel que les dossiers les plus secrets sont aux mains du gouvernement israélien. Adlaï Stevenson (ancien candidat à la Présidence des États-Unis) écrit dans le numéro de l'hiver 75-76 de *Foreign Affairs* : "Pratiquement aucune décision concernant Israël ne peut être prise, ou même discutée, au niveau de l'Exécutif, sans être aussitôt connue du gouvernement israélien." (p. 126). Malgré le refus du Secrétaire d'État à la Défense, fondé sur la loi américaine, de livrer à Israël, en pleine agression au Liban, des bombes à fragmentation, arme dirigée contre les civils, les Israéliens l'obtiennent de Reagan et s'en servent à deux reprises à Beyrouth pour massacrer la population (p. 143).

En 1973, l'Amiral américain Thomas britannique (chef d'état-major interarmes, témoigne : l'attaché militaire israélien à Washington, britannique Gur (futur commandant en chef des forces israéliennes), demande aux États-Unis des avions armés d'un missile très sophistiqué (appelé : Maverick). L'Amiral britannique rappelle qu'il a dit à Gur : ''Je ne peux pas vous livrer ces avions. Nous n'en avons qu'une seule escadrille. Et nous avons juré devant le Congrès que nous en avions besoin. Gur m'a dit : Donnez-nous les avions. Quant au Congrès, je m'en charge. C'est ainsi, ajoute l'Amiral, que la seule escadrille équipée de Mavericks est allée à Israël.'' (p. 161).

Le 8 juin 1967, l'aviation et la marine de guerre israéliennes bombardent le navire américain ''Liberty'', équipé de détecteurs très sophistiqués, pour empêcher qu'il ne décèle leurs plans d'invasion au Golan. 34 marins sont tués et 171 blessés. Le navire est survolé pendant 6 heures, et bombardé pendant 70 minutes. Le gouvernement israélien s'excuse de cette ''erreur'' et l'affaire est classée. C'est seulement en 1980 que l'un des témoins oculaires, Ennes, officier de pont sur le ''Liberty'', peut rétablir la vérité, détruisant la version officielle de ''l'erreur'', entérinée par la Commission d'enquête de l'époque, présidée par l'Amiral Isaac Kid. Ennes prouve que l'attaque était délibérée et qu'il s'agissait d'un meurtre. L'Amiral Thomas L. Moorer, alors que le livre de Ennes était étouffé par les soins du ''lobby'' sioniste, explique pourquoi ce crime a été passé sous silence : ''Le Président Johnson craignait les réactions de l'électorat juif...''. L'Amiral ajoute : ''Le peuple américain deviendrait fou s'il savait ce qui se passe.'' (p. 179).

En 1980, Adlaï Stevenson ayant patronné un amendement demandant une réduction de 10% de l'aide militaire apportée à Israël pour exiger qu'il ne continue pas à installer des colonies dans les territoires occupés, rappelait que 43% de l'aide américaine allait à Israël (3 millions d'habitants), pour son armement, au détriment de 3 milliards d'habitants affamés du globe.

Adlaï Stevenson conclut ; ''Le Premier Ministre d'Israël a beaucoup plus d'influence sur la politique étrangère des États-Unis au Moyen-Orient qu'il n'en a dans son propre pays.'' (p. 92).

Les exemples abondent :

> ''M. Rabin, qui a abandonné depuis longtemps la tactique d'annexion rampante chère au parti travailliste israélien depuis 1967 (''dunan après dunan, chèvre après chèvre''...) a cru le moment venu d'accélérer la colonisation et la judaïsation de la Ville, en confiscant 53 hectares de plus dans le secteur de Jérusalem-est (dont Israël s'est déjà approprié le tiers depuis 1967, à usage exclusif des Juifs) le but étant de créer une situation telle que, lors des négociations prévues en 1996, ''il n'y ait plus rien à négocier''.

Cette nouvelle provocation suscita de vives protestations des pays arabes ulcérés par ailleurs par la proposition du sénateur Dole (le même qui, en 1990, traitait Israël ''d'enfant gâté'') de transférer l'ambassade des États-Unis à Jérusalem. La ligue arabe demanda une réunion urgente du Conseil de sécurité - comme la France le fit de son côté le 2 mai. À l'issue de cette session, 14 des 15 États-membres votèrent une résolution demandant à Rabin de revenir sur ce projet de confiscation, et les U.S.A. décidèrent alors, pour la 30· fois depuis 1972, de faire usage de leur droit de veto, pour soutenir Israël...

Cet isolement américain inquiéta certains représentants du lobby aux U.S.A., comme Monsieur Thomas Friedman :

> ''La question cruciale n'est pas celle du statut de Jérusalem, qui restera capitale d'Israël de toute façon... c'est celle de la crédibilité des États-Unis comme seul médiateur dans le conflit israélo-arabe et celle de la conduite des négociations avec les Palestiniens ?'' (*N. Y Times*, 15/5/95).
>
> Source : Dany Rubinstein, *Haaretz,* mai 1995.

Lors du Meeting de annuel de l'A.I.P.A.C. auquel il avait été invité, le Président Clinton a souligné l'ampleur de l'aide militaire des États-Unis à Israël :

> ''Les États-Unis ont tenu leurs promesses : la puissance militaire d'Israël est aujourd'hui plus ''pointue'' que jamais. Nous avons donné notre accord à la vente de F 15 Is, le meilleur appareil du monde à long rayon d'action. Nous avons poursuivi la livraison,

commencée à la suite de la guerre du Golfe, de 200 avions et Hélicoptères de combat. Nous nous sommes engagés à participer pour 350 millions de $ à la production du Arrow, qui doit protéger Israël de toute nouvelle attaque par des missiles. Nous lui avons livré un système ultra-moderne de lanceur multiple de roquettes...

"... Pour augmenter ses capacités de haute technologie, nous lui avons fourni des super-ordinateurs, et nous lui avons donné accès, ce qui est sans précédent de la part des États-Unis, aux marchés américains de lanceurs d'engins dans l'espace.

"... Notre coopération en matière de stratégie et de renseignements n'a jamais été aussi étroite. Nous avons mené, cette année, des manœuvres conjointes de grande envergure, et nous prévoyons une extension de nos installations de stockage de matériel militaire en Israël. Le pentagone a signé des contrats pour plus de 3 millions de $ pour acheter du matériel de haute technologie à des compagnies israéliennes..."

Source : reproduit par *Middle East International* 26-05-1995

Tous les moyens sont bons pour le "lobby" sioniste : depuis la pression financière jusqu'au chantage moral, en passant par boycott des médias et des éditeurs, et à la menace de mort.

Paul Findley concluait : "Quiconque critique la politique d'Israël doit s'attendre à de douloureuses et incessantes représailles, et même à la perte de ses moyens d'existence par les pressions du "lobby" israélien. Le Président en a peur. Le Congrès cède à toutes ses exigences. Les plus prestigieuses universités veillent, dans leurs programmes, à écarter tout ce qui s'oppose à lui : les géants des médias et les chefs militaires cèdent à ses pressions." (p. 315).

Source : *Hearings*. Part 9. 23 mai 1963.

2. Le lobby en France

"Il existe en France un puissant lobby pro-israélien exerçant notamment son influence dans les milieux d'information."

Général de Gaulle

En France, le Général de Gaulle a seul osé déclaré "qu'il existait en France un puissant lobby pro-israélien exerçant notamment son influence dans les milieux d'information. Cette affirmation, à l'époque, fit scandale. Elle contient pourtant une part de vérité qui est toujours d'actualité."

Source : Philippe Alexandre. "Le préjugé pro-israélien", *Le Parisien Libéré* du 29 février 1988.

D epuis lors il n'est aucun candidat à la Présidence de la République française, à quelque parti qu'il appartienne, de Michel Rocard à Jacques Chirac, en passant par Mitterrand, qui ne soit allé en Israël pour en obtenir l'investiture médiatique.

La puissance médiatique du lobby, dont le centre dirigeant, aujourd'hui constitué par la "L.I.C.R.A." (Ligue internationale contre le racisme et l'antisémitisme), est telle qu'elle peut manipuler l'opinion à son gré : alors que la population juive, en France, constitue environ 2% du peuple français, le sionisme règne sur la majorité des décideurs politiques des médias, à la télévision et à la radio, dans la presse écrite, qu'il s'agisse des quotidiens ou des hebdos, le cinéma - surtout avec l'invasion d'Hollywood - et même l'édition (par les comités de lecture où ils peuvent imposer leur veto) sont entre leurs mains, tout comme la publicité, régente financière des "médias".

La preuve en est l'alignement quasi général des médias, lorsqu'il s'agit d'inverser, en faveur d'Israël, le sens des événements : on appelle "terrorisme", la violence des faibles et "lutte contre le terrorisme" la violence des forts.

Un juif infirme est jeté par-dessus bord sur "l'Achille Lauro" par un renégat de l'O.L.P. C'est incontestablement du terrorisme. Mais lorsque, par représailles, un bombardement israélien sur Tunis fait 50 morts, dont plusieurs enfants, cela s'appelle : "lutte contre le terrorisme, et défense de la loi et de l'ordre''.

Comme sous la baguette d'un chef d'orchestre clandestin, l'on entend la même musique dans tous les ''médias'', qu'il s'agisse des attentats contre la Synagogue de la rue Copernic, ou des profanations du cimetière de Carpentras, de l'invasion du Liban ou de la destruction de l'Irak.

Je peux apporter mon témoignage personnel : jusqu'en 1982, j'avais librement accès aux plus grandes maisons d'édition, à la télévision, à la radio, dans la grande presse. Au moment de l'invasion et des massacres du Liban, dans le journal *Le Monde* du 17 juin 1982, j'ai obtenu du Directeur Jacques Fauvet, la publication d'une page entière, payée, où, avec le Père Michel Lelong et le Pasteur Matthiot, nous dégagions *''après les massacres du Liban, le sens de l'agression israélienne''*.

Nous montrions qu'il ne s'agissait pas d'une bavure, mais de la logique interne du sionisme politique sur lequel est fondé l'État d'Israël.

Je reçois, par lettres anonymes et par téléphone, neuf menaces de mort.

La L.I.C.R.A. nous intente un procès pour ''antisémitisme et provocation à la discrimination raciale''.

L'avocat de Jacques Fauvet rappelle qu'on ne peut confondre avec la communauté juive, et moins encore avec sa foi, l'État d'Israël, dont les exactions au Liban ont été dénoncées par de hautes personnalités juives telles que Mendès France et Nahum Goldman.

Notre défense, celle du Père Lelong, du pasteur Matthiot et la mienne, émane du texte lui-même : nous rappelons ce que nos vies doivent à la foi des prophètes juifs.

Mais le sionisme politique a remplacé le Dieu d'Israël par l'État d'Israël. Son comportement, au Liban et en Palestine, en créant d'odieux amalgames, déshonore le judaïsme aux yeux du monde. Notre lutte contre le sionisme politique est donc inséparable de notre lutte contre l'antisémitisme.

Pour ma part, je reprends, devant le tribunal, les analyses de mon étude *La Palestine, terre des messages divins :* le sionisme politique, fondé par Théodor Herzl (et condamné alors par tous les rabbins du monde comme trahison de la foi juive), découle, non de la foi juive, mais du nationalisme et du colonialisme européens du XIXe siècle.

Les dernières survivances du colonialisme de peuplement, en Palestine comme en Afrique du Sud, se heurtent, par leur racisme (officiellement dénoncé par l'O.N.U.), à la résistance des autochtones à l'occupant colonial.

Comme dans tout colonialisme et tout régime d'occupation (nous l'avons vécu en France sous Hitler), la répression s'appelle "maintien de l'ordre", et la résistance "terrorisme".

Écoutant l'avocat de la L.I.C.R.A. qui tente de brosser, contre moi, un portrait d'antisémite, je me revois, à Jérusalem, accompagné, au Mur des lamentations, par le ministre israélien Barzilaï, en 1967, et puis dans la maison de Nahum Goldman, alors président du Congrès juif mondial.

Je me revois, au camp de concentration, avec mon ami Bernard Lecache, fondateur de la L.I.C.A. (qui deviendra L.I.C.R.A.), qui m'aidait à préparer mes cours à nos camarades déportés comme nous, sur "Les Prophètes d'Israël."

Je revoyais ce vieux militant communiste et athée du Tarn, nous disant, après une lecture d'Amos par Bernard et moi : "Ça donne un renforcement de courage !"

La domination quasi totale des médias d'Amérique et de France par le sionisme israélien impose au monde cette subversion du sens : un diplomate israélien est agressé à Londres (Mme Thatcher elle-même prouve, à la Chambre des communes, que l'auteur de l'attentat ne relève pas de l'O.L.P.), c'est du "terrorisme". L'armée israélienne envahit le Liban et y fait des milliers de morts : l'opération s'appelle "Paix en Galilée" !

Le 1er janvier 1989, j'entends à la télévision le bilan de "la révolte des pierres" : 327 tués chez les Palestiniens (la plupart des enfants, jetant des cailloux), et 8 du côté israélien (la plupart des soldats, tirant à balle). Le même jour un ministre israélien déclare : "La négociation ne sera possible que lorsque les Palestiniens renonceront à la violence." Est-ce moi qui rêve ? Ou bien cette anesthésie de l'esprit critique est-elle un cauchemar collectif ? le triomphe du non-sens !

Déjà, en 1969, le Général de Gaulle dénonçait "l'influence excessive" du lobby sioniste dans tous les médias : de la presse à la télévision, du cinéma à l'édition. Aujourd'hui, cette "influence excessive" a réussi à opérer une inversion totale du sens, appelant "terrorisme" la résistance artisanale des faibles et "lutte contre le terrorisme" la violence infiniment plus meurtrière des forts.

Nous avions eu le tort, le Père Lelong, le pasteur Mathiot et moi, de dénoncer le mensonge de cette subversion du sens. Le tribunal de grande instance de Paris, par arrêté du 24 mars 1983, "considérant qu'il s'agit de la critique licite de la politique d'un État et de l'idéologie qui l'inspire, et non de provocation raciale... déboute la L.I.C.R.A. de toutes ses demandes et la condamne aux dépens".

La L.I.C.R.A. s'acharne et fait appel. Le 11 janvier 1984, la Haute Chambre de la Cour de Paris prononce son jugement.

La Cour d'appel cite un passage de notre article où nous accusons l'État d'Israël de racisme.

La Cour, "considérant que l'opinion émise par les signataires ne concerne que la définition restrictive de la judaïcité retenue par la législation israélienne... confirme le jugement déféré en ce qu'il a débouté la L.I.C.R.A. de ses demandes et condamne la L.I.C.R.A. aux dépens".

La L.I.C.R.A. se pourvoit en cassation. L'arrêté de la Cour de cassation du 4 novembre 1987 enlève tout espoir aux sionistes de nous déshonorer légalement : la Cour "rejette le pourvoi et condamne aux dépens la demanderesse".

L'opération de l'étouffement se poursuit au-delà du juridique. Le "lobby" sioniste en a les moyens. Si nous avions été condamnés, nous aurions eu droit à la Une de toute la presse pour nous clouer au pilori comme antisémites. Par contre, la condamnation de la L.I.C.R.A. par les tribunaux a été systématiquement passée sous silence : même *Le Monde,* dont l'ancien directeur, Fauvet, était impliqué avec nous dans ce combat, s'est contenté d'un articulet incolore.

Par contre le blocus de mon espérance a été magistralement réalisé.

Lors de la parution de la page du *Monde* sur la logique du colonialisme sioniste, j'ai ajouté deux lignes appelant les lecteurs à souscrire pour payer les frais d'insertion. Le panneau a coûté cinq millions de centimes. J'en ai reçu sept, par des centaines de petits chèques. Parmi les donateurs, près d'un tiers de juifs, dont deux rabbins.

Mais, à partir de là, commence l'asphyxie médiatique : plus d'accès à la télévision, mes articles refusés. J'avais publié quarante livres dans toutes les grandes maisons d'édition, de Gallimard au Seuil, de Plon à Grasset et à Laffont. Ils avaient été traduits en vingt-sept langues. Désormais sont fermées toutes les grandes portes : l'un de mes plus grands éditeurs s'entend dire, à son conseil d'administration : "Si vous publiez un livre de Garaudy, vous n'aurez plus les droits de traduction d'ouvrages américains."

M'accepter eût été faire exploser sa maison. Un autre "grand", pour un autre ouvrage, dit à sa directrice littéraire qui, passionnée par le livre, a travaillé trois mois pour m'aider à le mettre au point : "Je ne veux pas de Garaudy dans la maison."

Telle est l'histoire de l'emmurement d'un homme.

Nos réseaux de résistance au non-sens sont condamnés à la clandestinité. Et moi-même à la mort littéraire. Pour délit d'espérance.

Ce n'est là qu'un exemple dont je puis personnellement témoigner sur "l'inversion du sens" par le sionisme.

Nous pourrions multiplier les exemples, mais chacun en est chaque jour témoin : c'est le sens même du crime hitlérien contre l'humanité tout entière qui est perverti par la propagande sioniste, qui réduit ce crime contre l'humanité à un vaste pogrom dont les Juifs auraient été les seules victimes.

* * *

Un pas de plus sera franchi lorsque ces "oukases" seront imposés par la loi, faisant des magistrats les juges de la vérité historique en dépit des lois antérieures sur la liberté de la presse.

Le délit d'opinion est désormais légalisé par la loi Fabius (n°43) dite "loi Gayssot", du nom du député communiste qui a accepté la paternité de cette loi scélérate), en mai 1990.

Elle consiste à insérer dans la loi de la liberté de la presse de 1881, un article 24 bis, disant :

> "Seront punis des peines prévues par le 6e alinéa de l'article 24, ceux qui auront contesté... l'existence d'un ou plusieurs crimes contre l'humanité tels qu'ils sont définis par l'article 6 du statut du Tribunal militaire international annexé à l'accord de Londres du 8 août 1945."
>
> Source : Proposition de loi adoptée par l'Assemblée Nationale, transmise par Mr le Président de l'A.N. à Mr le Président du Sénat, n°278, annexe au procès-verbal de la séance du 3 mai 1990.

Le rapport de M. Asensi (député) précisait (p. 21) :

> il vous est demandé de créer une nouvelle incrimination concernant le "révisionnisme".

En outre, il préconisait d'"'élargir les possibilités données aux associations de se porter partie civile en cas d'infraction." (article 7).

Dès son introduction, le rapporteur définissait le but poursuivi :

> "compléter l'arsenal répressif existant, de tendre à ce que la loi pénale... joue pleinement son rôle d'intimidation et de répression." (p. 5).
>
> Source : Rapport n°1296, annexe au procès-verbal de la séance du 26 avril 1990.

Le Tribunal de Nuremberg, nous l'avons montré, mérite, moins que tout autre, de faire jurisprudence.

Un an après, un amendement était proposé, en vain, à la loi par M. Toubon :

> "L'article 24 bis de la loi du 29 juillet 1881, sur la liberté de la presse est abrogé." Ce qui annulait la répression proposée par M. Gayssot contre les historiens "révisionnistes"'", et refusait de mettre la critique historique sur le même plan que le racisme ou l'apologie de Hitler.

Voici quelle était son argumentation :

"Lorsque nous en avons discuté en 1990, sur la base d'une proposition de loi du groupe communiste, dont le premier signataire était M. Gayssot, j'avais contesté - je n'étais pas le seul - le principe de ce texte, qui consiste à fixer la vérité historique par la loi au lieu de la laisser dire par l'histoire.

Certains objectent que si c'est bien l'histoire qui fait la vérité ce n'est pas à la loi de l'imposer. Certains propos vont trop loin et il ne faut pas permettre de les exprimer. Mais c'est glisser insensiblement vers le délit politique et vers le délit d'opinion.

L'article 24 bis représente, à mon avis, une très grave erreur politique et juridique. Il constitue en réalité une loi de circonstance, et je le regrette beaucoup. Une année s'est écoulée. Nous ne sommes pas à un mois des événements de Carpentras. Nous n'avons pas à examiner un texte que la conférence des présidents avait, je le rappelle, inscrit à l'ordre du jour, en toute hâte, quarante huit heures après son dépôt, et qui avait été discuté immédiatement parce que le Président de l'Assemblée M. Fabius avait décidé personnellement son inscription. Un an après, à froid, nous pouvons, comme je viens de le faire, examiner la validité de cette loi, la validité de ce délit de révisionnisme prévu par l'article 24 bis et conclure, avec Simone Veil, que ce délit est inopportun."

Source : *Journal officiel* du 22 juin 1991, p. 3571.
Débats parlementaires, 2ème séance du 21 juin 1991.

Il était en effet interdit désormais à tout historien de mettre en cause les conclusions du Tribunal de Nuremberg dont le Président américain avait pourtant reconnu loyalement qu'il s'agissait "du dernier acte de la guerre" et qu'il "n'était donc pas tenu aux règles juridiques des tribunaux ordinaires en matière de preuve ni de condamnation."

* * *

Dans la foulée de cette loi scélérate, la déclaration de Jacques Chirac du dimanche 16 juillet 1995 marque un moment important de notre histoire : celui de la rupture avec l'unité de la nation, au profit de la collusion des renoncements : Lorsque le Président de la République proclame que "la folie criminelle de l'occupant a été secondée par les Français et par l'État français" il commet un double crime contre la France :

d'abord en parlant de Vichy comme d'un État français, lui redonnant ainsi une légitimité ;

ensuite en avilissant le peuple français en le confondant avec les dirigeants serviles qui servaient l'occupant.

Ainsi était officialisée la conception sioniste défendue par Bernard-Henri Lévy, dans son livre : *L'idéologie française* où il écrit : "C'est toute la culture française... ce sont nos plus chères traditions françaises qui une à une, témoignent de notre ancienneté dans l'abjection".

Il appelle à traquer ce "vieux fond de purulence" dissimulé "au cœur de la pensée française", qui fait de la France "la patrie du national-socialisme en général".

Source : Bernard-Henri Lévy. *L'idéologie française*
Grasset, 1981, p. 61, 92 et 125.

Le couronnement de l'affaire c'est que la cérémonie était présidée par le Grand Rabbin de France, Sitruk, qui, le 8 juillet 1990, déclarait en Israël, à Itzhak Shamir (celui-là même qui avait offert ses services à Hitler et dont la politique, celle de l'État qu'il a présidé, n'a cessé de violer la loi internationale et de ne tenir aucun compte des décisions de l'O.N.U.) :

"Chaque juif français est un représentant d'Israël... Soyez assuré que chaque juif, en France est un défenseur de ce que vous défendez."
"sans pour autant, disait-il à son retour, songer à "une double allégeance".

Source : *Le Monde* du 9 juillet 1990.

De tels propos à l'égard de Shamir, qui proposait son alliance à Hitler, lui auraient plus justement assigné sa place parmi les pénitents que parmi les présidents.

Bien entendu cet abaissement du peuple français était salué avec enthousiasme par les dirigeants du C.R.I.F. (Conseil représentatif des institutions juives en France) exprimant "son intense satisfaction de voir reconnaître enfin, par la plus haute autorité française, la continuité de l'État français entre 1940 et 1944."

La honte c'est que les dirigeants de tous les partis français, dans les organes publics, du "Figaro" à l'"Humanité", aient approuvé ce reniement de Chirac.

C'est le reniement de la tradition d'unité française et de la résistance de tout un peuple.

De Gaulle n'a jamais considéré Vichy comme un État. "Hitler, disait-il, a créé Vichy" (*Mémoires* I, 389) et parlait des "figurants de Vichy" (I, *ibidem* p. 130).

"J'ai proclamé l'illégitimité d'un régime qui était à la discrétion de l'ennemi" (I, p. 107). "Il n'existe pas de gouvernement proprement français." (I, p. 388, à Brazzaville).

Se référant à l'accord du 28 mars 1940 avec l'Angleterre excluant toute suspension d'armes séparée (I, p. 74), il disait clairement : "L'organisme sis à Vichy, et qui prétend porter ce nom (État), est inconstitutionnel et soumis à l'envahisseur... Cet organisme ne peut être et n'est en effet qu'un instrument utilisé par les ennemis de la France." (I, p. 342)

De Gaulle maintint cette attitude pendant toute la guerre. Le 23 septembre 1941, par ordonnance créant le Comité National français, il proclamait :

"Vu nos ordonnances des 27 octobre et 12 novembre 1940, ensemble notre déclaration organique du 16 novembre 1940 ;
Considérant que la situation résultant de l'état de guerre continue à empêcher toute réunion et toute expression libre de la représentation nationale ;
Considérant que la Constitution et les lois de la République française ont été et demeurent violées sur tout le territoire métropolitain et dans l'Empire, tant par l'action de l'ennemi que par l'usurpation des autorités qui collaborent avec lui ;
Considérant que de multiples preuves établissent que l'immense majorité de la Nation française, loin d'accepter un régime imposé par la violence et la trahison, voit dans l'autorité de la France Libre l'expression de ses vœux et de ses volontés ?"

Source : *Mémoires* I, p. 394.

Il désolidarisait ainsi le peuple français de la servilité de ses dirigeants.

"La condamnation de Vichy dans la personne de ses dirigeants désolidarisait la France d'une politique qui avait été celle du renoncement national." (III, p. 301).

Évoquant la levée du peuple de Paris, il écrit :

"Nul n'ignora, ni chez l'ennemi, ni chez nos amis, que quatre années d'oppression n'avaient pas pu réduire l'âme de la capitale, que la trahison n'était qu'une écume ignoble à la surface d'un corps resté sain, que les rues, les maisons, les usines, les ateliers, les bureaux, les chantiers de Paris avaient vu s'accomplir, au prix des fusillades, des tortures, des emprisonnements, les actes héroïques de la Résistance."

Source : (III, p. 442)

"Fût-ce aux pires moments, notre peuple n'a jamais renoncé à lui-même."

(III, p. 494).

Voilà ce que Chirac, en quelques mots, a renié pour ménager le pouvoir médiatique des dirigeants sionistes, et, par là-même, la vassalité à l'égard des États-Unis, proie du lobby sioniste, qui lui a fait déjà abandonner son opposition à Maastricht, ruine de la France, et confirmer sa soumission aux diktats américains du G.A.T.T. (rebaptisé "Accords internationaux sur le commerce") qui détruisent les possibilités d'indépendance et de renouveau de la France par le changement radical de ses rapports avec le Tiers Monde.

* * *

Le sionisme a aussi toujours agité l'épouvantail antisémite pour faire croire à une menace permanente contre Israël et à la nécessité d'accourir à son secours. De récentes provocations, destinées à masquer les exactions d'Israël, ne manquent pas. La méthode est toujours la même. Au moment des massacres de Sabra et de Chatila, l'écrivain Tahar Ben Jelloun écrivait :

"Il est des coïncidences qui, à force de se répéter, finissent par devenir un indice majeur. À présent on sait à quoi sert un attentat antisémite en Europe, et à qui profite le crime : il sert à couvrir un massacre délibéré des populations civiles palestiniennes et libanaises. On peut constater que ces attentats ont précédé, suivi, ou coïncidé avec un bain de sang à Beyrouth. Ces opérations terroristes sont montées de telle manière et exécutées avec une telle perfection qu'elles ont jusqu'à présent rempli directement ou indirectement l'objectif politique poursuivi : dévier l'attention à chaque fois que la question palestinienne acquiert un peu plus de compréhension, voire de sympathie. Ne s'agit-il pas de renverser systématiquement

la situation pour faire des victimes des bourreaux et des terroristes ?
En faisant des Palestiniens des "terroristes", on les expulse de
l'histoire, et par conséquent du droit.

La tuerie de la rue des Rosiers, le 9 août, n'a-t-elle pas précédé
de quelques heures le déluge de bombes en tout genre sur
Beyrouth ?

L'assassinat de Bechir Gemayel n'a-t-il pas été suivi, deux
heures après, par l'entrée à Beyrouth-ouest de l'armée israélienne
(ce qui, du même coup, éclipsa la visite historique de Yasser Arafat
au Pape) ?

L'explosion de la voiture piégée rue Cardinet, et la fusillade, le
lendemain, devant la synagogue de Bruxelles, n'ont-elles pas
coïncidé avec le massacre sans précédent des camps palestiniens de
Sabra et Chatila ?"

Source : *Le Monde*, mercredi 22 septembre 1982, p. 2.

Il est des précédents historiques dont nous devrions tirer des leçons :
un effort systématique pour modeler l'opinion, en la saturant d'une
"information" d'inspiration ethnocentrique, nourrit l'antisémitisme.

'"'À Berlin, le théâtre, le journalisme, etc. c'était une affaire
juive. Le "Berliner Tageblatt" était le journal allemand le plus
important, et, après lui le "Vosiche Zeitung". Le premier
appartenait à Mossé, le second à Ulstein, tous les deux juifs. Le
Directeur du "Vorwärtz" principal journal social-démocrate, était
juif. Quand les Allemands accusaient la presse d'être juive,
"Judenpresse", c'était la pure vérité."

Source : Y. Leibowitz : *Israël et judaïsme*
Desclée de Brouwer. 1993. p. 113.

L'exemple le plus récent de ces manœuvres et de leur exploitation
médiatique est celui de Carpentras.

En mai 1990, au cimetière juif de Carpentras, des tombes étaient
profanées. Le cadavre de l'un des morts était empalé et transporté sur
une autre tombe.

Le Ministre de l'Intérieur, Pierre Joxe, déclarait aussitôt : "Il n'y a
pas besoin d'enquête policière pour savoir qui sont les criminels,
coupables de cette "abomination raciste"". Pourtant, cinq ans après,
et malgré l'envoi de dizaines d'enquêteurs, magistrats ou policiers,
personne ne peut aujourd'hui dire avec certitude quels sont les
coupables de cette infamie.

Tout ce que l'on sait c'est qu'il y a eu profanation du cimetière juif, qu'il y a eu un "montage", car le cadavre de Monsieur Germon n'avait pas été empalé, comme l'ont reconnu les enquêteurs quelques jours après. L'on peut alors se demander par qui ? Pourquoi ? Qui avait intérêt à ce "montage" pour accroître l'horreur de l'événement et exciter la haine de l'opinion publique ?

La méthode fut pratiquée à Timisoara où l'on sortit de la morgue des cadavres pour que les photographies répandues dans le monde entier déchaînent plus d'indignation et de haine contre de prétendus massacres massifs.

Jean Marie Domenach (ancien directeur de la revue *Esprit*) écrivait dans *Le Monde* du mercredi 31 octobre 1990, sous le titre "Silence sur Carpentras" : "Voici près de six mois qu'a eu lieu la profanation du cimetière juif de Carpentras... Six mois plus tard on ne sait toujours pas qui sont les criminels. Chose encore plus troublante : les médias écrits et audiovisuels qui avaient fait de cet abominable événement un scandale qui jeta dans les rues des centaines de milliers de manifestants et ternit à l'étranger la réputation de la France n'ont pas cherché à prendre le relais de l'enquête et se taisent. Nul parlementaire, nulle autorité morale ou intellectuelle n'ose interpeller le gouvernement. Carpentras semble être entré définitivement dans la légende noire de la nation sans qu'on connaisse les coupables et sans qu'on sache exactement ce qu'il s'est passé. Nul ne peut, ou n'ose, dire encore la vérité sur Carpentras."

L'étrange "silence sur Carpentras", dénoncé par Jean-Marie Domenach, contraste avec le vacarme médiatique des premiers jours.

Lors de la manifestation organisée le 14 mai 1990, quatre-vingt mille personnes selon la police, 200.000 selon les organisateurs, avaient défilé dans Paris. Le bourdon de Notre-Dame avait sonné en leur honneur.

En réalité, personne ne savait quels étaient les auteurs de l'infamie de Carpentras. Alors, contre qui manifestait on ?

Contre qui ? L'enquête seule aurait pu le dire et ne l'a pas dit. Mais au profit de qui ?

La chose était évidente : le drapeau d'Israël resplendissait en tête de la manifestation.

Cette étrange "Union Nationale", au cours de cette Manifestation où Georges Marchais serrait ostensiblement la main de François Léotard, permettait de lancer une attaque globale contre quiconque mettait en doute les dogmes plaçant Israël au-dessus de toute loi internationale. Le grand Rabbin Sitruk, qui prononçait l'allocution définissant le sens de la manifestation, pouvait s'écrier : "Ne laissons pas dire n'importe quoi. Aux professeurs "révisionnistes", aux hommes politiques irresponsables, donnons la leçon".

Source : *Le Méridional.* Lundi 14 mai 1990.

La vérité sur la profanation de Carpentras n'est pourtant toujours pas établie parce que de toutes les pistes suggérées aux enquêteurs, une seule a été exclue, qui est pourtant la plus vraisemblable.

Pourquoi le silence fut-il ordonné à ceux qui auraient pu être les témoins les plus nécessaires ?

"Le gardien de la synagogue de Carpentras et détenteur de la clé du cimetière, M. Kouhana, qui avait été l'un des premiers à découvrir le corps de Félix Germon, refuse de nous parler : "Même si vous aviez été le Préfet, j'ai reçu la consigne de ne rien dire." Le Président du consistoire lui a interdit de s'exprimer "car il aurait dit n'importe quoi à la télé", justifie le docteur Freddy Haddad, lui-même très réticent pour évoquer la profanation, tout comme le Rabbin Amar."

Source : *Var Matin magazine,* du lundi 15 avril 1995,
Article des reporters Michel Letereux et Michel Brault.

Pourquoi le Rabbin de Carpentras, à qui l'on demandait si l'on ne resanctifierait pas les lieux répondit-il : "Ce n'est pas de mon ressort !", le Président du Consistoire : "Ça n'a aucune raison d'être !". Et le Maire : "On ne m'a rien demandé."

Source : même article de *Var Matin,*
du lundi 15 avril 1995.

Pourquoi aucun journal français n'a-t-il évoqué le précédent - exactement semblable - d'une telle "profanation" qui s'était produite dans le cimetière israélien de Rishon Letzion, près de Tel-Aviv, dans la nuit du 2 mars 1984 : le corps d'une femme y avait été déterré et jeté hors du cimetière juif. "Acte barbare d'antisémitisme", proclamèrent aussitôt les communautés juives du monde entier. Quelques jours plus tard la police israélienne, après enquête, révélait le sens véritable de cette abjection : le cadavre aussi honteusement traité était celui de Madame Teresa Engelowicz, épouse d'un juif, mais d'origine chrétienne. Les intégristes juifs considéraient sa présence dans le cimetière juif comme souillant la pureté des lieux et le Rabbin de Rishon Letzion avait déjà réclamé son exhumation.

Pourquoi aucun journal français n'a évoqué le parallélisme ? Monsieur Germon, dont le cadavre avait été lui aussi exhumé dans la nuit et avait fait l'objet du sinistre ''montage'' de l'empalement, était, lui aussi ''coupable'' d'avoir épousé une chrétienne, et son cadavre fut transporté sur une tombe voisine, celle de Madame Emma Ullma, coupable, elle aussi d'avoir épousé un catholique.

Pourquoi personne n'a-t-il rappelé qu'en Israël, pour convaincre qu'avant Israël, la Palestine était un ''désert'', des centaines de villages ont été rasés au bulldozer avec leurs maisons, leurs clôtures, leurs *cimetières* et leurs tombes ?

Source : Israël Shahak, *Le racisme de l'État d'Israël*, p. 152 et suivantes.

Au lendemain de la ''Journée de la démocratie'' à l'Université hébraïque de Jérusalem des étudiants juifs ont posé la vraie question :

''Pourquoi ne pas protester quand vous savez que la rue Agron de Jérusalem et l'Hôtel Hilton de Tel-Aviv sont construits sur des cimetières musulmans détruits ?''

Source : ''Les étudiants de l'Organisation socialiste israélienne : Matzpen'', P.O.B. 2234. Jérusalem.

3. Le mythe du "miracle israélien" : le financement extérieur d'Israël

"La force du poing juif vient du gant d'acier américain qui le recouvre, et des dollars qui le capitonnent."

Source : Yeshayahou Leibowitz,
Judaïsme et Israël, p. 253.

En ce qui concerne les sommes versées par l'Allemagne à l'État d'Israël, je laisse la parole à celui qui fut le principal négociateur du montant des réparations, M. Nahum Goldman, qui en a relaté le détail dans son "Autobiographie" qu'il m'a amicalement dédicacée le 23 avril 1971, pour me remercier des missions que j'avais accomplies, sur sa demande, deux ans plus tôt, auprès de Nasser, après la guerre des Six jours.

"Au début de l'année 1951, Israël entra pour la première fois en scène en adressant aux quatre Alliés deux notes dans lesquelles les revendications juives concernant les dédommagements par la nouvelle Allemagne se montaient à la somme d'un milliard et demi de dollars sur laquelle une moitié devait être payée par l'Allemagne de l'Ouest et l'autre par l'Allemagne de l'Est. Ce total se fondait sur le calcul suivant :

Israël avait accueilli cinq cent mille Juifs environ, et la réintégration économique d'un fugitif coûtait environ trois mille dollars. Ayant sauvé ces victimes du nazisme, ayant assumé personnellement une énorme charge financière, Israël s'estimait en droit d'imposer ses exigences au nom du peuple juif bien que sans base légale, puisque l'État juif n'existait pas sous le régime nazi." (p. 262).

"C'est dans ces circonstances que le ministre israélien des Affaires Étrangères s'adressa à moi au cours de l'été 1951 en tant que président de la Jewish Agency pour la Palestine et me demanda de convoquer à une conférence les grandes organisations juives des États-Unis, des pays du Commonwealth britannique et de France, afin d'appuyer les revendications israéliennes et de trouver un moyen pour les faire admettre." (p. 263).

"Les négociations que nous envisagions devaient être d'une nature très particulière. Elles n'avaient aucun fondement juridique..." (p. 268).

"Avec beaucoup de courage et de grandeur, le chancelier fédéral avait accepté comme base de la discussion la somme d'un milliard de dollars mais je savais qu'un parti hostile à une addition aussi gigantesque s'était déjà formé au sein du gouvernement, parmi les chefs de partis politiques, dans le monde de la banque et de l'industrie. Il me fut répété de côtés très différents qu'il était inutile de compter sur des sommes même approchantes."

"Dans la première phase des négociations entre les Allemands et la délégation de la Claims Conference, on en vint à un accord général au sujet des indemnisations et de la législation réglementant les dédommagements. On remit à une phase ultérieure le problème de la revendication globale se montant à une somme de cinq cents millions de marks...".

"Après de longues conversations, cette partie des entretiens se termina par l'accord de la délégation allemande qui s'engageait à recommander auprès du gouvernement une revendication israélienne de trois milliards de marks (25 % de moins que ce que nous avions demandé)." (p. 272).

"Je dus me rendre à nouveau à Bonn le 3 juillet où je fis la concession suivante : 10 % des cinq cents millions seraient destinés aux victimes non juives du nazisme et répartis par le gouvernement allemand lui-même." (p. 282).

"...les traités devaient être signés le 10 septembre 1952 à Luxembourg ; le chancelier représenterait l'Allemagne, le ministre des Affaires étrangères Moshé Sharett, Israël, et moi-même la Claims Conference." (p. 283).

"...les livraisons allemandes ont été un facteur décisif dans l'essor économique d'Israël pendant ces dernières années. Je ne sais pas quel aurait été le sort d'Israël dans certains moments critiques de son économie, si l'Allemagne n'avait pas tenu ses engagements. Les voies ferrées, les téléphones, les installations portuaires, les systèmes d'irrigation, des branches tout entières de l'industrie et de l'agriculture ne seraient pas dans leur état actuel sans les réparations allemandes. Enfin, des centaines de milliers de victimes juives du nazisme ont reçu ces dernières années des sommes importantes au titre de la loi d'indemnisation." (p. ?86).

"Lorsque le matin de mon arrivée je me rendis chez le premier ministre israélien David Ben Gourion, celui-ci vint à moi avec un air solennel : "Toi et moi avons eu le bonheur de vivre deux miracles, la création de Itzhak d'Israël et la signature de l'accord avec l'Allemagne. J'ai été responsable du premier et toi du second." (p. 284).

Source : Nahum Goldman : *Autobiographie*. Ed. Fayard, Paris. 1969.

Dans un autre de ses livres : *The Jewish Paradox,* Nahum Goldman ne raconte pas seulement ses négociations avec l'Allemagne, mais la manière dont il tira aussi des "réparations" de l'Autriche et du Chancelier Raab. Il dit au Chancelier :

- "Vous devez payer des réparations aux juifs !"
- "Mais nous avons été victimes de l'Allemagne !" dit Raab.

Et Goldman reprit :

"En ce cas je vais louer le plus grand cinéma de Vienne, et, chaque jour, je passerai le film montrant l'entrée des troupes allemandes et d'Hitler, dans Vienne, en mars 1938."

Raab dit alors :

- "D'accord, vous aurez votre argent !"

C'était de l'ordre de 30 millions de dollars. Un peu plus tard Goldman revint :

- "Il faut 30 millions de plus !"
- "Mais, dit Raab, nous étions d'accord pour seulement 30 millions"
- "Maintenant, vous devez donner plus !"

dit Goldman, et il les obtint. Il revint une troisième fois et obtint la même somme (31.8507).

Il y eut deux autres sources de financement de ce que certains appelaient "le miracle israélien" sur le plan économique, et aussi du gigantesque armement (y compris nucléaire) de Itzhak d'Israël, qui rend dérisoire l'image si souvent utilisée d'un petit David avec sa fronde en face du géant Goliath. Dans les guerres actuelles, la force ne se mesure pas à la quantité de soldats mobilisables, mais à l'équipement technique de l'armée : celle d'Israël, grâce aux flux financiers qui ont déferlé sur le pays, dispose d'une puissance de frappe infiniment supérieure à celle de tous les États arabes réunis.

Outre les "réparations", Israël dispose d'un approvisionnement pratiquement illimité, en armes et en argent, venant pour l'essentiel des États-Unis, où son lobby tout puissant s'est révélé particulièrement efficace, et aussi des dons venus de la ''diaspora''.

M. Sapir alors Ministre des finances d'Israël, à Jérusalem, a révélé en 1967, à la ''Conférence des milliardaires juifs'' (*sic*), que de 1949 à 1966, Itzhak d'Israël a reçu 7 milliards de dollars.

Source : *The Israeli Economist*
de septembre 1967, No 9.

Le Docteur Yaakov Herzog, Directeur général du cabinet du Premier Ministre israélien, définit ainsi le but de ces réunions : ''Examiner comment attirer de plus importants investissements en Israël, et mêler étroitement à l'économie israélienne les détenteurs de capitaux juifs résidant à l'étranger, en sorte qu'ils aient un sentiment immédiat de responsabilité et de participation... Nous planifions maintenant autre chose : une espèce de dialogue grandiose sur l'identification de la Diaspora avec Israël, dans le cadre de la lutte contre l'assimilation à l'étranger.''

L'opération s'est révélée payante, puisque les organisations juives américaines envoient chaque année, en moyenne, un milliard de dollars à Israël. (Ces contributions, considérées comme ''charitables'', sont déductibles de la feuille d'impôts du donateur, c'est-à-dire qu'elles retombent sur le contribuable américain, même si elles servent à épauler ''l'effort de guerre'' d'Israël. Mais l'essentiel vient, néanmoins, directement de l'État américain, dont ''l'aide'' s'élève à plus de trois milliards de dollars par an).

Près de la moitié de cette aide - officielle - consiste en dons et en ''prêts'' qui sont ''oubliés'' très vite... Le reste va s'ajouter à la dette étrangère israélienne, qui est en accroissement rapide, et approche actuellement de vingt milliards de dollars - soit une moyenne, sans précédent, de cinq mille dollars par tête d'habitant.

L'essentiel de cette aide annuelle est constitué par des livraisons d'armements, pour lesquelles le Congrès, soucieux d'en limiter le caractère spectaculaire, et d'éviter les critiques du public, a prévu un mode spécial de financement dans son Arms Export Control Act, de 1976.

Pour mesurer la signification de ces chiffres de financement extérieur, il suffit de rappeler que l'aide du Plan Marshall, accordée de 1948 à 1954 à l'Europe de l'Ouest, a atteint treize milliards de dollars, c'est-à-dire que l'État d'Israël a reçu pour moins de deux millions d'habitants, plus de la moitié de ce qu'ont reçu deux cents millions d'Européens. C'est-à-dire cent fois plus, par tête d'habitant, que les Européens.

Deuxième élément de comparaison : la moyenne de l'aide annuelle reçue par les "pays sous-développés" durant la période 1951-1959 n'a pas dépassé 3.164 milliards de dollars alors qu'Israël, avec (à cette époque) 1,7 millions d'habitants, en recevait 400 millions, c'est-à-dire qu'avec moins d'un millième de la population "sous-développée" du globe, Israël a reçu un dixième du total. Deux millions d'Israéliens ont reçu, par tête, cent fois plus que deux milliards d'habitants du Tiers Monde.

Toujours pour donner des comparaisons claires : les sept milliards de dollars reçus, en dix-huit ans, comme don, par Israël, représentent plus que le total du revenu national annuel du travail de l'ensemble des pays arabes voisins (Égypte, Syrie, Liban, Jordanie), qui était, en 1965, de six milliards.

Si l'on tient compte de la seule contribution américaine, l'on s'aperçoit que, de 1948 à 1967, les États-Unis ont donné 435 dollars à chaque Israélien, et 36 dollars à chaque Arabe, ou, en d'autres termes, que l'on attribue à 2,5% de la population 30% de l'aide attribuée aux 97,5% restant.

Source : D'après les statistiques de l'O.N.U.
parues dans "Le courant international des capitaux
à long terme et les donations publiques" (1951-1959)
Citées par Georges Corm dans
Les Finances d'Israël (IPS, 1968).

Mais les méthodes de financement de l'État d'Israël sont plus ambitieuses encore : elles tendent à créer, en faveur de cet État, un réseau financier mondial dont il orienterait les investissements. (À l'occasion, en 1967, de la première "Conférence des milliardaires juifs").

Une récente thèse de doctorat, présentée à l'Université de Paris II, par Monsieur Jacques Bendélac, et publiée sous le titre : "*Les fonds extérieurs d'Israël*" fournit sur ces différents aspects des finances israéliennes des chiffres précis, tirés de sources irrécusables.

Source : Jacques Bendélac :
Les fonds extérieurs d'Israël,

Ed. "Economica". Paris, 1982.

L'auteur s'attache essentiellement à l'étude des rapports entre les contributions de la Diaspora et l'aide directe du gouvernement américain.

Il caractérise ainsi l'évolution de ces rapports :

"Si la Diaspora était, jusqu'à une date récente (les années 70), le principal fournisseur de capitaux d'Israël, la tendance actuelle indique que l'aide gouvernementale américaine, (2 milliards de dollars par an environ), dépasse largement les contributions financières de la Diaspora (environ 900 millions de dollars par an)."

C'est ainsi que, pour l'année fiscale 1980, la vente d'un milliard de dollars d'armements a été autorisée au profit d'Israël. Mais, tout de suite après ces livraisons, la moitié de la somme - cinq cents millions, consentis sous forme de prêts – était effacée... et le reste venait grossir la dette d'Israël vis-à-vis du gouvernement américain... Une dette pour le remboursement de laquelle il bénéficie de délais de grâce de plus de dix ans. De plus, compte tenu de l'aggravation constante de la situation économique d'Israël depuis 1973, ces remboursements sont fictifs, dans la mesure où les versements sont aussitôt compensés par une nouvelle aide annuelle accrue des États-Unis.

Source : T. Stauffer, *Christian Science Monitor*
du 20 décembre 1981.

Déjà, lors de l'agression israélienne de 1956 contre l'Égypte, l'apport américain en armement était gigantesque ; le sioniste Michel Bar Zohar écrit : "A partir du mois de juin, des quantités énormes d'armement commencèrent à affluer en Israël, aux termes d'un accord ultra-secret, et ces livraisons ne seront connues ni de Washington, ni de l'organisme anglo-franco-américain chargé de veiller sur la balance des forces au Moyen-Orient, ni par le Quai d'Orsay, jalousement opposé à un rapprochement trop risqué avec Israël, qui compromettrait ce qui reste de liens entre la France et sa clientèle arabe."

Source : Michel Bar Zohar : *Ben Gourion, le Prophète armé*,
Ed. Fayard, Paris, 1966, Chapitre 27.

Une deuxième source financière est constituée par les Bons de l'État d'Israël, titres en dollars, vendus à l'étranger, mais dont le remboursement et les intérêts sont payés en monnaie israélienne.

Ces bons (dont 99,8%, en 1951, étaient vendus aux États-Unis, et encore 80% en 1978) ont mis à la disposition de l'économie israélienne plus de 5 milliards de dollars.

Source : State of Israël Bonds, Jerusalem-New-York,
Americ. Jewish Yearbook, 1972, p. 273 ;
1978, p. 205 ; 1980, p. 153.

Entre les "dons" et les "bons", l'État sioniste a reçu, de 1948 à 1982, près de onze milliards et demi de dollars.

Source : Statistical abstract of Israël (annuel)
et Bank of Israël, Annual Reports.

Une telle efficacité implique ce que M. Bendélac appelle la "collusion entre le pouvoir et le monde de la finance" dans le mouvement sioniste. Il en donne, pour la France, une illustration saisissante, en 1982 :

"Guy de Rothschild est président du Fonds Social Juif Unifié et de l'A.U.J.F. ;

David est trésorier du F.S.J.U. et membre français du Conseil d'administration de l'Agence juive ;

Alain a été président du Conseil Représentatif des Institutions juives de France et du Consistoire Israélite Central ;

Elie est président du Comité exécutif de l'A.U.J.F. ; Edmond est président de l'Organisation Européenne des Bons d'Israël ; enfin Alix de Rothschild était présidente mondiale de l'"Aliya des Jeunes"."

Source : Bendélac, *op. cit.* p. 76.

Mais la dépendance est plus grande encore à l'égard du gouvernement américain, surtout depuis les années 70.

"Au moment de la guerre des Six Jours, le déficit extérieur atteignait 700 millions de dollars, et dépassa le milliard de dollars au début des années soixante-dix. L'apport financier du judaïsme mondial ne suffisait plus à satisfaire les besoins en capitaux de l'économie israélienne ; il fallut alors faire appel à l'aide du gouvernement américain, qui fournit d'abord des crédits militaires, avant d'étendre son aide au secteur économique, après la guerre du Kippour. Cet apport de capitaux du gouvernement américain se traduisit par un accroissement spectaculaire de l'endettement extérieur d'Israël, qui dépassait les 20 milliards de dollars en 1982. Ainsi, la détérioration de l'aide financière de la Diaspora, depuis le début des années soixante-dix, peut s'analyser par rapport à deux aspects de la dépendance économique d'Israël : l'aide gouvernementale américaine, et le poids de la dette extérieure.''.

Source : Bendélac, *op. cit.* p. 79.

Depuis 1948, l'aide du gouvernement américain à Israël a atteint près de 18 milliards de dollars, répartis, à parts égales entre prêts et dons, les deux-tiers étant destinés à des fins militaires.

Source : jusqu'en 1977 : Trésor, Division des échanges extérieurs.
De 1978 à 81. Ambassade des États-Unis (Tel-Aviv).

L'accélération de cette aide est vertigineuse : en général inférieure à 100 millions de dollars jusqu'en 1975, et à 2 milliards de dollars jusqu'en 1981. En janvier 1985 l'État d'Israël réclame encore 12 milliards de dollars pour 8 ans.

Quant à la dette extérieure, elle passe de 6 milliards de dollars en 1973, à 10 milliards en 1976, à 17 milliards de dollars au 1er janvier 1981, soit le chiffre record de 4 350 dollars par habitant !

L'aide s'accroît avec les contrats de sous-traitance, notamment pour l'aviation (par exemple, la Israël Aircraft Industries reçoit des contrats de fabrication d'éléments pour les F-4 et F-15).

Enfin l'aide économique comporte des facilités accordées aux exportations israéliennes aux USA, qui bénéficie des tarifs préférentiels des ''pays en voie de développement'', moyennant quoi 96% de ces exportations (un milliard de dollars) entrent aux États-Unis libres de toutes taxes.

En bref, un seul chiffre suffit à définir le caractère de l'État sioniste d'Israël : le total de ''l'aide'' officielle américaine qu'il reçoit, à elle seule, correspond à plus de 1 000 dollars par tête d'habitant, c'est-à-dire, comme pourboire ajouté à son revenu national, plus de trois fois le revenu national brut, par tête d'habitant, de l'Égypte, et de la plupart des pays africains.

Le Professeur Yeshayahou Leibowitz, de l'Université hébraïque de Jérusalem, qui composa un ouvrage majeur sur *La Foi de Maïmonide*, (traduit en français en 1992, à Paris, aux Éditions du Cerf), et dirigea

pendant vingt ans la composition de l'*Encyclopédie hébraïque,* dans
son livre : *Israël et Judaïsme,* paru en hébreu, à Jérusalem, en 1987, (et
traduit en français, aux Éditions Desclée de Brouwer en 1993, peu avant
sa mort), résume ainsi, du point de vue d'un juif ulcéré dans sa foi de
sioniste religieux vivant en Palestine depuis 1934, son opinion sur **le
sionisme politique :**

"Notre système est pourri à la base" (p. 255). Et ceci pour deux
raisons :

1·- "Le malheur provient de ce que tout s'articule au problème
de la Nation et de l'État." (p.182). Si l'État et la Nation sont tenus
pour une fin en soi, alors "le judaïsme est rejeté puisque le plus
important c'est l'État d'Israël" (p. 182).

"Le nationalisme est la destruction de l'essence de l'homme."
(p. 182) "L'État d'Israël n'est pas un État qui possède une armée,
mais une armée qui possède un État." (p. 31).

2·- La dépendance de cet État à l'égard des États-Unis "Chez
nous l'effondrement total peut se produire en une nuit :
conséquence de la stupidité totale qui fait dépendre toute notre
existence de l'aide économique américaine." (p. 225).

"Les Américains ne sont intéressés que par l'idée de maintenir
ici une armée de mercenaires américains sous l'uniforme de
Tsahal" (p. 226). La force du poing juif vient du gant d'acier
américain qui le recouvre, et des dollars qui le capitonnent." (p.
253).

Conclusion

***

a) Du bon usage des mythes comme étapes de l'humanisation de l'Homme

Tous les peuples, avant même la découverte de l'écriture, ont élaboré des traditions orales, reposant parfois sur des événements réels, mais ayant pour caractère commun de donner une justification souvent poétique de leurs origines, de leur organisation sociale, de leurs pratiques cultuelles, des sources du pouvoir des chefs ou des projets futurs de la communauté.

Ces grands mythes jalonnent l'épopée de l'humanisation de l'homme, exprimant, par le récit des exploits d'un dieu ou d'un ancêtre légendaire, les grands moments de la levée de l'homme prenant conscience de ses pouvoirs et de ses devoirs, de sa vocation au dépassement de sa condition présente, à travers des images concrètes, nées de son expérience ou de ses espérances ; il projette un état ultime de l'avenir où seraient accomplis tous ses rêves de bonheur et de ''salut''.

Pour ne retenir que quelques exemples empruntés aux divers continents, le de l'Inde nous donne, à travers le récit des épreuves et des victoires de son héros Rama et de son épouse Sita, la plus haute image de l'homme et de la femme, leur sens de l'honneur, de la fidélité aux exigences d'une vie sans tache. Le nom même du héros Rama est proche de celui de Dieu : Ram. La puissance du mythe est telle, très au-delà du récit, qu'elle inspirera pendant des millénaires la vie des peuples en élevant une image grandiose de l'homme à l'horizon de leur vie : des siècles après la version de Valmiki, rassemblant par l'écriture les plus belles traditions orales, le poète Tulsidas, au XVème siècle, réécrira le en fonction d'une vision mystique plus profonde, le poème toujours inachevé de l'ascension humaine, et lorsque, en mourant, Gandhi bénira son assassin, c'est le nom de Ram qui, le dernier, sortira de ses lèvres.

Il en est de même du *Mahabaratha*, culminant dans la *Bhagavad Gita*, où le prince Arjuna se pose, en pleine bataille de Kurukshetra, la question ultime du sens de la vie et de ses combats.

Dans une autre civilisation, c'est-à-dire dans une autre conception des rapports de l'homme avec la nature, avec les autres hommes et avec Dieu, l'Iliade, dont toutes les traditions orales populaires sont attribuées à un auteur qui leur a donné une forme écrite, Homère (comme Valmiki pour le) projette l'image la plus haute que l'on pouvait dresser de l'homme, à travers, par exemple, le personnage d'Hector marchant à la mort prédestinée d'un pas inflexible pour le salut de son peuple.

De même le ''Prométhée'' d'Eschyle deviendra, plus de deux millénaires plus tard, au XIXe siècle, avec le ''Prométhée Déchaîné'' de Shelley, le symbole éternel de la grandeur des luttes libératrices, comme l'appel d'Antigone à ces ''lois non-écrites'' dont l'écho n'a cessé de retentir dans la tête et le coeur de tous ceux qui entendent ''vivre haut'', plus haut que les écritures, les pouvoirs et les lois.

Les grandes épopées initiatiques de l'Afrique comme celles du *Kaydara*, dont, en les faisant passer de la tradition orale des griots à l'œuvre écrite, Hampaté Ba s'est fait l'Homère ou le Valmiki de l'Afrique, comme les auteurs anonymes de l'Exode des tribus aztèques, ou comme Goethe en qui mûrit, pendant sa vie entière, ''Faust'', le mythe de tous les vouloirs du XIXe siècle européen, ou comme Dostoïevski écrivant, avec son roman ''L'Idiot'', sous les traits du prince Muichkine, une version nouvelle de la vie de Jésus, briseur de toutes les idoles de la vie moderne, semblable à cette autre vie de Jésus à travers les aventures de Don Quichotte, le chevalier Prophète, se heurtant sans faiblir à toutes les institutions d'un siècle qui voyait naître le règne nouveau de l'argent, où une générosité sans peur et sans reproche ne pouvait aboutir qu'à la dérision et à l'échec.

Ce ne sont là que des exemples de cette ''Légende des siècles'' qui sonne une fois encore le réveil des hommes avec Victor Hugo.

Leur ensemble constitue la véritable ''histoire sainte'' de l'humanité, l'histoire de la grandeur de l'homme, s'affirmant, même à travers ses tentatives avortées, pour dépasser les coutumes et les pouvoirs.

Ce que l'on appelle ''L'Histoire'', est écrite par les vainqueurs, les maîtres des empires, les généraux ravageurs de la terre des hommes, les pillards financiers des richesses du monde assujettissant le génie des grands inventeurs de la science et des techniques à leur œuvre de domination économique ou militaire.

De ceux-là, les traces sont restées, inscrites dans des monuments de pierre, des forteresses, des arcs de triomphe, des palais, dans des écrits à leur gloire, dans les images ciselées dans la pierre, comme à Karnak, bande dessinée des férocités de Ramsès, ou dans les mémoires apologétiques des chroniqueurs comme Guibert de Nogent, chantre des Croisades, ou dans les mémoires des rapaces de la domination, comme la "Guerre des Gaules" de Jules César, ou le "Mémorial de Sainte-Hélène" où Napoléon vantant avec la plume complaisante de Las Cases, les exploits par lesquels il a laissé une France plus petite qu'il ne l'avait trouvée.

Cette histoire ne dédaigne pas, au passage, de mettre à son service les mythes, en les enchaînant à son char de victoire.

b) Le mythe déguisé en histoire et son utilisation politique

La lecture de ce livre, Les *Mythes fondateurs de la politique israélienne* ne doit créer aucune confusion, ni religieuse, ni politique.

La critique de l'interprétation sioniste de la Thora, et des "livres historiques", (notamment ceux de Josué, de Samuel et des Rois) n'implique nullement une sous-estimation de la Bible et de ce qu'elle a révélé, elle aussi, sur l'épopée de l'humanisation et de la divinisation de l'homme. Le sacrifice d'Abraham est un modèle éternel du dépassement par l'homme de ses provisoires morales et de ses fragiles logiques au nom de valeurs inconditionnelles qui les relativisent. De même que l'Exode demeure le symbole de l'arrachement à toutes les servitudes, de l'appel irrésistible de Dieu à la liberté.

Ce que nous rejetons, c'est la lecture sioniste, tribale et nationaliste, de ces textes, réduisant l'idée géante de l'Alliance de Dieu avec l'homme, avec tous les hommes, et de sa présence en tous, et en tirant l'idée la plus maléfique de l'histoire humaine : celle de **peuple élu** par un Dieu partial et partiel (et donc une idole) justifiant par avance toutes les dominations, les colonisations et les massacres. Comme si, dans le monde, il n'y avait d' "Histoire sainte" que celle des Hébreux.

De ma démonstration, dont nul chaînon ne fut apporté sans en donner la source, ne découle nullement l'idée de la destruction de l'État d'Israël mais simplement sa désacralisation : cette terre, pas plus qu'aucune autre, ne fut jamais promise mais conquise, comme celle de la France, de l'Allemagne ou des États-Unis, en fonction des rapports de force historiques en chaque siècle.

Il ne s'agit pas de refaire indéfiniment l'histoire à coups de canon, mais simplement d'exiger, pour tous, l'application d'une loi internationale qui n'éternise pas des rapports de jungle.

Dans le cas particulier du Proche Orient, il s'agit simplement d'appliquer les décisions de partage prises par l'O.N.U. au lendemain de la dernière guerre et la décision 242, qui excluait à la fois le grignotage des frontières des pays voisins et la captation de leurs eaux, et l'évacuation des territoires occupés. L'implantation, dans les zones illégalement occupées, de colonies protégées par l'armée israélienne et l'armement des colons, c'est la perpétuation de fait d'une occupation qui rend impossible une paix véritable et une cohabitation pacifique et durable de deux peuples égaux et indépendants, paix qui serait symbolisée par le respect commun, sans prétention à une possession exclusive de Jérusalem, lieu de rencontre des trois religions abrahamiques.

* * *

De même la critique du mythe de l'Holocauste n'est pas une comptabilité macabre du nombre de victimes. N'y eût-il qu'un seul homme persécuté pour sa foi ou son appartenance ethnique, il n'y aurait pas moins eu un crime contre l'humanité tout entière.

Mais l'exploitation politique, par une nation qui n'existait pas lorsque furent commis les crimes, de chiffres arbitrairement exagérés pour tenter de prouver que la souffrance des uns était sans commune mesure avec celle de tous les autres, et la sacralisation (par le vocabulaire religieux lui-même - celui d'''Holocauste'') tend à faire oublier des génocides plus féroces.

Les plus grands bénéficiaires en étaient les sionistes, se donnant pour les victimes exclusives, créant, dans la foulée, un État d'Israël, et, malgré les 50 millions de morts de cette guerre, en faisant la victime quasi unique de l'hitlérisme, et le plaçant, à partir de là, au-dessus de toute loi pour légaliser toutes ses exactions extérieures ou intérieures.

* * *

Il ne s'agit pas non plus d'accuser de mauvaise foi les millions d'honnêtes gens qui ont cru à ces mythologies menteuses propagées par tous les médias et justement indignées, par exemple, par le martyre des chambres à gaz, ou convaincus par une lecture littérale de la Bible, totalement ignorante de l'exégèse moderne, de la véracité des promesses divines faites à un **peuple élu.** Pendant plus d'un millénaire (du IVème siècle à la Renaissance) des chrétiens pieux ont cru à la "donation" par Constantin des États du Pape au Pontife romain. Le mensonge a régné mille ans.

Ma propre grand-mère a vu, de ses yeux vu, comme des milliers de gens de bonne foi, une Croix de sang s'élever dans le ciel dans la nuit du 2 août 1914. Elle y a cru jusqu'à sa mort.

Le présent livre n'a d'autre objet que de donner à tous les éléments leur permettant de juger les méfaits d'une mythologie sioniste qui, inconditionnellement soutenue par les États-Unis, a déjà engendré 5 guerres et constitue, par l'influence qu'exerce son lobby sur la puissance américaine et par là, sur l'opinion mondiale, une menace permanente pour l'unité du monde et de la paix.

c) Les faussaires et l'histoire critique

Enfin, il s'agissait pour nous - en donnant, pour la plus minime information, la source et la preuve de ce que nous affirmions - de nous séparer radicalement de tous les faux destinés à jeter le discrédit sur une religion ou une communauté, et à appeler contre elle la haine et la persécution.

Le modèle de ce genre d'infamie est le "Protocole des sages de Sion", dont j'ai, dans mon livre : *Palestine, terre des messages divins*, longuement démontré (p. 206 à 214), les procédés policiers de fabrication en m'inspirant de l'irréfutable démonstration que fit Henri Rollin, en 1939, dans *L'Apocalypse de notre temps* (Gallimard 1939) qu'Hitler fit détruire en 1940 parce qu'il anéantissait l'un des instruments favoris de la propagande antijuive des nazis (réédition, Allia 1991).

Henri Rollin exhuma les deux plagiats à partir desquels avaient été fabriqués le faux par la police du Ministre russe de l'Intérieur, Von Plehve, au début du siècle.

1· - Un pamphlet écrit en France, en 1864, par Maurice Joly contre

Napoléon III : *Dialogue aux enfers entre Montesquieu et Machiavel*, dont il reproduit, paragraphe par paragraphe, toutes les critiques adressées à la dictature de l'Empereur et qui peuvent s'appliquer à toute politique de domination.

2· - Un essai dirigé, par un émigré russe, Ilya Tsion, contre le ministre des Finances russe, le comte de Witte, intitulé : *Où la dictature de M. Witte conduit la Russie* (1895) qui, à son tour, était un plagiat des libelles dirigés, avant 1789, contre Monsieur de Calonne, et qui peut s'appliquer à toutes les liaisons de ministres des finances avec les Banques internationales. Dans le cas particulier, c'était un règlement de compte de Von Plehve contre de Witte, qu'il haïssait.

Ce roman policier du genre ignoble a malheureusement été utilisé largement, (en particulier par certains pays arabes que j'ai dénoncés depuis longtemps). Il donnait ainsi occasion, aux sionistes et aux israéliens, de dénoncer toute critique de leur politique au Proche-Orient et de leurs groupes de pression dans le monde, pour les assimiler à ce travail de faussaires.

C'est pourquoi, au risque de la surcharger et de fatiguer un lecteur trop pressé d'arriver aux conclusions sans passer par le travail souvent fastidieux des preuves, nous n'avons avancé aucune thèse sans en donner les sources.

* * *

Résumons ce que l'histoire critique peut dire, sans la sacraliser avec des mythes mis au service d'une politique.

À partir de son idéologie raciste, Hitler, dès ses premières manifestations politiques, prit les juifs comme cible, après le communisme, dont la destruction était sa mission principale (ce qui lui valut longtemps l'indulgence et les concessions des ''démocraties occidentales'' depuis la livraison des moyens de son réarmement par les industriels jusqu'à la livraison des peuples par leurs politiques, par exemple à Munich). Ses premiers prétextes, dans sa lutte contre les juifs, étaient d'ailleurs contradictoires : d'une part il prétendait que la Révolution d'Octobre était l'œuvre des juifs et menaçait l'Europe d'y instaurer, avec la complicité juive, le communisme, et il développait le thème du ''judéo-bolchevisme'', comme incarnation du communisme mondial, et, en même temps, il dénonçait les juifs comme incarnation du capitalisme mondial.

Le programme du Parti national-socialiste proclamait déjà :
"Un juif ne peut être un compatriote."

Source : P. S. 1708.

Excluant ainsi de la nation allemande quelques-uns de ses fils les plus glorieux dans tous les domaines de la culture, de la musique à la science, sous prétexte qu'ils étaient de confession juive, et confondant à dessein la religion et la race.

À partir de cette monstrueuse exclusion, qui reniait le poète Heine, et chassait Einstein le géant, il définissait, dès 1919, dans une lettre du 16 septembre à son ami Gemlich, ce qu'il appelait déjà son "but ultime" (*letztes Ziel*) "l'éloignement des juifs". Ce "but ultime" restera le sien jusqu'à sa mort, comme la lutte contre le "bolchevisme", sur lequel il se brisera.

Cet "éloignement des juifs", l'une des constantes de sa politique, prendra des formes diverses selon les vicissitudes de sa carrière.

Dès son arrivée au pouvoir, son ministre de l'économie signe avec l'Agence juive (sioniste) l'accord du 28 août 1933, accord favorisant le "transfert" ("*Haavara*" en hébreu) des juifs allemands en Palestine.

Source : Broszat, Jacobsen, Krausnick :
Anatomie des S.S. Staates, Munich. 1982. vol. II, p. 263.

Deux ans plus tard, les lois de Nuremberg du 15 septembre 1935, donnent valeur législative aux articles 4 et 5 du programme du Parti, formulé à Munich le 24 février 1920, sur la citoyenneté du Reich et la "défense du sang" (comme les "rois catholiques" d'Espagne l'avaient fait au XVIème siècle, sous prétexte de "pureté du sang" (*limpieza del sangre*) contre les juifs et les "maures"), en s'inspirant l'un et l'autre de l'exemple des Esdras et des Néhémie dans la Bible. Ces lois permettaient d'exclure les juifs des fonctions d'État et des postes dominants de la société civile. Ces lois interdisaient les mariages mixtes et assignaient aux juifs le statut d'étrangers.

La discrimination allait bientôt devenir plus sauvage en 1938, avec la Nuit de cristal, à partir d'un prétexte.

Le 7 novembre 1938, le Conseiller d'ambassade à Paris, Von Rath, est assassiné par un jeune juif nommé Grynspan.

Le fait, orchestré par la presse nazie, déchaîne, dans la nuit du 9 au 10 novembre, une véritable chasse aux juifs, le pillage et le saccage de leurs magasins, le bris de leurs vitrines (d'où le nom de "Nuit de cristal").

Le bilan en est sinistre :

> "Pillage et destruction de 815 magasins, de 171 maisons, de 276 synagogues, 14 autres monuments de la Communauté juive, arrestation de 20.000 juifs, 7 aryens, 3 étrangers, 36 morts et 36 blessés"
>
> Source : Rapport de Heydrich à Goering
> en date du 11 novembre 1938, Nür. T. IX p. 554.
> Document reconnu authentique par Goering
> et tous les accusés contre lesquels il a été produit.

Il ne s'agissait pas d'une réaction passionnelle du peuple allemand, mais d'un pogrom organisé par le Parti nazi. En témoigne le rapport du juge suprême du Parti national-socialiste, Walter Buch, chargé de l'enquête (Doc. P.S. 3063 portant la date du 13 février 1939, Nur. T. XXXII, p. 29) qui devait juger les 174 membres du Parti arrêtés dès le 11 novembre sur ordre de Heydrich pour avoir organisé ce pogrom et y avoir participé.

Mais, parmi les 174, ne figurent que des cadres subalternes du Parti.

Le gouvernement, (à l'exception de Goebbels qui approuvait le crime) et le Führer lui-même, les désavouèrent. Mais cela n'exclut pas l'hypothèse de directives venues "d'en haut". D'autant plus que Goering prit aussitôt trois décrets aggravant la discrimination.

- le premier frapperait les juifs allemands d'une amende collective d'un milliard de marks (P.S. 1412 *Reichs-gesetzblatt 1938*, partie I, page 1579) ;

- le second exclurait les Juifs de la vie économique allemande (P.S. 2875. *Reichsgesetzblatt 1938*, partie I, page 1580) ;

- le dernier décidant que les compagnies d'assurance verseraient à l'État, non à l'intéressé juif, le remboursement du dommage à lui causé au cours de la Nuit de cristal (P.S. 2694. *Reichsgesetzblatt 1938*, partie I, page 1581).

Le rapprochement des prétextes et des méthodes pour accabler les juifs en Allemagne et les Arabes en Palestine est saisissant : en 1982 un attentat est commis, à Londres, contre un diplomate israélien. Les dirigeants israéliens l'attribuent immédiatement à l'O.L.P. et envahissent le Liban pour y détruire les bases de l'O.L.P., faisant 20.000 morts. Begin et Ariel Sharon, comme autrefois Goebbels, avaient eu "leur Nuit de cristal" avec un nombre beaucoup plus grand de victimes innocentes.

La différence est dans le prétexte du déclenchement de l'invasion du Liban, projetée par les dirigeants israéliens depuis longtemps. Le 21 mai 1948 Ben Gourion écrivait dans son "Journal" :

> "Le talon d'Achille de la coalition dans son "Journal" arabe, c'est le Liban. La suprématie musulmane dans ce pays est artificielle, et peut aisément être renversée ; un État chrétien doit être instauré en ce pays. Sa frontière sud serait la rivière du Litani."
> Source : Michaël Bar Zohar.
> *Ben Gourion. Le prophète armé*. p. 139.

Le 16 juin, le général Moshé Dayan précise la méthode :

> "Tout ce qu'il nous reste à trouver, c'est un officier, même un simple capitaine. Il faudrait le gagner à notre cause, l'acheter, pour qu'il accepte de se déclarer le sauveur de la population maronite. Alors, l'armée israélienne entrerait au Liban, occuperait les territoires où elle établirait un régime chrétien allié à Israël, et tout marcherait comme sur des roulettes. Le territoire du sud du Liban sera totalement annexé à Israël."
> Source : *Journal* de l'ancien premier ministre d'Israël, Moshé Sharett, publié en hébreu en 1979.

Ce qui rend encore plus odieux le crime du Liban, en son principe même (au-delà des massacres perpétrés, sous les yeux de Sharon, et préparés grâce à lui) c'est que le prétexte même n'en pouvait être imputé à l'O.L.P.

Madame Thatcher a apporté devant la Chambre des Communes, la preuve que ce crime était l'œuvre d'un ennemi déclaré de l'O.L.P. Aussitôt après l'arrestation des criminels et au vu de l'enquête policière, elle déclare :

> "Sur la liste des personnalités à abattre, trouvée sur les auteurs de l'attentat, figurait le nom du responsable de l'O.L.P. à Londres... Ceci tend à prouver que les assaillants n'avaient pas, comme l'a prétendu Israël, le soutien de l'O.L.P... Je ne crois pas que l'attaque israélienne sur le Liban soit une action de représailles consécutive à cet attentat : les Israéliens y ont trouvé un prétexte pour rouvrir les hostilités."
>
> Source : International Herald Tribune, du 8 juin 1982.

Ce démenti à la propagande israélienne est passé à peu près inaperçu en France, alors qu'il détruisait la légende de la "légitime défense" qui avait servi de prétexte à cette nouvelle agression.

Car cette guerre s'inscrivait, comme toutes les agressions et les exactions de l'État d'Israël, dans la logique interne de la doctrine sioniste, comme la "Nuit de cristal" dans la logique interne du racisme hitlérien.

La situation des Juifs, après la "Nuit de cristal", devenait de plus en plus dramatique. Les "démocraties occidentales" réunirent la Conférence d'Évian en 1938, qui assembla 33 pays (L'URSS et la Tchécoslovaquie n'y étaient pas représentées ; la Hongrie, la Roumanie, la Pologne n'avaient que des observateurs pour demander qu'on les débarrasse de leurs propres juifs).

Le Président Roosevelt donna l'exemple de l'égoïsme, disant, à la Conférence de presse de "Warm Springs" qu'"aucune révision ni augmentation des quotas d'immigration aux États-Unis n'était prévue."

> Source : Mazor,"Il y a trente ans, la Conférence d'Évian", dans *Le Monde Juif,* d'avril-juin 1968, No 50 ; p. 23 et 25.

À Évian, nul ne se préoccupa de "prendre en charge les persécutés, voire de se préoccuper sérieusement de leur sort."

> Source : *Dix leçons sur le nazisme*, sous la direction d'Alfred Grosser. Paris, 1976, p. 216.

En mars 1943, Goebbels pouvait encore ironiser :

> "Quelle sera la solution de la question juive ? Créera-t-on un jour un État Juif dans un territoire quelconque ? On le saura plus tard. Mais il est curieux de constater que les pays dont l'opinion

publique s'élève en faveur des juifs refusent toujours de les accueillir.''
Source : Léon Poliakov. *Bréviaire de la haine* p. 41.

Après la défaite de la Pologne, une autre solution provisoire de la question juive parut possible : le 21 septembre, Heydrich, rappelant le ''but final'' (*Endziel*) ordonna aux chefs de la sécurité de créer, à la nouvelle frontière de l'URSS, une sorte de ''réserve juive.''
Source : Léon Poliakov, *op. cit.* p. 41.

La défaite de la France ouvrit aux nazis de nouvelles perspectives. L'on pouvait, pour la question juive, pour sa ''solution finale'', utiliser l'empire colonial français.

Dès l'armistice de juin 1940 est lancée l'idée d'une expulsion de tous les juifs à Madagascar.

Dès le mois de mai 1940, Himmler, dans une note intitulée : ''Quelques réflexions sur le traitement des personnes étrangères à l'Est'', écrit : ''J'espère voir la notion de juif définitivement effacée grâce à l'évacuation de tous les juifs vers l'Afrique ou dans une colonie.''
Source : Vierteljahreshefte für Zeitgeschichte 1957. p. 197.

Le 24 juin 1940 Heydrich écrivait au Ministre des Affaires étrangères, Ribbentrop, que l'on pouvait désormais entrevoir ''une solution finale territoriale''. (*eine territoriale Endlösung*) du problème juif.
Source : Gerald Fleming : *Hitler und die Endlösung*
Wiesbaden-Munich. 1982. p. 56.

Dès lors fut élaboré techniquement le ''projet de Madagascar'' : le 3 juillet 1940, Franz Rademacher responsable des affaires juives au Ministère des affaires étrangères, élabora un rapport disant :

''La victoire imminente donne à l'Allemagne la possibilité et, à mon avis, le devoir également, de résoudre la question juive en Europe. La solution souhaitable est : tous les juifs hors d'Europe (''*Allen Juden aus Europa*'').

Le Referat D III propose comme solution de la question juive : dans le traité de paix, la France doit rendre l'île de Madagascar disponible pour la solution de la question juive et doit transférer et indemniser les quelques 25.000 Français qui y résident. L'île passera sous mandat allemand.''

> Source : N.G. 2586 -B. Voir : *Documents on German Foreign Policy (1918-1945)*. Series D, Vol. X, Londres.1957. p. 111-113.

Le 25 juillet 1940, Hans Frank, gouverneur de Pologne, confirma que le Führer était d'accord avec cette évacuation, mais que des transports outre-mer de cette importance n'était pas réalisables tant que la marine britannique tenait les clés de la mer.

> Source : P.S. 22.33. I.M.T. vol. XXIX, p. 405.

Il fallait trouver une solution provisoire de remplacement. Il est dit dans le "procès verbal" :

> "C'est le Reichsführer SS et chef de la police allemande, qui sera responsable de l'ensemble des mesures nécessaires à la solution finale (*Endlösung der Judenfrage*), sans considération de limites géographiques."

> Source : N.G. 2586 G.

La question juive se posait désormais à l'échelle de l'Europe, occupée par les nazis.

Le projet de Madagascar étant provisoirement ajourné "la guerre contre l'Union Soviétique nous a permis de disposer de nouveaux territoires pour la solution finale (für die Endlösung). En conséquence le Führer a décidé d'expulser les juifs non pas à Madagascar mais vers l'Est.''

> Source : N.G. 5570.

Le Führer avait en effet déclaré le 2 janvier 1942 : "Le juif doit quitter l'Europe. Le mieux est qu'ils aillent en Russie.''

> Source : Adolf Hitler : *Monologues* 1941-44. Albrecht Krauss Verlag. Hambourg 1980, p. 241.

Avec le reflux des armées allemandes sous la pression de l'armée soviétique, la solution de la "question juive" réclama "une impitoyable rigueur''.

> Source : H. Monneray : La persécution des juifs dans les pays de l'Est. p. 91-92.

En mai 1944, Hitler ordonne d'utiliser 200.000 juifs, encadrés par

10.000 gardiens SS pour travailler dans les usines d'armement ou dans les camps de concentration dans des conditions si horribles que les épidémies de typhus y firent des dizaines de milliers de victimes, exigeant la multiplication de fours crématoires.

Puis les déportés furent envoyés sur des routes qu'ils devaient eux-mêmes construire dans des conditions d'épuisement et de famines telles que la majorité d'entre eux, par dizaines de milliers, succombaient.

Tel fut le martyrologe des déportés juifs et slaves et la férocité des maîtres hitlériens les traitant en esclaves n'ayant même pas valeur humaine de travailleurs utiles.

Ces crimes ne peuvent être sous-estimés, ni les souffrances indicibles des victimes. C'est pourquoi il n'est nul besoin d'ajouter à cet horrible tableau des lueurs d'incendies empruntées à l'Enfer de Dante, ni de leur apporter la caution théologique et sacrificielle de ''l'Holocauste'', pour rendre compte de cette inhumanité.

L'histoire la moins emphatique est, à elle seule, plus accusatrice que le mythe.

Et surtout elle ne réduit pas l'ampleur d'un véritable crime contre l'humanité, qui coûta 50 millions de morts, aux dimensions d'un pogrom à l'égard d'une seule catégorie de victimes innocentes, alors que des millions moururent les armes à la main pour faire face à cette barbarie.

* * *

Ce bilan historique, répétons-le, est encore provisoire. Comme pour toute histoire critique et comme toute science, il est révisable et sera révisé en fonction des découvertes d'éléments nouveaux : des tonnes d'archives allemandes ont été saisies et transportées aux États-Unis : elles n'ont pas encore été complètement dépouillées.

D'autres archives, en Russie, dont l'accès a longtemps été interdit aux chercheurs, ont commencé à s'ouvrir.

Un grand travail reste donc à faire à condition de ne pas confondre le mythe avec l'histoire, et de ne pas prétendre poser les conclusions avant la recherche, comme un certain terrorisme intellectuel a prétendu l'imposer jusqu'ici : la "canonisation" des textes de Nuremberg s'est révélée bien fragile.

L'histoire, pas plus que les sciences, ne peut partir d'un *a priori* intouchable.

Nuremberg avait promulgué des chiffres dont les plus importants se sont révélés faux : les "4 millions" de morts d'Auschwitz ont été ramenés à "un peu plus d'un million", et même les "autorités" ont dû accepter cette révision et changer les plaques commémoratives du crime.

Le dogme des "six millions", déjà mis en cause par les défenseurs les plus intransigeants du génocide comme Reitlinger, qui arrivait dans son livre : *La solution finale*, à 4 millions et demi, est désormais exclu par toute la communauté scientifique, même s'il reste un thème de propagande médiatique à l'égard de l'opinion et des écoliers.

Il ne s'agit pas, en montrant la vanité de ces *a priori* arithmétiques, de se livrer à une vérification comptable qui serait macabre. Il s'agit de montrer combien la volonté délibérée de perpétuer un mensonge a contraint à une falsification systématique et arbitraire de l'histoire.

Il a fallu, pour faire du martyrologe réel des juifs, sous prétexte de ne pas le **banaliser,** non seulement faire passer au second plan tous les autres, tels que la mort de 17 millions de citoyens soviétiques et de 9 millions d'Allemands, mais encore conférer à ces souffrances réelles un caractère sacral (sous le nom d'*Holocauste*), qui était refusé à tous les autres.

Il a fallu, pour atteindre cet objectif, violer toutes les règles élémentaires de la justice et de l'établissement de la vérité.

Il fallait, par exemple, que "solution finale" signifie extermination, "génocide", alors qu'aucun texte ne permet cette interprétation, s'agissant toujours d'expulsion de tous les juifs d'Europe, à l'Est d'abord, puis dans une quelconque réserve africaine. Ce qui est déjà suffisamment monstrueux.

Il a fallu, pour cela, falsifier tous les documents : traduire "transfert" par "extermination". De sorte que cette "méthode" d'interprétation permet de faire dire n'importe quoi à n'importe quel texte. Ce qui était un horrible massacre devenait "génocide".

Pour ne citer qu'un exemple de cette manipulation tendancieuse des textes : dans son livre sur *Les Crématoires d'Auschwitz* (1993), Jean-Claude Pressac est tellement soucieux d'adjoindre une horreur supplémentaire à cette effrayante mortalité que chaque fois qu'il rencontre le mot allemand "*Leichenkeller*", "cave à cadavres", c'est-à-dire "morgue", il traduit "chambre à gaz" (exemple p. 65). Là encore il introduit la notion de "langage codé", disant que le bourreau (du nom de Messing) "n'eut pas le cran d'écrire que la "cave à cadavres" était une "cave à gazage"" (p. 74).

Or l'hypothèse du "langage codé", constamment utilisé pour faire dire aux textes ce que l'on voudrait qu'ils disent, n'a aucun fondement, d'abord parce que Hitler et ses complices, comme nous l'avons montré (p. 88 à 109) n'ont jamais essayé de dissimuler leurs autres crimes et les ont proclamés cyniquement en langage clair, ensuite parce que les Anglais avaient poussé très loin les techniques et les machineries du déchiffrement des codes et possédaient en clair les messages, qui n'auraient pas manqué d'être nombreux pour mettre en œuvre une entreprise technique aussi gigantesque que l'extermination industrielle de millions d'hommes.

Le refus systématique de tenir compte de l'expression, qui revient si souvent dans les textes hitlériens, de "solution finale territoriale", est également révélateur de cette volonté de refuser toute analyse qui ne justifierait pas les conclusions *a priori* : les "six millions" et le "génocide".

Il a fallu, avec le même arbitraire, lorsqu'il fut prouvé que, malgré un nombre considérable de déclarations de "témoins oculaires" sur l'existence de "chambres à gaz", celles-ci n'avaient jamais existé en territoire allemand, continuer à tenir pour incontestables les témoignages identiques sur leur existence dans les camps de l'Est.

Enfin, le refus de discuter d'une manière à la fois scientifique et publique les expertises techniques, et au contraire, de ne répondre que par la répression et le silence, ne peuvent qu'entretenir le doute.

Il n'est pas de plus efficace réquisitoire contre l'hitlérisme que l'établissement de la vérité historique.

C'est à cela que, par ce dossier, nous avons voulu contribuer.

ANNEXE

Pour une bibliographie des œuvres de Roger Garaudy et des études sur l'auteur, nous renvoyons le lecteur à une version plus récentes, parue en annexe de *l'Avenir : mode d'emploi* (Partie 7)

Les ''Nouveaux historiens'' en Israël

U ne interview du Professeur Moshé Zimmerman, chef du département d'études germaniques à l'Université hébraïque de Jérusalem, dans le journal *Yerushalayim* du 28 avril 1995.

Le Professeur Zimmerman, dit le journaliste dans sa présentation, est spécialiste de l'Allemagne, des juifs allemands, du Troisième Reich, de l'Holocauste. Ses analyses historiques et les conclusions auxquelles il arrive... l'ont placé, au cours des dernières années, au centre de nombreuses controverses publiques... Les parallèles qu'il établit entre le passé et le présent sont difficiles à digérer. Par exemple lorsqu'il compare les soldats juifs volontaires pour servir dans les territoires occupés aux allemands volontaires pour servir dans les S.S., ou lorsqu'il déclare que les enfants des colons juifs d'Hébron sont formés comme la jeunesse hitlérienne... ou lorsqu'il dénonce l'utilisation de l'Holocauste par Israël.

ZIMMERMAN : ''Dans une conférence que j'ai faite sur l'utilisation de l'Holocauste, j'ai rappelé qu'il est fréquent et qu'il est de bon ton de dire que l'Holocauste est la justification principale de l'instauration d'Israël. S'il en était ainsi nous devrions remercier Hitler... pour cette contribution éminente au Sionisme L'un des auditeurs écrivit au journal ''Haaretz'' que j'avais dit qu'il faut remercier Hitler alors que j'avais dit le contraire. ''

Question : Les juifs, dans *Agency Kampf*, sont désignés comme un germe à détruire. Ce livre a toujours été considéré comme un plan opérationnel d'Hitler, exprimant son intention de détruire les juifs.

ZIMMERMAN : ''Alors, pourquoi aurait-il attendu deux ans et demi pour faire les lois de Nuremberg ? Et s'il avait l'intention préméditée de détruire les juifs avait-il besoin de lois ? Prenons l'exemple de la Nuit de cristal. Lors de la commémoration du putsch de 1923, le thème était l'expulsion des juifs polonais hors d'Allemagne. Dans son discours Hitler ne parla nullement de les assassiner. Mais, prenant prétexte de l'assassinat à Paris d'un diplomate allemand par un jeune juif, Goebbels, pour se faire valoir, organisa le pogrom.

Question : Considérez-vous que tous les Allemands sont coupables ?

ZIMMERMAN : Les recherches des 20 dernières années montrent que ceux qui n'ont d'autre lien avec le nazisme que d'avoir voté pour Hitler en 1933, sous prétexte du désordre régnant en Allemagne, ont une part de responsabilité, même s'ils disent qu'ils ne se doutaient pas que le régime irait à de telles extrémités. Mais je n'incrimine pas chaque individu... Le nazisme illustre une situation où la majorité d'un peuple choisit ou d'ignorer ou de collaborer avec les premières horreurs. J'ai étudié ce phénomène, et c'est à cette aune que je mesure la situation en Israël : je n'entends guère de protestations publiques contre l'immoralité de l'occupation de territoires. Voter pour un parti qui approuve l'occupation n'est pas considéré comme un grand crime. Les soldats qui partent comme volontaires pour servir dans les Territoires occupés sont considérés comme des héros, alors qu'en vérité ce volontariat peut être comparé à celui des Allemands volontaires pour servir dans la S.S.

Question : Dans quelle mesure peut-on établir un parallèle entre notre occupation, et le fait d'imposer notre loi aux Palestiniens, avec les horreurs perpétrées par le nazisme ?

ZIMMERMAN : Nous avons de meilleurs ''prétextes'' pour agir comme nous le faisons. Mais il y a aussi un monstre en chacun de nous et si nous continuons à affirmer que nous sommes toujours justifiés, ce monstre peut grandir... Déjà aujourd'hui je pense à un phénomène qui prend des proportions toujours plus grandes : il y a un secteur entier de la population juive que je définis, sans hésitation, comme une copie des nazis allemands. Regardez les enfants des colons juifs d'Hébron, ils ressemblent exactement à la jeunesse hitlérienne. Depuis leur enfance on les imprègne de l'idée que tout Arabe est mauvais, et que tous les non-juifs sont contre nous. On en fait des paranoïaques : ils se considèrent comme une race supérieure, exactement comme les jeunesses hitlériennes. Rehevan Ze'evi (ministre de 1990 à 1992 dans le gouvernement Shamir) demande l'expulsion (''transfert'') de tous les Palestiniens des territoires. C'était le programme officiel du Parti nazi : l'expulsion de tous les juifs d'Allemagne.

Question : Vous y allez fort : les juifs qui ne vivent pas à Hébron, qui ne votent pas pour le parti de Kahane, et qui ne sont pas volontaires pour servir dans les unités spéciales dans les Territoires, qu'en faites-vous ?

ZIMMERMAN : Je fais une différence entre les volontaires des unités spéciales, et les soldats appelés au service militaire... Mais là encore, je fais un parallèle avec l'armée allemande pendant la deuxième guerre mondiale Nous devrions, nous les juifs, nous rappeler qu'au cours de cette guerre plus de 100.000 soldats allemands furent exécutés parce qu'ils refusaient de participer à des crimes contre l'humanité. Parfois parce qu'ils refusaient de tuer les juifs.''

* * *

Dans le journal israélien *Haaretz* du 10 mai 1995, le Professeur Zimmerman, menacé d'être chassé de sa chaire à l'Université, et cette menace étant soutenue par une pétition de 79 professeurs (membres du Likoud ou des intégristes religieux), répond à propos d'un article de Dan Margeli dans le numéro du 5 mai du même journal. Il proteste contre cette tentative d'expulsion en rappelant que la prétention de ces professeurs de parler au nom de ''la saine opinion du peuple'' est semblable à l'attitude de certains universitaires nazis, qui proposaient eux aussi de chasser de l'Université les opposants à la ''pensée unique''.

On cite souvent le mot de Heine : ''Quand les livres sont brûlés, le peuple finira lui aussi par brûler''. Cela commence même avant : quand le droit légal à la libre expression est menacé les livres finiront par être brûlés...

Je me demande si ceux qui veulent me chasser de l'Université en raison de mes idées vont recommander de brûler mes livres. Chaque année des milliers d'étudiants les lisent. Seront-ils aussi voués au bûcher ?

Mes propos sont-ils terribles, en ce qui concerne les enfants d'Hébron appelés à célébrer le premier anniversaire de la mort de Baruch Goldstein lorsque je compare cette cérémonie aux manifestations des nazis ?

Ce que je dis n'a rien à voir avec les thèses de ceux qui veulent minimiser les crimes hitlériens... Connaissant bien l'histoire du nazisme je veux pouvoir avertir l'opinion du danger potentiel présent en toute vérité... Alors que certains pensent que je suis manipulé par le gouvernement allemand, il faut rappeler, qu'au contraire des politiciens et des historiens officiels rejettent la tendance révisionniste : la preuve en est que lorsque les révisionnistes voulurent tenir le 7 mai 1995 un meeting pour rappeler que le 8 mai 1945 (capitulation nazie) n'était pas seulement le jour de la libération mais aussi le "premier jour ou les allemands furent expulsés de l'Est", le rassemblement fut interdit sous la pression des officiels.

Il vaudrait donc mieux que ceux qui, en Israël, pensent qu'ils défendent la vérité et l'honnêteté, la liberté d'expression et la recherche critique, évitent de collaborer avec les ennemis de ces valeurs et de s'en servir comme d'une feuille de vigne idéologique pour préparer un lynchage.''

* * *

L'historien Baruch Kimmerling, dans le même débat, dans *Yediot Aharonoth* du 15 mai 1995, défend lui aussi la liberté d'expression et de recherche critique. Il accuse les auteurs de la pétition demandant l'expulsion du Professeur Zimmerman :

"Ils se placent sur le terrain de la violence et de l'idéologie, pour essayer d'imposer un régime de terrorisme intellectuel, politique et idéologique dans l'Université hébraïque... Sans liberté de penser, comme l'ont montré les exemples des académies nazies et bolcheviques il n'est pas possible de développer une science digne de ce nom.''
"Si le Professeur Zimmerman était exclu, l'esprit du Sénateur McCarthy planerait sur les campus de l'Université Hébraïque.''

* * *

Dans *Haaretz* du 12 mai 1995, Arieh Kaspy proteste aussi contre le projet d'expulsion du Professeur Zimmerman, expert de l'histoire du nazisme, sous prétexte qu'il compare les voyous juifs des territoires occupés avec les actes de la jeunesse hitlérienne

"Aucun des 79 signataires n'a fait de pétition lorsqu'il fut révélé que notre Shabak pratiquait la torture. Ils n'étaient pas choqués lorsque des gens mourraient au cours d'un interrogatoire. Ils n'ont rien dit lorsque les colons assassinaient des Arabes, ils n'ont pas demandé que l'on supprime le mausolée sur la tombe de Baruch Goldstein avec cette inscription : "Baruch le héros" à Kiryat Arba, et ils n'ont pas promis que l'acte de Goldstein ne se reproduira pas".

Une note du journal ajoute que la riposte à ces gens est lente et difficile pour des raisons de financement des publications :

"Le judéo-nazisme, dit-il, est très populaire parmi les juifs des pays anglophones, plus encore qu'en Israël : un simple appel téléphonique ou un fax fournit l'argent nécessaire pour aider n'importe quel texte judéo-nazi. Au contraire les opposants au judéo-nazisme doivent publier à leurs frais."

LE PROCÈS DU SIONISME ISRAÉLIEN

Le Procès du sionisme reproduit le système de défense de l'auteur dans son procès en appel à la suite de sa condamnation en janvier 1998 pour la publication d'un autre ouvrage, *Les Mythes fondateurs de la politique israélienne*, Paris, 1e éd., La Vieille Taupe, 1995, 2e éd., samizdat Roger Garaudy, 1996. Il est affiché entre la première et la deuxième séance de la 11e Chambre de la Cour d'appel de Paris.

INTRODUCTION

L'image de la France ternie par ce genre de procès

****

Mon livre porte sur la politique israélienne et sur ses fondements idéologiques. Je suis accusé :

1·- De diffamation de personnes ou de communautés en raison de leur appartenance ethnique ou religieuse. Or je défie quiconque de trouver une seule ligne de mon livre où le mot *juif* soit employé dans un sens péjoratif. Je critique uniquement ceux (personne ou parti) qui ont utilisé la religion pour justifier une politique. Si je condamne la politique des talibans, je ne *diffame* pas l'Islam, je le défends au contraire contre ceux qui le déshonorent.

Dans le même esprit, lorsque je critique les talibans israéliens ou pro-israéliens, précisément pour leur instrumentation de la religion juive au service d'une politique de guerre, ma lutte contre eux fait partie de ma lutte contre l'antisémitisme que je considère comme un crime punissable par la loi, et que leur politique est en train de déchaîner.

2· Je suis **accusé** aussi de *minimiser les crimes d'Hitler* alors que ce sont mes adversaires qui les minimisent :

a - en les réduisant à ses seuls crimes contre les juifs alors que sa guerre a coûté 50 millions de morts.

b - en faisant une fixation obsessionnelle contre une de ses méthodes de meurtre, en occultant une multitude d'autres formes d'assassinat.

"Comment se sont déroulées les séances de cet absurde jugement ?"

C'est la question que me posait Yehudi Menuhin lorsqu'il reçut le texte du jugement contre lequel je fais aujourd'hui Appel.

Le grand musicien n'était pas le seul à dénoncer l'absurdité du procès : l'ancien président de la République Suisse, M. Chevallaz, historien d'origine, caractérisait déjà ce procès comme *un nouveau maccarthisme* et une nouvelle *"chasse aux sorcières"*. Il parle d'*Inquisition*. 20 professeurs des plus grandes Universités italiennes, de Rome, de Turin, de Naples, de Milan, de Pise, de Florence, dans la *Stampa* du 28 mars 1998, protestent contre le jugement sous le titre : **Ce livre n'est pas raciste !**

"La condamnation, en France, de Roger Garaudy pour avoir écrit un livre sur *Les Mythes fondateurs de la politique israélienne*, constitue un épisode grave de répression culturelle. Dans les considérants de la sentence le philosophe français a été condamné pour **contestation de crimes contre l'humanité**.

Mais cela, justement est absurde, et constitue un motif de grande préoccupation : il est notoire que cet écrivain est étranger à toute forme de racisme ; c'est une aberration qui révèle un risque de barbarisation (*imbarbarimento*) du climat culturel en Europe, de l'avoir condamné pour avoir discuté et réinterprété sur la base notamment d'une vaste documentation, puisée souvent chez les auteurs juifs - l'ampleur et les modalités spécifiques de ce qu'il reconnaît comme **le martyre des juifs** et les crimes immenses d'Hitler contre les juifs.

Nous sommes favorables à une discussion libre sur les **thèses de Garaudy** - ce qui, évidemment ne signifie pas que nous les partageons et nous protestons contre ce jugement pour délit d'opinion et contre la Loi qui l'a inspiré : la loi Gayssot.

Nous exprimons notre crainte pour les risques que courent la culture et l'édition non seulement en France, mais dans le reste de l'Europe si se répandait la mode, pour les tribunaux, de se substituer à ce qui relève de la recherche scientifique."

Je me réjouis de cet Appel, demandé conjointement par moi-même et par nos adversaires, car malheureusement, les événements ont vérifié ma thèse sur les dangers d'une interprétation intégriste de la Bible et de l'histoire, de la transformation du mythe en histoire. Mes prévisions sur le rôle d'Israël comme détonateur d'une troisième guerre mondiale, sont vérifiées dans les **faits** par la politique de M. Netanyahou. La traduction de mon livre en 29 pays a montré que des millions d'hommes et de femmes ont conscience de ce danger. L'ouverture des archives israéliennes a permis à des historiens israéliens de détruire ces mythes, et de passer, en Israël même, de la mythologie à l'histoire.

Des historiens de toutes les nations ont protesté contre la tentative d'étouffement de mes réflexions sur la malfaisance de cette mythologie.

Ce qui reste du premier procès, issu de la Loi Gayssot, c'est que l'image de la France comme patrie des **droits de l'homme** et de la **liberté d'expression,** a été ternie auprès des nations.

J'espère que ce procès, en appel, permettra de restaurer cette image.

Chapitre I

Sionisme contre judaïsme

*****

Je n'ai, malheureusement pu donner qu'un portrait attristant de mes accusateurs dont la seule obsession était d'identifier Sionisme et Judaïsme et, par conséquent, de traiter d'antisémite quiconque portait un jugement critique sur la politique d'Israël ou de ses idéologues.

Par exemple, le seul témoin appelé par eux, M. Tarnero, un universitaire pourtant, n'hésite pas à falsifier grossièrement une citation de mon livre se terminant, disait-il, par la formule : "Être juif aujourd'hui signifie être lié à Israël" dissimulant à l'auditoire que cette formule était, non pas de moi, mais d'un écrivain israélien : Schlomo Avineri, citation que je donnais en italique et avec ma source : *The Making of Modern Zionism* 1981. p. 197.

Le président de la LICRA, M. Pierre Aïdenbaum a donné le ton dans son communiqué du 24 avril 1996 :

Certains... sous couvert d'un antisionisme, ne cachent plus leur véritable antisémitisme, cela a été jugé dans notre pays par les tribunaux.

Oui, cela a été jugé par les tribunaux et précisément pour condamner la LICRA qui cherche à faire croire que le Sionisme, qui est une **politique**, s'identifie avec le Judaïsme, qui est une **religion**.

Je rappelle seulement la sentence rendue par le Tribunal de grande instance de Paris, le 24 mars 1983, (confirmée en appel et par la Cour de Cassation) dans le procès qu'avait intenté la LICRA contre le père Lelong, le pasteur Matthiot, Jacques Fauvet (*Le Monde*) et moi-même :

considérant qu'il s'agit de la critique licite de la politique d'un État et de l'idéologie qui l'inspire et non de provocation raciale... déboute la LICRA de toutes ses demandes, et la condamne aux dépens.

Deuxième contrevérité : dans la même déclaration il affirme :

Roger Garaudy, comme Robert Faurisson ont fait du négationnisme leur nouvelle Bible.

Étrange assimilation, au moment même où M. Faurisson écrivait contre moi un violent pamphlet. Assimilation d'autant plus mensongère que le problème de M. Faurisson n'est pas le mien : mon livre, comme son titre l'indique, est dirigé contre la **politique** israélienne qui peut constituer, comme les événements, depuis lors, l'ont montré, le détonateur d'une guerre mondiale ; **l'histoire** dans mon livre n'est pas l'objet central : je ne l'évoque qu'en citant les analyses des spécialistes, surtout israéliens ou sionistes, comme Reitlinger, Poliakov, Hilberg, Bédarida, comme aujourd'hui les nouveaux historiens d'Israël. L'un d'eux, Benny Morris, dit même :

Il ne s'agit pas de nouvelle histoire mais d'histoire tout court, puisqu'avant il n'y avait que de la mythologie.

En 1997, le professeur Zeev Sternhell, de l'Université hébraïque de Jérusalem, écrit un livre intitulé : *Les mythes fondateurs du nationalisme israélien.* Ce livre est édité aux très sérieuses Princeton University press (article du *Monde Diplomatique* de mai 1998.)

En 1998 la librairie Gallimard publie La *nouvelle histoire d'Israël,* d'Ilan Greilshammer, professeur de sciences politiques à l'Université Bar Ilan, où le mot **mythe** est employé 101 fois. Je ne prétends pas être un précurseur ni donner des leçons aux historiens. Nous y reviendrons à propos du **mythe** où l'on voit une injure de ma part, mais je souligne au contraire :

1·- que mon procès n'est pas celui de M. Faurisson ni d'aucun autre historien critique.

2·- que l'on ne pourrait pas me faire un tel procès, même en Israël, où, selon *Le Monde* du 4 avril, dans un article intitulé : De la mythologie à l'histoire, des chercheurs ont entrepris un travail de déconstruction des mythes. M. Zeev Sternhell en loue "l'influence salutaire "et ajoute que "jamais la remise en cause de nos mythes fondateurs n'avait été si répandue". "

Troisième contrevérité de M. Aïdenbaum : il écrit dans sa déclaration :

> Abbé Pierre, vous avez dit ne pas avoir lu ce livre. Je reste pour ma part persuadé qu'après sa lecture, ce livre suscitera de votre part la même réprobation et indignation que la nôtre.

Et voici la réalité : l'abbé Pierre écrit, pour une interview que lui avait demandée *Le Monde*, ce texte dont il m'a adressé une copie le 28 juillet 1996, et que j'ai publié, avec son accord, dans mon livre *Mes témoins*.

> ... **Au monastère, j'ai pu, au calme, lire et annoter le livre incriminé. N'ayant rien pu y trouver de blâmable** et me sachant bien peu savant, j'ai demandé aux Recteurs de deux des plus grandes universités catholiques en Europe, de bien vouloir remettre le livre, traduit en leur langue, à trois maîtres hautement spécialistes d'histoire, de théologie et de science biblique. Leurs avis m'importeront plus que ceux de la Licra.
>
> Lorsque commence le lynchage contre le travail et la personne de Garaudy, je n'avais pas pu lire encore le livre. C'est à la personne que je témoignais, dans ma lettre du 15 avril, ma confiance en sa conscience dans tout ce qu'il entreprenait, et en ses compétences.
>
> La Licra l'a attaqué en justice, je suis tenté de dire : "tant mieux" ! Mais j'ai compassion pour les juges qui auront à décider en fonction d'une loi, dite Gayssot, déclarée par Simone Veil : "loi qui affaiblit la vérité historique en essayant de lui donner une valeur légale." Loi contre laquelle votèrent, avec Chirac, Juppé, Seguin, Deniau, Jean de Gaulle, Barre, Balladur, les actuels ministres de la justice Toubon et de l'intérieur Debré, et plus de 250 députés.
>
> La Licra (ce qui veut dire : Ligue Internationale contre le racisme et l'antisémitisme) jouit depuis juillet 1972 d'un privilège exorbitant lui donnant pouvoir de faire dire qui est raciste et qui ne l'est pas (cf. *Journal Officiel*, Assemblée Nationale, 2e séance du 2 mai 1990, déclarations de Jacques Toubon pp. 936 et 948).
>
> **Le mouvement sioniste** avec ses puissants chefs fixés aux États-Unis, et comptant très lourd dans toute élection américaine, a pour volonté de posséder tout ce territoire tracé par la Bible : du Nil à l'Euphrate.
>
> En tous les lieux stratégiques des politiques concernant ces États, **le mouvement sioniste** a ses agents secrets, en France comme ailleurs, et leur doctrine se montre de plus en plus raciste et

impérialiste à l'égard des Palestiniens. Les méthodes aussi deviennent de plus en plus celle des tyrannies, depuis les meurtres de Bernadotte, Rabin... les massacres : Deir Yassin, Sabra et Chatila, Hébron, Cana... Enfin l'Aumônerie de l'armée israélienne dépend entièrement de rabbins sionistes. Les soldats s'entendant répéter le but : l'empire défini par la Genèse, et s'entendant sans cesse prêcher le modèle qu'est Josué.

Évidemment, dans un tel projet fou, ni l'État d'Israël, ni surtout un refuge palestinien, ne peuvent avoir place.

Il est clair qu'un grand nombre de citoyens israéliens sont hostiles à de tels projets, car ils veulent la paix.

Enfin, il ne faut pas ignorer que depuis Herzl, jusqu'à quelques-uns des plus hauts dans l'État d'Israël aujourd'hui, se disent **non croyants** mais, cyniquement, invoquent la Genèse pour justifier leur position.

Où en sont les espoirs de paix ? Israël échappera-t-il à une guerre civile ? Il n'est pas possible de laisser oublier que dans un procès analogue, voulu par cette ligue, contre Fauvet (Le Monde) Garaudy et un Pasteur, elle fut déboutée aux dépens. Certes les termes de la Loi Gayssot sont si nouveaux et si absurdes, qu'ils placent les juges dans une situation impossible selon les propos de M. Toubon (cf. *Journal Officiel*, Assemblée nationale, 3e séance du 21 juin 1991. p. 3572) déclarant cette "Loi inapplicable". Seul un "non-lieu serait digne de notre démocratie."

Telle est, monsieur Aïdenbaum, après qu'il a lu le livre, l'opinion de l'Abbé Pierre.

De même Yehudi Menuhin, m'écrit le 27 novembre 1997 dans un courrier de plus de 10 pages :

Mon cher Garaudy,
J'ai apprécié votre lettre excellente et compréhensive et je partage vos sentiments de frustration et votre déception pour le cours des événements qui nous conduisent, je le crains, à un futur conflit..." (Il me joint à ce sujet un article qu'il a publié dans Haaretz sur Jérusalem, et, rappelant le beau livre de son père le rabbin Moshe Menuhin sur *The Decadence of Judaism*, qui condamne durement le sionisme et prévoit la politique de guerre), il dit : "sans aucun doute mon père avait un sûr instinct et prévoyait les développements auxquels nous assistons avec horreur et crainte.

Et il ajoute :

Puis-je vous dire que vous êtes mon père réincarné (*impersonated*) dans une idéologie musulmane ?

Je ne sais pas ce qu'est la LICRA, mais tenez-moi informé, et je suis tout à fait prêt à dire exactement ce que je pense de votre bon travail... et mon expérience personnelle de votre intégrité. (Fin de citation)

Voici cette lettre.

Ajouterais-je à mon tour qu'une dépêche d'Associated Press, du 10 septembre 1996, communiquait dans sa rubrique nécrologique, que le rabbin Elmer Berger, ancien président de la Ligue pour le judaïsme aux États-Unis et fondateur de la revue *Alternative au sionisme*, avait décidé d'écrire la Préface à l'édition américaine de mon livre sur *Les mythes fondateurs de la politique israélienne*.

Telle était l'opinion des plus grandes figures juives du monde : Einstein, Martin Buber, Judah Magnes, fondateur de l'Université hébraïque de Jérusalem, le professeur Leibowitz dirigeant de l'*Encyclopaedia Judaica*, et les deux grands historiens de l'antisémitisme : Bernard Lazare et Hannah Arendt.

Déjà, en 1938, Albert Einstein avait condamné cette orientation :[17]

Il serait, à mon avis, plus raisonnable d'arriver à un accord avec les Arabes sur la base d'une vie commune pacifique que de créer un État juif... La conscience que j'ai de la nature essentielle du judaïsme se heurte à l'idée d'un État juif doté de frontières, d'une armée, et d'un projet de pouvoir temporel, aussi modeste soit-il. Je crains les dommages internes que le judaïsme subira en raison du développement, dans nos rangs, d'un nationalisme étroit...

Martin Buber déclarait à New York :[18]

Le sentiment que j'éprouvais, il y a soixante ans, lorsque je suis entré dans le mouvement sioniste, est essentiellement celui que j'éprouve aujourd'hui...

---

[17] Cité par Moshé Menuhin, *The Decadence of Judaism in our Time*, 1969, p. 324.
[18] Norman Bentwich, *For Zion's Sake* (a biography of Judah L. Magnes). Philadelphie : Jewish Publication Society of America, 1954, p. 252.

J'espérais que ce nationalisme ne suivrait pas le chemin des autres - commençant par une grande espérance - et se dégradant ensuite jusqu'à devenir un égoïsme sacré, osant même, comme Mussolini, se proclamer "sacro egoïsmo", comme si l'égoïsme collectif pouvait être plus sacré que l'égoïsme individuel... Lorsque nous sommes retournés en Palestine, la question décisive fut : voulez-vous venir ici comme un ami, un frère, un membre de la communauté des peuples du Proche-Orient, ou comme les représentants du colonialisme et de l'impérialisme ?

À l'université hébraïque de Jérusalem, dont il était président, depuis 1926, Judah Magnes, prononçait, à la rentrée de 1946, son allocution d'ouverture :[19]

La nouvelle voix juive parle par la bouche des fusils... Telle est la nouvelle Thorah de la terre d'Israël. Le monde a été enchaîné à la folie de la force physique. Le ciel nous garde d'enchaîner maintenant le judaïsme et le peuple d'Israël à cette folie.

Nous ne pouvons pactiser avec une société où le nationalisme est devenu un credo imposé... À la lumière notre conception universaliste de l'histoire du destin juif, et aussi parce que nous sommes préoccupés par la situation et la sécurité des juifs dans les autres parties du monde, nous ne pouvons souscrire à l'orientation politique qui domine le programme sioniste actuel, et nous ne la soutenons pas. Nous croyons que le nationalisme juif tend à créer la confusion chez nos compagnons sur leur place et leur fonction dans la société, et détourne leur attention de leur rôle historique : vivre en communauté religieuse partout où ils sont.

Personnellement, je n'ai pris conscience que fort tard de l'opposition radicale du sionisme et du judaïsme et de la contradiction fondamentale du sionisme : né, avec Théodore Herzl, des nationalismes du XIXe siècle européens, cette doctrine politique, professée par des athées, tels que Herzl lui-même, Ben Gourion, Golda Meir et tous les Pères fondateurs du sionisme, avait besoin, pour sa justification fondamentale, de la récupération de postulats bibliques (ou se disant tels) d'une **terre promise**. Il ne pouvait donc se développer qu'avec l'appui des éléments les plus intégristes et littéralistes du rabbinat pour

---

[19] Norrnan Bentwich, *op.cit*, p. 188.

faire croire qu'une **terre conquise** était une **terre promise**.

Ils revendiquent la propriété de cette terre qui leur aurait été donnée par un Dieu auquel ils ne croient pas. Pour ma part je n'ai compris cette contradiction qu'en faisant l'expérience de ses conséquences criminelles.

C'est par la lecture de la Bible que je suis entré, en 1933, dans la grande famille abrahamique universaliste, que je n'ai, depuis lors, jamais abandonnée.

J'ai appris, du sacrifice d'Abraham, qu'au-delà de nos petites morales, et de nos petites logiques, il y avait des valeurs absolues, divines, qui les dépassaient.

J'ai appris, des récits de l'Exode, ce que l'on appellera plus tard les *théologies de la libération* à l'égard de toutes les oppressions et de toutes les tyrannies.

J'ai appris de l'épopée de Josué qu'un homme habité par Dieu est invincible, capable, selon les paraboles du récit biblique, d'arrêter le soleil ou d'anéantir le mal parmi les hommes, bien que cela fut dit dans le langage barbare de l'époque, car un Dieu transcendant ne peut parler à l'homme que par paraboles et l'homme ne parler de Dieu que par métaphores.

C'est en puisant dans cette foi notre force que, dans notre camp de concentration où je me trouvais avec le fondateur de la LICA (devenue la LICRA) Bernard Lecache, nous faisions, la nuit, des cours clandestins sur les Prophètes d'Israël.

Ce n'est que plus tard que je pris conscience du détournement sioniste du mythe grandiose en une fausse histoire destinée à justifier une politique nationaliste, raciste et d'expansion coloniale.

La magnifique promesse d'Abraham, de l'alliance de Dieu avec l'Homme, avec, comme dit la Bible "toutes les familles de la terre", devenant promesse d'une terre, selon le rite tribal de tous les dieux de Canaan.

Le grandiose mythe de l'Exode prototype universel de toutes les libérations, devenant un miracle de la puissance d'un **Dieu des armées** et d'un **Dieu de la vengeance** appelant au massacre des populations autochtones.

En 1974, dans le journal *Yediot Aharonoth*, Menahen Barash utilisait les textes bibliques pour définir l'attitude israélienne à l'égard des Palestiniens :

> Cette peste déjà dénoncée dans la Bible... Pour nous emparer de la terre promise par Dieu à Abraham., nous devons suivre l'exemple de Josué pour conquérir la terre d'Israël et nous y installer, comme le commande la Bible... Il n'y a pas de place, en cette terre, pour **d'autres peuples que celui d'Israël**. Ce qui signifie que nous devons en expulser tous ceux qui y vivent... C'est une guerre sainte exigée par la Bible.

Lorsque j'écoute, à la télévision française, l'émission israélite du dimanche matin, une conférence sur **Les qualités morales et spirituelles de Josué**, je suis bien obligé de conclure que la dénaturation de la parabole en récit biblique conduit au crime.

Et de dire à des sectaires de ce genre ce que Jean Jacques Rousseau leur disait déjà dans son *Emile :*

> Votre Dieu n'est pas le nôtre. Celui qui commence par choisir un seul peuple pour détruire les autres n'est pas le Père de tous les hommes.

Le sionisme entrait ainsi dans le droit commun de tous les nationalismes utilisant la religion pour justifier leur politique. "*Gesta Dei per Francos*" (ce sont les Français qui accomplissent l'œuvre de Dieu), depuis les Croisades jusqu'aux conquêtes coloniales ; "*Gott mit uns*", Dieu est avec nous, disaient les ceinturons des soldats de Bismarck ou d'Hitler, pour vaincre **par le fer et par le feu**. "Nous avons une mission divine de civilisation", disaient les Afrikaners en créant l'**apartheid**. Les colons puritains d'Amérique, dans leur chasse à l'indien pour s'emparer de leurs terres, invoquaient Josué et les **exterminations sacrées** des Amalécites et des Philistins. (Thomas Nelson "The Puritans of Massachusetts", *Judaism,* vol. XVI, n·2, 1967.)

Le nationalisme sioniste israélien n'échappe pas à cette règle, avec cette variante originale chez ses dirigeants athées : ils prétendent que cette terre leur a été donnée par un Dieu auquel ils ne croient pas.

Cet apparent paradoxe est expliqué par Nathan Weinstock dans son livre : *Le sionisme contre Israël :*

> Si l'obscurantisme rabbinique triomphe en Israël, c'est parce que la mystique sioniste n'a de cohérence que par référence à la religion mosaïque. Supprimez les concepts de "Peuple élu" et de "Terre promise", et le fondement du sionisme s'effondre. C'est pourquoi les partis religieux puisent paradoxalement leur force dans la complicité des sionistes agnostiques. La cohérence interne de la structure sioniste d'Israël a imposé à ses dirigeants le renforcement de l'autorité du clergé. C'est le parti social-démocrate "Mapai", sous l'impulsion de Ben Gourion, qui a inscrit les cours de religion obligatoires au programme des écoles, et non les partis confessionnels.
>
> (Source : *Le sionisme contre Israël*. Maspero, 1969, p. 316.)

A - Le projet colonial de Herzl

Le Père fondateur du sionisme, Théodore Herzl, est la plus parfaite illustration de cette déchéance du mythe en une fausse histoire au service du nationalisme.

Herzl ne cache pas son athéisme : dans son *Journal* (Tome I, p. 270 de l'édition anglaise) il écrit, le 23 novembre 1895) :

> J'ai dit au grand rabbin de Londres, comme je l'avais dit à Zadoc Kahn, Grand rabbin de Paris, que je n'obéissais à aucun mobile religieux dans mon projet.

26 novembre 1895 : Asher Myers (du *Jewish Chronicle* de Londres), m'a demandé : quelle est votre relation avec la Bible ?

Je lui ai répondu : Je suis libre penseur.

Son entreprise est uniquement coloniale. Il écrit à Cecil Rhodes en janvier 1912 (T. III ; p. 1194) :

> Pourquoi je m'adresse à vous ? Parce qu'il s'agit d'une affaire coloniale. Je vous demande de donner le poids de votre autorité au projet sioniste.

Ce projet consistait, dans son esprit, à créer, comme l'avait fait, à ses débuts, Cecil Rhodes, une **Compagnie à charte** sous la protection d'une grande puissance coloniale comme l'Angleterre, ou à ambition coloniale, comme l'Allemagne de Guillaume II.

Et ceci, n'importe où : Ouganda, Mozambique, Argentine, Chypre ou Tripolitaine.

Ses amis lui font remarquer que la Palestine constituerait un mot d'ordre mobilisateur plus efficace.

Herzl, en diplomate réaliste, se rallie à leur suggestion pour utiliser ce qu'il appelle *la puissante légende* (T. I, p. 5) celle du *retour*, qui est pour lui, pure *légende*, mais force mobilisatrice pour des juifs pieux.

La Palestine a si peu, pour lui, une signification religieuse qu'il écrit :

> Je peux tout vous dire sur la "Terre promise", sauf l'endroit où elle sera située... nous devons tenir compte de toutes sortes de facteurs naturels... Pour notre futur commerce mondial nous devons nous placer sur la mer, et, pour notre agriculture hautement mécanisée, nous devons disposer de larges étendues... La décision sera prise par notre Conseil d'administration.
>
> (13 juin 1895. T. l, p. 133)

Voilà l'origine du sionisme proprement dit.

La définition la plus officielle, se trouve dans *L'Encyclopédie du sionisme et d'Israël* publiée à New York, par Herzl Books en 1971, sous le patronage du président d'Israël, M. Salman Shazar. À l'article "Sionisme" (p. 1262 du Volume II) se trouve cette définition :

> Terme forgé en 1890, pour le mouvement qui se donne pour but le retour du peuple juif sur la terre d'Israël (Palestine). Depuis 1896, "sionisme" se rapporte au **mouvement politique fondé** par Théodore Herzl.

Lorsque Théodore Herzl fonde ce **mouvement politique** il se heurte à l'opposition de l'immense majorité des juifs et de leurs rabbins.

La preuve : la plus grande partie du premier volume des *Diaries* de Théodore Herzl, couvrant la période 1896-1898, est consacrée aux réponses faites à des déclarations de rabbins dirigeants de l'époque comme le Dr Gudeman, Grand rabbin de Vienne ; le Dr Mayerbaum, président de l'Association rabbinique Allemande ; le Dr Vogelstein, Fondateur et président de l'Association des rabbins libéraux et des rabbins de Pilsen et de Stettin ; le Grand rabbin Adler de Londres, et le rabbin Bloch de Bruxelles. Une large place est également consacrée à une réponse à Claude Montefiore, président du Mouvement libéral juif en Angleterre et président de l'Association anglo-juive. Il y a encore une réponse à une déclaration du Comité exécutif de l'Association des rabbins d'Allemagne et signée par les rabbins de Berlin, Francfort, Breslau, Halberstadt et Munich, qui conteste les "**notions erronées**" sur les "**principes du judaïsme et les objectifs de ses croyants**".

Rufus Learsi résume la première réaction des organisations juives européennes au message de Herzl :

> Les importantes organisations juives de l'Europe occidentale l'Alliance Israélite Universelle de France, sa branche autrichienne, l'Israëlitische Allianz, l'Association de la communauté Juive de Londres s'y opposèrent...
> Rufus Learsi : *Israel : A History of The Jewish People.*
> (Cleveland. 1966 p. 521-522)

Résumant cette critique théologique fondamentale, le rabbin Hirsh, disait avec véhémence, dans le *Washington Post* du 3 octobre 1978 :

> **Le sionisme est diamétralement opposé au judaïsme.** Le sionisme veut définir le peuple juif comme une entité nationale... C'est une hérésie.

C'est en continuité avec cette critique théologique du sionisme (que je m'abstiens de faire par respect de la foi juive qu'il appartenait de définir à des rabbins plus qualifiés que moi pour cela) que je reprends seulement sa position religieuse à la première ligne de mon livre :

> Ce livre est l'histoire d'une hérésie.

Le rabbin Elmer Berger : *Prophecy, Zionism and the state of Israë,l* Ed. American Jewish Alternatives to Zionism. Conférence prononcée à l'université de Leiden (Pays Bas) le 20 mars 1968, dénonçait la double idolâtrie de la **terre** et de la **race** :

> Sion n'est sainte que si la loi de Dieu règne sur elle. Et cela ne signifie pas que toute Loi édictée à Jérusalem est une Loi sainte. Ce n'est pas seulement la Terre qui dépend de l'observance et de la fidélité à l'Alliance : le peuple réinstallé à Sion est tenu aux mêmes exigences de justice, de droiture, de fidélité à l'Alliance de Dieu.
> Sion ne pouvait attendre une restauration d'un peuple s'appuyant sur des traités, des alliances, des rapports militaires de force, ou d'une hiérarchie militaire cherchant à établir sa supériorité sur les voisins d'Israël.
> La tradition prophétique montre clairement que la sainteté de la terre ne dépend pas de son sol, ni de son peuple, de sa seule présence sur ce territoire.
> Seule est sacrée, et digne de Sion, l'Alliance divine qui s'exprime dans le comportement de son peuple.
> Or l'actuel État d'Israël n'a aucun droit à se réclamer de

l'accomplissement du projet divin pour une ère messianique...
C'est là pure démagogie du sol et du sang.
Ni le peuple ni la terre ne sont sacrés et ne méritent aucun
privilège spirituel du monde.

L'utilisation de la religion comme instrument politique pour
cautionner son entreprise coloniale, est évidente chez Herzl : Cet
agnostique comme il s'appelle lui-même, écrit :

Les rabbins seront les piliers de mon organisation... Ils
constituent une fière hiérarchie, qui, bien sûr, sera toujours
subordonnée à l'État. (14 juin 1895. T. I, p. 114)

L'objectif est nationaliste. Relatant son entretien à Paris, le 16
novembre 1896, avec le grand rabbin Zadoc Kahn il précise :

"Un homme doit choisir entre Sion et la France." (p. 272) et il
ajoute le 18 novembre : "Les Français israélites - s'il en est ne sont
pas des juifs à nos yeux, et notre cause n'a rien à voir avec leurs
affaires" (T. I, p. 275)

Herzl exclut ainsi la foi juive comme étrangère au projet sioniste.
L'essentiel pour lui, est de rassembler **les juifs** dans une nation. C'est
pourquoi l'antisémitisme est pour lui un allié objectif puisqu'il incite
leurs concitoyens de religion juive à l'émigration.

Herzl en a parfaitement conscience : "les antisémites, écrit-il, seront
nos meilleurs alliés." (T.I, p. 287)

Il dit par exemple au ministre russe Von Plehve, au lendemain même
du terrible **pogrom** de Kichinev organisé par lui, qu'il le débarrassera
de ses révolutionnaires juifs (*Diaries* T. I, p, 387. sqq).

Il s'agissait avant tout d'exploiter les rivalités coloniales des
grandes puissances : il promet aux Anglais de protéger, contre les visées
allemandes au Proche Orient, la route des Indes à partir de l'Ouganda
ou de la Palestine situées au carrefour de trois continents, tout comme
il promettait à Guillaume II de protéger, contre les Anglais, son projet
"Berlin, Byzance Bagdad."

Aux deux rivaux avides de partager les dépouilles de l'homme
malade, c'est-à-dire l'Empire ottoman, il propose de protéger sa

Compagnie à charte :

> Une autre puissance pourrait aider ce mouvement. J'ai d'abord pensé que ce pourrait être l'Angleterre. Mais, je serais heureux que ce fut l'Allemagne. (T. I, p. 234.)

Le 19 octobre 1898, grâce à ce chantage, il obtient une audience avec le Kaiser :

> Lorsque je lui ai proposé mon affaire : la Compagnie à Charte et protectorat allemand, il opina favorablement. (T.I, p. 267).

Herzl fait miroiter devant le Kaiser le rôle que pourrait jouer le sionisme pour le débarrasser du socialisme. La seule crainte de l'Empereur c'est que "si les juifs ont le sentiment d'être sous sa protection ils ne voudront plus quitter l'Allemagne." (T.I., p. 268)

À cela Herzl avait déjà trouvé la réponse. En avril 1896, il avait répondu au Duc de Bade, qui craignait, "en soutenant notre cause, de passer pour antisémite." (*Idem.* p. 118). "Les juifs allemands accueilleront bien notre mouvement. Car il détournera l'afflux des Juifs d'Europe orientale." (Id. p. 12)

Mais, au-delà de ces tractations, le chef d'œuvre de la diplomatie de Herzl fut de découvrir le dénominateur commun de tous les colonialistes occidentaux. Il écrit dans son livre : *L'État juif* (Ed. Lipschutz. Paris 1926, p. 95) :

> Pour l'Europe nous constituerons là-bas un morceau de rempart contre l'Asie, nous serions la sentinelle avancée de la civilisation contre la barbarie.

Dès lors la création de l'État jouant ce rôle au Proche Orient était, à plus ou moins long terme, assurée de l'appui de tous les colonialistes occidentaux.

B. Les conséquences politiques de cette sacralisation du nationalisme

Nous verrons plus loin les conséquences de cette politique sous Hitler : la coopération de son antisémitisme et du sionisme qui aidait à "vider l'Allemagne de ses Juifs" (*Judenrein*) au détriment des "Allemands de religion juive" contre lesquels il s'acharna parce qu'ils voulaient rester en Allemagne et qu'on y respectât leur religion et leur culture.

Néanmoins cette revendication pseudo-biblique demeurera liée à la politique intérieure et extérieure du sionisme pour en consacrer l'**unicité**, au nom d'un privilège divin.

C'est par exemple au nom de cette unicité métaphysique que je suis accusé de minimiser les crimes nazis parce que je les relie à l'histoire universelle et non pas seulement à l'histoire juive. C'était déjà le reproche adressé à Bernard Lazare, puis à Hannah Arendt lorsqu'elle parlait de la banalité du mal.

L'on est invariablement accusé de minimiser les crimes nazis lorsqu'on replace la Shoah c'est-à-dire la persécution sanglante et incontestable des citoyens Juifs par l'antisémitisme hitlérien, dans le contexte de l'histoire universelle.

Mon livre ne cesse de dénoncer ce massacre catastrophique (Shoah signifiant catastrophe) perpétré par les nazis. Je n'ai jamais songé à le nier.

Mon livre ne cesse de dénoncer "le dessein monstrueux d'Hitler" (p. 62 et 251, sa sauvagerie (p. 97) ; ses "crimes immenses n'ont besoin d'aucun mensonge pour révéler leur atrocité" (p. 135). Ayant décrit "les conditions horribles qui firent des dizaines de milliers de victimes" je conclus :

Tel fut le martyrologe des déportés juifs et slaves et la férocité des maîtres hitlériens les traitant en esclaves n'ayant même pas valeur humaine. (p. 257)

J'ajoute (p. 257) : "Ces crimes ne peuvent être sous estimés, ni les souffrances indicibles des victimes."

Sans aucun doute les juifs ont été l'une des cibles préférées d'Hitler en raison de sa théorie raciste de la supériorité de la race aryenne. (p. 152)

Mais j'ai commis un crime impardonnable aux yeux des sionistes : j'ai étudié la Shoah comme un fait historique, c'est-à-dire situé dans le contexte de l'histoire universelle qui, hélas a multiplié les Shoah : celle des Indiens d'Amérique, des captures d'esclaves africains, celles plus récentes, du Vietnam et de l'Irak, et de tant d'autres Rwanda.

Cette **désacralisation** d'une catastrophe historique est insupportable pour ceux qui veulent en faire un **apax** messianique échappant à l'histoire.

Quel est le postulat fondant cette colère et proclamant la Shoah uniquement **unique** selon l'expression de Roy Eckark, en 1974, dans son livre *Is the Holocaust Unique ?*

Il s'agit d'un corollaire du dogme du **peuple élu**, de la volonté, disait Hannah Arendt de "ne raconter que le côté juif de l'histoire."

Le massacre des juifs par les nazis est **unique**, sans précédent, hors de l'histoire, parce que Dieu en a jugé ainsi par son élection d'un peuple unique, au-dessus de l'humanité, de ses lois et de son histoire : "Être juif c'est être un peu plus homme", écrivait Steiner ; "On est d'autant plus homme, qu'on est juif" reprend le rabbin Eisenberg (directeur des émissions juives à Antenne II). dans son livre *Une histoire des juifs*.

Elie Wiesel, dans son ouvrage *Célébration Talmudique :* "Le juif est plus proche de l'humanité qu'aucun autre."

De quel côté sont le racisme et la discrimination raciale ?

Mgr. Grégoire Haddad écrit, dans une brochure du 15 août 1996 :

Le massacre d'un seul juif par le nazisme est inacceptable... Mais la **sacralisation** de ce massacre, de cette **Shoah**, est, elle aussi, inacceptable.

1. La Shoah est un fait historique, abominable, exécrable, pour les morts, pour les rescapés et leurs parents, pour l'humanité tout entière, mais elle est un fait historique, objet d'étude, d'analyses, de statistiques, comme tout autre fait historique. En faire un phénomène sacré un tabou intouchable, c'est la sacraliser... Que révèle la sacralisation de la Shoah ? Peur ? Intérêt de prestige ou de finances ? ou bien les deux à la fois "car, ajoute-t-il, le génocide, le massacre collectif, appelé Shoah et Holocauste a été non seulement sacralisé, mais aussi monopolisé, pour ne pas dire confisqué...

La Shoah juive est un massacre horrible, mais il n'est pas le seul dans l'histoire, même dans l'histoire contemporaine... les autres victimes du nazisme... atteignirent les 56 millions... Les Palestiniens, héritiers de peuples massacrés, auraient droit à réclamer des indemnités aux héritiers de ceux qui ont exterminé leurs ancêtres. Mais même s'il n'y a pas de prescription pour la Shoah, les Palestiniens ont passé l'éponge sur le passé.

Les sionistes ont des moyens puissants politiques, financiers, médiatiques, visibles et cachés pour rappeler au monde entier leur drame. **Un matraquage** exceptionnel par tous les mass médias y compris les films hebdomadaires sur les petits écrans, qui font un lavage de cerveau terrible, un matraquage programmé **afin que personne n'oublie**. Et le phénomène rare, sinon unique, résultant de cette culpabilisation est l'indemnité annuelle et perpétuelle qui est versée à Israël... "

Cette instrumentalisation de la religion, que ce soit par des fanatiques intégristes ou par des athées, est à la base de tous les mythes fondateurs de la politique israélienne.

Le rabbin, Moshe Menuhin (le père du musicien) dans son livre : *The Decadence of Judaism*, décadence engendrée par l'hérésie sioniste, écrivait :

Les peuples sont aujourd'hui écœurés par les notions de races supérieures, de peuples élus, du **fardeau de l'homme blanc**, des **alliances** avec Dieu et des terres promises, prétentions qui sont aujourd'hui exploitées par les forces agressives et immorales des nationalistes contre les peuples les plus faibles." (p. 244). "Ils n'ont plus qu'un Dieu : l'espace vital (*Lebensraum*), le nationalisme chauvin." (p. 496) Il montre qu'à l'encontre de l'universalisme des prophètes juifs, l'interprétation tribale et nationaliste de l'alliance et du **peuple élu**, par ceux qu'il appelle "les barbares tribaux comme Ben Gourion, Moshe Dayan, et tout le gang militaire qui a dévoyé Israël" (p. XIII) ont fait de l'Agence juive et des organisations sionistes, dans le monde entier "des organes du gouvernement d'Israël" (p. 350, 429 et 457) avec la même idéologie raciale que les antisémites. (p. 308) P. 506. J'ai le cœur brisé par les preuves de décadence continue du judaïsme actuel : le judaïsme universel, moral et humain de nos Prophètes qui se mue en nationalisme prétendu juif, avide de "*Lebensraum*", d'espace vital... je voudrai dire aux Israéliens : revenez vers le Dieu de vos pères, au judaïsme prophétique, répudiez le régime du napalm. Retournez aux frontières qui vous ont été données en 1947 par les Nations Unies aux dépens d'Arabes indigents, et vivez d'une vie constructive et non destructive.

Même analyse chez le professeur Israël Shahak, de l'Université hébraïque de Jérusalem : (*Le racisme de l'État d'Israël* p. 76.) :

> "La religion juive est utilisée par le gouvernement sioniste à des fins politiques."

Suggérant les remèdes à cet intégrisme littéraliste et sanglant Monseigneur Haddad suggère :

> Une nouvelle compréhension du concept de "peuple élu", qui ne considère pas les autres peuples comme "non élus" par un Dieu discriminatoire et injuste.

L'Église catholique, au concile Vatican II, insistant sur son caractère communautaire, pour le distinguer de son aspect institutionnel, a redécouvert le mot de "peuple de Dieu". Présent à sa dernière session en 1965, j'ai proposé, comme motion d'amendement, le remplacement de "peuple de Dieu" par "les disciples du Christ" pour éliminer toute conséquence dévaluante des "autres peuples", qui ne seraient plus peuples de Dieu.

Nous l'avons montré : l'**origine** du sionisme politique n'a rien à voir avec le judaïsme dont il se sert comme d'un masque : il découle entièrement, depuis Herzl, du nationalisme européen et colonialiste du XIXe siècle.

Ainsi le professeur Kimmerling, de l'Université hébraïque de Jérusalem, écrit-il que : "ce régime n'est ni juif ni démocratique."

(*Haaretz*, 27. 12. 1996)

Mais telle étant l'origine, les **conséquences** politiques sont désastreuses.

1. Épuration ethnique : expulsion et oppression des Palestiniens

D'abord cette prétention à l'unicité sert à justifier la conquête de l'espace vital et l'expulsion des autochtones en les enrobant dans un mythe : celui du départ volontaire des Palestiniens, alors que l'ouverture des archives a permis aux **nouveaux historiens**, comme Benny Morris, de rétablir la réalité historique : les ordres donnés aux militaires israéliens de chasser par la force des armes les habitants millénaires des villages avec des méthodes qui rappellent souvent, à Deir Yassin par exemple, celle des "troupes d'assaut des nazis massacrant les populations civiles."

- Un premier mythe s'effondrait ainsi : celui du départ volontaire des Palestiniens. Et ceci alors que Ben Gourion était le chef de l'État. Lorsque Benny Morris l'appelle "*le grand expulseur*" ce n'est pas une **diffamation** comme disent mes accusateurs, mais une définition.

- Un deuxième mythe sioniste s'effondre aussi : celui "d'une terre sans peuple pour un peuple sans terre", lancé par Zangwill, et que Mme Golda Meir agrémentait dans une déclaration au *Sunday Times* le 15 juin 1969 : "Il n'y a pas de peuple palestinien... Ce n'est pas comme si nous venions les mettre à la porte et leur prendre leur pays. Ils n'existent pas."

"Pour convaincre qu'avant Israël la Palestine était un "désert" des centaines de villages ont été rasés au bulldozer avec leurs maisons, leurs clôtures, leurs cimetières et leurs tombes." écrivait déjà le professeur Shahak en 1975. (*Le racisme de l'État d'Israël*. p. 152.)

Depuis l'ouverture des archives, l'historien Benny Morris a pu préciser que 418 villages palestiniens sur 475 ont été effacés de la carte. Quant au nombre de Palestiniens expulsés, le Comité israélien de transfert parlait de 460.000 à la fin de 1948. A la même période l'Office des Secours et travaux des Nations Unies pour les réfugiés palestiniens (UNRWA) avançait le chiffre de 900.000.

En ce qui concerne les chrétiens palestiniens, le Patriarche latin de Jérusalem, évoquant l'exode des catholiques, rappelle qu'ils ne sont plus que 10.000 contre plus de 50.000 avant 1948.

Mme Golda Meir se réclamant d'une légitimation fondée sur une lecture intégriste de la Bible déclare :

Ce pays existe comme accomplissement d'une promesse faite par Dieu lui-même. Il serait ridicule de lui demander des comptes sur sa légitimité. (*Le Monde* du 15 octobre 1971)

Mais la même Golda Meir déclarait, lors du procès Shalitt, officier de marine israélien ayant épousé une Irlandaise non juive et qui protestait, parce qu'on lui refusait d'attribuer à son fils la qualification de **juif** : "Je ne suis pas une personne religieuse."

Encore une qui prétendait avoir reçu sa terre d'un Dieu auquel elle ne croyait pas. J'appelle cela un parjure et une imposture : ce n'est pas une *diffamation*, c'est une *définition*.

- Un troisième exemple (il y en aurait bien d'autres mais je m'en tiens aux plus célèbres), celui du général Moshe Dayan qui écrivait dans *Jerusalem Post* du 16 août 1987 :

"Si l'on possède la Bible, si l'on se considère comme le peuple de la Bible, on devrait posséder toutes les terres bibliques."

Il s'illustra pendant la Guerre des six jours où il révéla ses véritables motivations qui n'ont rien de religieux : dans une lettre de lui, authentifiée par sa propre fille aujourd'hui députée à la Knesset, il exprime les vraies raisons de l'invasion du Golan, il écrivait à son ami, le journaliste Rami Tal, en 1976 :

80% - sans doute plus mais disons 80% - des incidents armés (sur la ligne de démarcation entre Israël et la Syrie) ont commencé comme cela", explique Moshe Dayan. "On envoyait un tracteur labourer un terrain sans intérêt en zone démilitarisée et l'on savait que les soldats syriens tiraient dessus. S'ils ne le faisaient pas, on ordonnait au tracteur d'aller plus avant jusqu'à ce qu'ils s'énervent et ouvrent le feu. Alors, on utilisait les canons et puis l'aviation.

C'est comme cela que cela se passait.

Une délégation de kiboutznikim, envoyée par le général David Eleazar qui était à l'époque commandant de la région Nord et qui voyait la guerre passer à côté de lui sans y participer, s'était rendue chez Levi Eshkol (premier ministre) Ils ont fait un grand show et ils l'ont convaincu de passer à l'action." (*Le Monde* 2 juin 1997).

C'était donc superflu ? demande Rami Tal "Bien sûr que çà l'était". Tout ce que voulaient les kiboutznikim, ce n'était que la terre ? interroge le journaliste. "Je peux vous dire avec une totale certitude que la délégation qui est allée convaincre Levy Eshkol de capturer le plateau ne pensait pas à cela. Ils pensaient à la terre." [...] Mais je leur ai parlé, ils n'essayaient même pas de dissimuler leur convoitise pour cette terre. C'est cela qui les motiva [...] Et moi, cette fois-là, je n'ai pas fait mon devoir de ministre de la défense, j'étais convaincu qu'il ne fallait pas faire cela mais je ne l'ai pas stoppé." (*Le Monde*, 2 juin 1997)

Les *Mémoires* de M. Abba Eban, ancien ministre des Affaires étrangères d'Israël, nous apprennent le rôle que joua la simple morale dans sa politique d'expansion, cette fois au Liban.

Dans son *Journal* Moshe Sharett, le 16 juin 1955, dit que, pour Moshe Dayan "Tout ce qu'il nous reste à trouver c'est un officier, même un simple capitaine. Il faudrait le gagner à notre cause, ou l'acheter, pour qu'il accepte de se déclarer le sauveur de la population maronite. Alors, l'armée israélienne entrerait au Liban occuperait les territoires où nécessaire, établirait un régime chrétien allié à Israël, et tout marcherait comme sur des roulettes. Le territoire du sud du Liban sera totalement annexé à Israël."

Moshé Sharett confirme, le 28 juin 1955 : "Le chef d'État-Major approuve l'idée d'acheter un officier (libanais) qui accepterait de nous servir de marionnette de manière à ce que l'armée israélienne puisse apparaître comme répondant à un appel pour libérer le Liban de ses oppresseurs musulmans."

Lorsque j'appelle ce monsieur, à la lumière de ces deux opérations, parfaitement authentifiées, un politicien provocateur, dans le premier cas, et corrupteur dans le second, ce n'est pas une diffamation, c'est une définition.

Je m'en tiendrai, pour le moment, à ces trois exemples et ceci n'a rien à voir avec la diffamation ni du peuple israélien ni de la foi juive : il s'agit simplement de démasquer la duplicité de ses dirigeants sionistes. Lorsque je dénonce les talibans je le répète ce n'est ni une diffamation du peuple afghan qui en est la victime, ni une diffamation de l'Islam qu'ils déshonorent.

Cette prétention hypocrite à une investiture divine commande, de ses origines à nos jours, toute la politique des dirigeants sionistes israéliens.

Nous n'en donnerons que quelques exemples particulièrement criminels.

D'abord, en ce qui concerne la Palestine. Le plan était clair : si cette terre est promise à certains, c'est un droit et même un devoir d'en chasser tous les autres.

C'est exactement le langage des nazis, celui de Heydrich par exemple : *"Le but de la politique juive : l'émigration de tous les juifs"*, avec la même justification de *peuple élu :* **la race aryenne destinée à dominer le monde pour lui inculquer ses vertus.**

Le problème a été posé très clairement, avant même l'existence de l'État d'Israël. Le directeur du Fonds national juif, Yossef Weitz, écrivait dès 1940 dans son *Journal* (Tel Aviv 1965) :

> Il doit être clair pour nous qu'il n'y a pas de place pour deux peuples dans ce pays. Si les Arabes le quittent, il nous suffira [...] Il n'existe pas d'autre moyen que de les déplacer tous ; il ne faut pas laisser un seul village, une seule tribu... Il faut expliquer à Roosevelt, et à tous les chefs d'États amis, que la terre d'Israël n'est pas trop petite si tous les Arabes s'en vont, et si les frontières sont un peu repoussées vers le nord, le long du Litani, et vers l'est, sur les hauteurs du Golan.

Dans le grand journal israélien *Yediot Aharonoth,* du 14 juillet 1972, Yoram Bar Porath, rappelait avec force l'objectif à atteindre :

C'est le devoir des dirigeants israéliens d'expliquer clairement et courageusement à l'opinion un certain nombre de faits, que le temps fait oublier. Le premier de ceux-ci, c'est le fait qu'il n'y a pas de sionisme, de colonisation, d'État juif, sans l'éviction des Arabes et l'expropriation de leurs terres.

Le principe de base est formulé par le rabbin Cohen dans son livre : *Le Talmud* (Ed. Payot. 1986. p. 104)

Les habitants du monde peuvent être répartis entre Israël et les autres nations prises en bloc. Israël est le peuple élu : dogme capital.

De là découle la nécessité sinon d'une extermination (dont celles de Josué sont la parabole), du moins d'une expulsion de la **terre promise** au **peuple élu**, de tout ce qui n'est pas juif.

Sur ce point encore ce n'était pas seulement l'opinion, d'un journaliste, c'était la doctrine officielle.

Weitz ajoutait :

"La terre d'Israël sans les Arabes, car il ne peut y avoir de compromis... Les Arabes doivent être chassés vers la Transjordanie, la Syrie ou l'Iraq."

En 1967, le président de la Knesset, Meir Cohen, déclarait qu'"Israël avait commis une grave faute en n'expulsant pas 200 000 ou 300 000 Arabes de la "West Bank"."

Tel est le programme constant du sionisme : l'épuration ethnique fondée, une fois de plus, sur une lecture intégriste, littéraliste, de la Bible, qui créerait ce dualisme irrémédiable, cette éternelle opposition entre le peuple élu et tous les autres hommes.

Le sentiment traditionnel du sionisme est que tous les non-juifs sont antisémites, que, selon les propres paroles de Herzl, le monde peut être divisé entre ceux qui sont ouvertement antisémites et ceux qui le sont de manière couverte... L'hostilité générale des non juifs est considérée par les sionistes comme un fait inaltérable et éternel de l'histoire juive... Cette attitude, conclut Hannah Arendt, est pur racisme chauvin et il est évident que cette division entre les juifs et tous les autres peuples tenus pour ennemis ne diffère pas des autres théories de la race des seigneurs. (Hannah Arendt, "Sauver la patrie juive", dans la revue *Commentaire* de mai 1948, p. 401)

Nous sommes au cœur de mon procès actuel qui relève de cet état d'esprit des sionistes. C'est pourquoi lorsque je dis de la politique sioniste : "épuration ethnique" "racisme chauvin", ce n'est pas une **diffamation**, c'est une **définition**.

Mais le postulat de nos accusateurs était que toute critique du sionisme ou de la politique israélienne est une forme déguisée d'antisémitisme et même de néo-nazisme. Lorsque Mme Hannah Arendt publia son livre : *Eichmann à Jérusalem*, un hebdomadaire français titrait : (*Le Nouvel Observateur*) Hannah Arendt, est-elle nazie ? essayant de résumer la campagne odieuse menée contre elle.

Tout comme on m'accusait de virer au rouge-brun à l'âge du gâtisme, oubliant que mes premières critiques du sionisme, jugées **licites** par la Cour de Cassation, en 1982 furent suivies par *L'affaire Israël* en 1983, et *Palestine terre des messages divins* en 1988, et que cette critique faisait déjà partie de ma lutte permanente contre l'antisémitisme et l'intégrisme, sous toutes ses formes (sioniste, chrétienne, communiste, ou musulmane) lorsqu'en 1970, je proclamais (au Congrès du Parti Communiste français) : "L'Union Soviétique, n'est pas un pays socialiste."

Que j'écrivais :

"Le Christ de Paul n'est pas Jésus." dans *Vers une guerre de religions* en 1995.
"L'Islamisme est une maladie de l'Islam" dans *Grandeur et décadences de l'Islam* en 1996.

C'était là le prolongement de toute ma lutte pour le dialogue des civilisations et, comme je l'écrivais, lors du Concile de Vatican II, pour le passage *De l'anathème au dialogue,* en 1965.

Tout cela souleva de vives polémiques, enrichissantes pour moi (et je l'espère, pour mes interlocuteurs) mais lorsque je critiquais *Les mythes fondateurs de la politique israélienne*, il ne fut plus question de réfutation de mon livre : l'on appela la police et la justice l'on orchestra un lynchage médiatique, et l'on m'envoya des menaces de mort.

Nous avons des expressions récentes de cette haine des autres peuples et de leur culture dans leur totalité. Un exemple caractéristique est celui du livre de Jonathan Goldhagen, traduit en français, sous le titre : *Les bourreaux volontaires d'Hitler*, dont la thèse centrale est que le peuple allemand, dans sa totalité, est participant responsable des horreurs nazies.

La presse sous influence sioniste a fait de ce livre un best-seller mondial, comme s'il donnait c'est ce que prétend l'auteur une explication du massacre des juifs. Cette *explication* se résume en ceci : les Allemands ont tué parce qu'ils sont - de tout temps un peuple de tueurs. Les médecins de Molière affectionnaient ce **genre d'explication** : l'opium fait dormir parce qu'il porte en lui une vertu dormitive.

Cette débilité historique est d'autant plus étrange que l'ascension au pouvoir d'Hitler par l'obtention d'une majorité électorale montre combien sa démagogie sanglante avait pénétré l'opinion. Elle était essentiellement due à la situation désespérée créée à l'Allemagne par le Traité de Versailles. Le célèbre économiste lord Keynes écrivait dans son livre : *Les conséquences économiques de la paix* : "si nous cherchons délibérément à appauvrir l'Europe Centrale, j'ose prédire que la vengeance sera terrible : d'ici vingt ans nous aurons une guerre qui, quel que soit le vainqueur, détruira la civilisation".

Keynes écrivait ceci en 1919. J'ai donné dans mon livre (p. 93) les statistiques de la montée parallèle du chômage en Allemagne et de celle du Parti nazi aux élections.

Malheureusement cet exemple n'est pas isolé : nous avons un Goldhagen français. Dans un livre publié en 1981, *L'idéologie française*, l'auteur, Bernard Henri Lévy, explique que de Voltaire et de la Révolution française, à Péguy et la tradition chrétienne, et même au grand analyste juif de l'antisémitisme Bernard Lazare (qui a dans un beau livre, commis le crime de situer l'antisémitisme dans la perspective de l'histoire universelle) toute notre culture a préparé un fascisme à la française : Vichy.

"C'est, écrit-il, toute la culture française qui témoigne de notre ancienneté dans l'abjection." (p. 6), et qui fait de la France "la patrie du national socialisme." (p. 125)
"Cette France, écrit-il encore, je sais son visage d'ordure, la ménagerie de monstres qui y habitent." (p. 293)

Lorsque je dis que l'auteur d'un tel ouvrage, comme Goldhagen, présente le syndrome sioniste du *Bréviaire de la haine*, ce n'est pas une **diffamation**, c'est une **définition**.

Si toute critique de la politique israélienne, comme le précise le titre de mon livre, est de l'antisémitisme, alors l'ancêtre de l'antisémitisme c'est le Prophète Michée s'écriant :

Écoutez donc ceci, chefs de la maison de Jacob, magistrats de la maison d'Israël, qui avez le droit en horreur et rendez tortueuse toute droiture, en bâtissant Sion dans le sang et Jérusalem dans le crime.

Et c'est sur le Seigneur qu'ils s'appuient en disant :

"Le Seigneur n'est-il pas au milieu de nous ? Non, le malheur ne viendra pas sur nous." C'est pourquoi, à cause de vous, Sion sera labourée comme un champ, Jérusalem deviendra un monceau de décombres et la montagne du Temple, une hauteur broussailleuse.

(Michée IV, 9-12)

Lorsqu'en 1996, le gouvernement israélien ouvre une route 66 en la déclarant interdite aux non-juifs et que j'appelle cela "apartheid", ce n'est pas une **diffamation**, c'est une **définition**.

Une définition que M. Alain Finkelkraut, dans *Le Monde* du 18 décembre 1996, sous le titre : "Israël la catastrophe" flétrissait plus durement encore que moi. Il écrit :

Avec Netanyahou... le langage de l'apartheid sort de la clandestinité." Il ajoutait : "Pour le dire plus crûment il y a des fascistes juifs en Israël, mais aussi en Amérique et en France... voilà pourquoi on est fondé à parler de "catastrophe spirituelle"". Il conclut : "La solidarité avec Israël changerait de nature si elle acceptait, sans coup férir, que le dernier mot revienne aux cow-boys à mitraillette et à kipa.

Le mythe de l'**unicité** n'a pas seulement pour conséquence de rendre l'histoire intelligible en créant une **métahistoire** qui serait la lutte éternelle du Bien contre le Mal, du Bon Dieu contre le Diable, ce que les sionistes appellent le **peuple juif** ou même, dans le langage hitlérien de la **race**, la **race juive**, représentant le Bon Dieu et le reste du monde le Diable, selon les Goldhagen ou les Bernard Henri Levy.

À ce compte serait anti-sémite, le rabbin Levyne lorsque dans son livre *Judaïsme contre Sionisme* (Ed. Cujas 1969, p. 74), prévoyant que les exactions d'Israël déchaîneront l'anti-sémitisme, il écrit : "Les sionistes nous amènent à la catastrophe." Anti-sémite M. Théo Klein, ancien président du CRIF (Conseil représentatif des israélites de France) lorsqu'il écrit dans *Le Monde* du samedi 30 mai 1998, sous le titre : "M. Netanyahou, Laissez une chance à Israël" :

D'erreurs en démentis, vous auriez confondu l'art de la politique avec le théâtre d'ombres. En politique intérieure vous auriez encouragé la marche des orthodoxes vers le rêve d'un État théocratique. En politique extérieure, brisé l'élan du processus d'Oslo. Est-ce bien par un débat entre sénateurs républicains et président démocrate que vous pensez résoudre le problème majeur d'Israël : sa coexistence avec ses voisins arabes et, au premier chef, avec les Palestiniens ? Ces derniers sont pourquoi ne pas le reconnaître ? - les copropriétaires de cette terre d'Eretz Israël-Palestine, votre terre, ma terre, mais aussi celle d'Arafat et de Ziad Kawas, mon ami.

Le monde aspire à une politique qui conduise le peuple israélien vers une sécurité fondée sur la paix, c'est-à-dire sur le dialogue et la coexistence. Or votre politique s'enferme dans une perspective sécuritaire nourrie de peurs. Vous jouez sur nos vieux réflexes de ghetto, résumés dans ce slogan mortel : **Tous sont contre nous**. Tous : les chrétiens, les musulmans, tous ceux qui, à travers le monde, s'étonnent et pour beaucoup s'indignent de votre politique.

Arrêtez cette chute vers les vertiges d'un rêve fou d'une terre où seul le Juif serait citoyen et l'Arabe un simple résident autonomisé. Quittez les sénateurs des rives du Potomac. Abandonnez les illusions messianiques. Remontez vers les monts de Judée et l'abondante Galilée. Elle est le berceau commun de nos deux peuples, Isaac et Ismaël y sont nés, tous deux. Nous devons la partager sans jamais, pour autant, renoncer à la considérer dans toutes ses parties, comme la terre qui féconde l'histoire, la culture et la vie de nos deux peuples. Son extraordinaire appel spirituel doit nous encourager à une cohabitation pacifique, au-delà des deux souverainetés reconnues. Il faudrait inventer un pacte de respect mutuel, une alliance pour le développement sur cette terre commune, construire une existence où chacun, chez l'autre, serait aussi un peu chez soi.

Je sais bien, il y a le terrorisme lâche et criminel. Il y a les cris de haine, les drapeaux brûlés, les clauses non respectées des accords conclus, les faits accomplis au-delà du statu quo. Mais qui est responsable, serait-ce seulement l'Autorité palestinienne ?

Si, pour vous, gouverner ce **vieux nouveau pays** c'est ressasser de vieux arguments mêlés de craintes obsessionnelles et méprisantes sans jamais élever votre pensée politique au-dessus des querelles de votre majorité, : si vous ne pouvez même pas écouter les informations et les conseils de vos services de sécurité, décidément, vous ne voulez pas changer de politique, alors il vaudrait mieux que vous renonciez à porter un fardeau sous lequel votre intelligence politique et votre courage moral paraissent succomber.

Théo Klein est avocat, ancien président du Conseil représentatif des institutions juives de France (CRIF)

Pour parler ce noble et lucide langage, actualisant celui du prophète Michée, M. Théo Klein, ancien président du CRIF, serait-il devenu antisémite ?

Dans cette voie, même si on ne partage pas les mêmes convictions religieuses ou politiques, le dialogue et la paix deviennent possibles.

Sinon, lorsqu'on se croit unique, éternellement purs de toute responsabilité, les pires aberrations deviennent possibles.

Nous sommes ici au centre de ce procès et de ce qui lui donne sa signification la plus profonde : la confusion, ou l'imposture, qui consiste à confondre sionisme et judaïsme, en mélangeant sous le nom de **sionisme,** le sionisme religieux et le sionisme politique, comme le fait, par exemple, le rabbin Eisenberg lorsqu'il déclare : "Une critique du sionisme implique le glissement vers l'antisémitisme... car il n'y a pas de judaïsme concevable sans sionisme."

Le judaïsme commencerait-il donc avec le Congrès de Bâle ?

Non ! L'écrivain Haïm Herzog, dans sa nouvelle *Le semeur*, fait dire à son personnage Yundker : "le sionisme commence avec le naufrage du Judaïsme."

Lorsqu'on prétend établir une continuité historique entre l'Israël biblique et l'actuel État d'Israël, on évoque souvent la prière juive millénaire : "L'an prochain à Jérusalem", comme si elle signifiait un appel à la conquête.

C'est oublier que "L'an prochain à Jérusalem" était aussi le vœu de millions de chrétiens au Moyen Age comme en témoigne, sur de nombreux vitraux de nos cathédrales, l'image d'une Jérusalem de pierre qui symbolisait pour eux la "Jérusalem céleste", ce Royaume de Dieu où l'on entre non par la conquête mais par le renoncement.

Sur l'imposture de cette confusion repose déjà cet ancêtre du sionisme politique que furent les Croisades : les chevaliers porteurs de la Croix sur leurs armures se livrèrent, sur toutes les routes de l'Europe, à des **pogroms** sanglants dans les communautés juives, puis massacrèrent les chrétiens de Constantinople, avant de brûler vifs à Jérusalem les juifs réfugiés dans leur Synagogue, et faire ruisseler dans les rues le sang des musulmans.

Où est, en tout ceci, la présence de Jésus, alors que la délivrance de son tombeau, que l'on savait vide, avait servi de prétexte à ces tueurs de juifs, de chrétiens et de musulmans ?

C'est un prétexte idéologique et une imposture du même ordre : que nous retrouvons lorsque l'athée Ben Gourion annonce "Nous allons restaurer le troisième Royaume de David." en attaquant Jérusalem au napalm comme David et les Croisés s'en étaient emparés par l'épée et le feu et en ouvrant la voie à l'idolâtrie sioniste remplaçant le Dieu d'Israël par l'État d'Israël. Comme l'écrit le professeur Israël Shahak : "la majorité de mon peuple a perdu son Dieu et lui a substitué une idole, exactement comme ils adorèrent le Veau d'or dans le désert. Le nom de leur idole moderne est l'État d'Israël." (*Le racisme de l'État d'Israël*. p. 93)

Où est, en tout cela Michée prophétisant :

> Martelant leurs épées, ils en feront des socs de charme, et de leurs lances ils feront des serpes.
> On ne brandira plus l'épée, nation contre nation,
> Nos fils n'apprendront plus la guerre. Ils demeureront chacun sous sa vigne et son figuier, et personne pour les troubler.
> Car la bouche du Seigneur, le tout puissant, a parlé.
>
> (Michée IV, 3-4)

2. Collaboration des sionistes avec Hitler

Jamais cette hérésie ne s'est manifestée avec plus de force que pendant la dernière guerre mondiale où l'objectif unique de construire un État d'Israël puissant, a conduit les dirigeants sionistes à la coopération avec les nazis. Certains dirigeants sionistes accueillirent fort bien l'arrivée d'Hitler au pouvoir, puisqu'ils partageaient sa croyance dans la primauté de la *race* et son hostilité à l'assimilation des juifs. Ils se réjouirent avec Hitler de son triomphe sur l'ennemi commun : les forces du libéralisme. Le Dr et rabbin sioniste Joachim Prinz, avant d'émigrer aux États-Unis où il s'éleva au poste de vice-président du Congrès juif mondial et devint une lumière de l'Organisation sioniste mondiale (ainsi qu'un grand ami de Golda Meir) avait publié en 1934, à Berlin, un livre de circonstance *Wir Juden* (Nous les juifs) (p. 150-151) pour célébrer la Révolution allemande hitlérienne et la défaite du libéralisme :

> La signification de la Révolution allemande pour la nation allemande est ou sera peut-être claire pour ceux qui l'ont créée et ont formé son image. Son sens pour nous, il faut le dire tout de suite, est que le libéralisme a perdu toutes ses chances. La seule forme de vie politique qui favorisait l'assimilation des juifs n'est plus." "Nous voulons que l'assimilation soit remplacée par une nouvelle loi : **la déclaration d'appartenance à la nation juive et à la race juive**. Un État fondé sur le principe de la nation et de la race ne peut qu'être honoré et respecté par le juif qui déclare son appartenance à son propre peuple... Car seul celui qui honore ses origines et son propre sang peut respecter et honorer la volonté nationale des autres nations.
>
> (*Ibidem* p. 154 155).

Il espérait ainsi que le mythe de la race aryenne facilite une floraison du mythe sioniste de la race juive.

Dans le même esprit le mémorandum que les dirigeants sionistes pour l'Allemagne adressèrent à Hitler le 22 juin 1933, précisait :

> Le sionisme croit que la renaissance de la vie nationale d'un peuple, qui s'opère aujourd'hui en Allemagne à travers la valorisation de ses dimensions chrétienne et nationale doit aussi se produire chez le peuple juif. Pour le peuple juif aussi, l'origine nationale, la religion, un destin commun et le sens de son caractère

exceptionnel doivent revêtir une importance primordiale pour son existence. Cela ne se fera qu'en supprimant l'individualisme égoïste de l'ère libérale et en le remplaçant par le sens de la communauté et de la responsabilité collective...

Le mémorandum ajoutait :

> Au cas où les allemands accepteraient cette collaboration les sionistes s'efforceraient de détourner les juifs à l'étranger, d'appeler au boycott anti-allemand.
> (Lucy Davidowicz : *The War against the Jews,* Penguin books, 1977. p. 231-232).

Les dirigeants hitlériens acceptent : le principal théoricien du national-socialisme, Alfred Rosenberg écrira en 1937 :

> Le sionisme doit être vigoureusement soutenu afin qu'un contingent annuel de juifs allemands soit transporté en Palestine.
> (Der Spur des Juden im Wandel der Zeiten, Munich 1937. p. 153.)

C'est sur cette idéologie de la race, qui leur était commune avec les nazis, que les dirigeants sionistes allemands entreprirent de négocier avec les hitlériens.

À l'arrivée d'Hitler au pouvoir, sur 100 juifs allemands organisés 5% appartenaient à la centrale sioniste et 95% à l'Association des Allemands de religion juive qui entendaient rester allemands en luttant pour le respect de leur religion.

Les nazis firent aisément leur choix : ils traitèrent avec les sionistes qui étaient pour eux des juifs **convenables** qui préconisaient le départ en Palestine, favorisant ainsi la politique de purification ethnique du fascisme hitlérien : vider l'Allemagne de ses juifs (*Judenrein*).

Et il s'acharna sur les juifs qui entendaient rester allemands dans le respect de leur religion.

a) L'accord de transfert (Haavara)

En raison de cette communauté de doctrine sur la race qui vérifiait si bien la thèse de Herzl : "Les antisémites seront nos meilleurs alliés" (*Diaries* I, p. 19), l'Agence juive conclut avec le ministre de l'Économie, le 27 août 1933, l'accord de *Haavara* (en hébreu : transfert) qui autorisait les émigrants juifs à transférer une partie de leurs avoirs d'Allemagne nazie en Palestine. Ben Gourion qui était en Palestine, Mme Golda Meir, qui était alors à New-York, les futurs ministres sionistes d'Israël : Moshe Sharret (qui s'appelait alors Moshe Shertok), et Levi Eshkol qui en était le représentant à Berlin, approuvèrent cet accord (Ben Gourion et Shertok, dans *L'accord de la Haavara.* p. 294. Cité par Tom Segev (*Le septième million,* p. 30 et 595).

Les deux parties y trouvaient leur avantage : pour les nazis : d'abord se débarrasser des juifs, ensuite obtenir un allié (sioniste) pour briser le boycott économique et l'antifascisme.

Dès le 26 mars 1933, Kurt Blumenfeld, président en Allemagne de la Fédération sioniste, et Julius Brodnitz, président de l'Association centrale, câblèrent à L'American Jewish Committee, à New York :

Protestons catégoriquement contre rassemblements, émissions radio, et autres manifestations. Exigeons sans équivoque des mesures énergiques pour mettre fin aux manifestations hostiles à l'Allemagne. (Saul Friedländer : *L'Allemagne nazie et les juifs*, Ed. Seuil 1997 p. 32)

Du côté du Yichouv (communauté juive en Palestine avant la création de l'État d'Israël) c'était une bonne affaire. Le dirigeant sioniste Moshe Belinson écrit à Bert Katznelson, directeur du principal quotidien de l'organisation : *Davar* (La parole) :

Les rues sont pavées de plus d'argent que nous n'en avons jamais rêvé dans l'histoire de notre entreprise sioniste. Voici une occasion de bâtir et de prospérer comme nous ne l'avons jamais fait et ne le ferons jamais. (Cité par Tom Segev : *Le septième million,* p. 27)

Cette euphorie se fondait sur la compréhension des nazis. Hannah Arendt rappelle qu'"au départ la politique des nationaux-socialistes envers les juifs était indiscutablement pro sioniste." (*Eichmann à Jérusalem*, p. 101.)

Cela durera pendant cinq ans de régime hitlérien, jusqu'en 1938.

Reinhardt Heydrich (le futur Protecteur sanglant de la Tchécoslovaquie), écrit, alors qu'il était chef des Services de Sécurité

SS :

Nous devons séparer les juifs en deux catégories : les sionistes et les partisans de l'assimilation. Les sionistes professent une conception strictement raciale, et, par l'émigration en Palestine, ils aident à bâtir leur propre État juif... nos bons voeux et notre bonne volonté officielle sont avec eux. (Hohne : *Order of the Death's Head*, p.133)

Une circulaire de la Wilhelmstrasse indique :

Les objectifs que s'est donnés cette catégorie (de Juifs qui s'opposent à l'assimilation et qui sont favorables à un regroupement de leurs coreligionnaires au sein d'un foyer national), au premier rang de laquelle se trouvent les sionistes, sont ceux qui s'écartent le moins des buts que poursuit en réalité la politique allemande à l'égard des Juifs. (Source : Lettre circulaire de Bülow-Schwante à toutes les missions diplomatiques du Reich, n· 83, 28 février 1934.)

Il n'y a aucune raison, écrivait Bulow-Schwante au ministère de l'Intérieur, d'entraver, par des mesures administratives, l'activité sioniste en Allemagne, car le sionisme n'est pas en contradiction avec le programme du national-socialisme dont l'objectif est de faire partir progressivement les juifs d'Allemagne. (Source : Lettre n·Z U 83-21. 28/8 du 13 avril 1935.)

Cette directive, confirmant des mesures antérieures, était appliquée à la lettre. En vertu de ce statut privilégié du sionisme dans l'Allemagne nazie, la Gestapo de Bavière, le 28 janvier 1935, adressait à la police cette circulaire :

Les membres de l'organisation sioniste, en raison de leur activité orientée vers l'émigration en Palestine, ne doivent pas être traités avec la même rigueur qui est nécessaire pour les membres des organisations juives allemandes (assimilationnistes).
(Source : Kurt Grossmann, Sionistes et non-sionistes sous la loi nazie dans les années trente, Yearbook. Vol. VI, p. 310.)

Avant même la conclusion de l'accord *Haavara*, cette *coopération* revêtit des formes curieuses. C'est ainsi qu'en 1933 le baron Leopold Von Mildenstein, qui deviendra quelques années plus tard, le chef de la section juive du SD (le *Sicherheitsdienst*, ou service de sécurité, service de renseignement SS dirigé par Reinhard Heydrich), fut invité à faire un voyage en Palestine avec sa femme pour écrire une série d'articles destinés à *Der Angriff* (L'Attaque) de Goebbels. Les époux Mildenstein, accompagnés par Kurt Tuchler, membre important de l'Organisation sioniste de Berlin, et sa femme, visitèrent les villages des colons juifs d'Eretz Israël. Des articles extrêmement positifs, intitulés : "Un nazi visite la Palestine", furent publiés comme prévu et un médaillon commémora l'événement, avec la svastika à l'avers et l'étoile de David au revers. (Source : *Der Angriff,* 26 septembre 1934, cité par Tom Segev. *Op. cit.* p. 40-41)

Chaïm Weizman aura beau déclarer la guerre à l'Allemagne le 5 septembre 1939 et se ranger du côté allié, l'idylle sioniste allemande se poursuivit jusqu'à la Nuit de cristal (1938).

Il ne protesta seulement que lorsque le banquier juif Max Warburg proposa d'étendre les accords du type la *Haavara* pour financer l'émigration des juifs allemands dans d'autres pays que la Palestine. (Saul Friedländer *L'Allemagne nazie et les juifs*, Ed. Seuil 1997, p. 177)

Après la **Nuit de cristal,** du **pogrom** dont le prétexte était un attentat contre un diplomate allemand à Paris, la répression antijuive se durcit, la coopération des sionistes avec les hitlériens prit d'autres formes. Dans les pays occupés, par l'action des *Judenrat* (Conseils juifs contrôlés dans les ghettos et les camps de concentration par les nazis) et, dans le Yichouv de Palestine, par la **sélection** opérée par les sionistes, ne cherchant à tirer des griffes d'Hitler que les éléments riches ou compétents et abandonnant à leur sort les juifs âgés ou incapables de servir à la construction du futur État, considérés comme un **matériel humain** indésirable.

b) Les Conseils juifs (judenrat)

Le problème du rôle des *judenrat,* (Conseils juifs) sous le règne d'Hitler a été soulevé avec éclat par Hannah Arendt dans son livre : *Eichmann à Jérusalem.* Non seulement il ne fut pas traduit en hébreu[20], mais il souleva des réactions hystériques car ses critiques concernaient à la fois les *judenrat* et les sionistes qui en furent généralement les chefs.

---

[20] Pas plus d'ailleurs que celui de Hilberg *La destruction des juifs d'Europe*, dont elle partage les analyses et qui réduit de 4 à 2 millions le nombre de juifs victimes de l'antisémitisme d'Hitler à Auschwitz.

Et pourtant son analyse est confirmée par Poliakov dans son livre : *Le Bréviaire de la haine*. Il écrit (p. 102) :

> Beaucoup d'encre a déjà été versée à propos des Conseils juifs, ces instruments d'exécution des volontés allemandes à tous ses stades, isolation ou exterminations. Un opprobre indélébile semble s'attacher à ces organes de collaboration par excellence, dont les membres étaient des seigneurs dans le ghetto et bénéficiaient de prérogatives certaines ; une comparaison avec les Quisling ou les Laval vient d'elle-même sous la plume.
>
> Le rôle de ces *Judenrat*, sous le contrôle des nazis était considérable : d'abord il incombait à ces conseils juifs de fournir les bataillons de main d'œuvre exigés par l'occupant.
>
> (*Ibidem*, p. 103)

Les Conseils faisaient les listes de déportés. Les juifs s'inscrivaient, remplissaient d'innombrables formulaires, des questionnaires de plusieurs pages concernant leurs biens, qu'on allait pouvoir saisir d'autant plus facilement.

Et voici le témoignage d'Hannah Arendt :

> Au procès d'Eichmann à Jérusalem, le juge Halevi découvrit, en procédant au contre interrogatoire d'Eichmann, que les nazis considéraient la coopération des juifs comme pierre angulaire de la politique juive... Partout où il y avait des juifs, il y avait des responsables juifs reconnus comme tels, et ces responsables, à de très rares exceptions près, collaborèrent, d'une façon ou d'une autre, pour une raison ou pour une autre. Toute la vérité, c'est que, si le peuple juif avait été vraiment désorganisé et sans chefs, le chaos aurait régné, et beaucoup de misère aussi, mais selon les calculs de Freudiger, cinquante pour cent des Juifs auraient pu se sauver s'ils n'avaient pas suivi les Instructions des Conseils juifs.
>
> (Hannah Arendt, *op. cit.* p. 205)

M. Poliakov dans son *: Le Bréviaire de la haine* en donne des exemples concrets :

> Parmi les ghettos importants, celui de Lodz, en Pologne annexée, mérite une mention particulière ; deuxième ville de Pologne, Lodz était le principal centre industriel du pays. Son ghetto, constitué dès février 1940, comptait lors de son premier recensement plus de 160.000 habitants. C'était, après celui de Varsovie, de loin le ghetto le plus important. Ses fabrications de tout

genre, et en particulier ses industries textiles, constituaient pour l'économie allemande un appoint de grande valeur.

De même que partout ailleurs, l'exécution des volontés allemandes au ghetto de Lodz se faisait par l'intermédiaire d'un Conseil juif. Son président, Chaïm Rumkowski, au ghetto un dictateur omnipotent, tous les pouvoirs de haute et de basse justice se trouvaient concentrés entre ses mains : il levait impôt, frappait monnaie, et s'entourait d'une coterie de courtisans et de thuriféraires. Des poètes de cour rédigeaient des cantates à sa gloire ; les enfants des écoles du ghetto lui adressaient des vœux manuscrits de nouvelle année.

En France l'UGIF (Union générale des israélites de France) joua le rôle des *Judenrat :* elle écrit, pour le compte du Commissariat aux questions juives et des autorités allemandes, le fichier des juifs français et surtout étrangers et opère le tri, par exemple, entre les juifs français et étrangers, tenant déjà le langage discriminatoire de ceux que leurs successeurs appellent des **néo-nazis**.

Jacques Heilbronner, président du Consistoire, la représentation centrale des juifs de France, voyait les choses ainsi :

La France, comme n'importe quel autre pays, déclara-t-il dès juin 1933, a ses chômeurs, et tous les réfugiés juifs d'Allemagne ne méritent pas de rester [...] S'il y a 100 à 150 intellectuels qu'il vaille la peine de garder en France, car ce sont des scientifiques ou des chimistes qui détiennent des secrets que nos propres chimistes ignorent, nous les garderons, mais les 7.000, 8.000, peut-être 10.000 juifs qui arriveront en France, est-il véritablement dans notre intérêt de les garder ?

Pour lui, les réfugiés juifs n'étaient que **de la racaille**, le rebut de la société, des éléments qui n'auraient pu être d'aucune utilité chez eux.

La défaite de la France n'atténua nullement l'hostilité de Heilbronner, toujours à la tête du Consistoire, à l'égard des juifs étrangers. (Friedländer. *L'Allemagne nazie et les juifs*. Seuil, 1997. p. 222)

Dans leur livre : *Vichy et les juifs*, Marris et Paxton confirment : "Certaines personnalités juives en France exprimèrent leur hostilité à la présence parmi eux de juifs étrangers tenus pour responsables de l'agitation anti-allemande." (Note de la p. 407 de Segev).

C'est une habitude ancienne : le 19 novembre 1938, le Grand rabbin Weill déclarait au journal *La Nation* qu'il ne voulait prendre aucune initiative "qui pourrait entraver en quoi que ce soit les tentatives actuellement en cours de rapprochements franco-allemands."

Dans la préface au livre de Maurice Rajsfuss : *Des juifs dans la collaboration*, Vidal-Naquet écrit (p. 14) :

Dans l'ensemble, le doute n'est pas permis : les notables du judaïsme français sont entrés dans le jeu dangereux de la coopération avec l'ennemi, ils sont entrés dans une politique qui visait, suivant l'expression de Sartre, à sérialiser les juifs, à laisser s'opposer les uns aux autres "Français et étrangers", anciens combattants irréprochables et immigrés récents, Français de souche et naturalisés. Les notables ont fourni l'armature de l'U.G.I.F., quelles qu'aient été les intentions et le destin de ses fondateurs, elle a contribué... à alimenter la machine à tuer des juifs.

Et voici le témoignage d'Albert Akerberg, secrétaire général, sous l'Occupation, du Comité d'union et de défense des juifs de France :

J'ai appris que les dirigeants de l'UGIF étaient passés devant un Jury d'Honneur présidé par Léon Meise, président du C.R.I.F. Ce jury était constitué par des gens qui avaient passé la guerre en Suisse, aux USA ou ailleurs, sans trop de risques. A cette occasion je devais écrire à Léon Meise pour protester contre cette façon de faire et lui dire que l'on aurait pu consulter au moins ceux qui avaient lutté sous l'Occupation et avaient également un point de vue à formuler. La réponse de Léon Meise était simple : il fallait, dit-il, savoir oublier les événements. On a absous les dirigeants de l'UGIF, mais on ne pouvait pas faire autrement pour les intérêts supérieurs de la communauté juive.

Cela est d'autant plus scandaleux qu'aujourd'hui la télévision nous passe plusieurs fois par mois des films sur les souffrances des juifs sous l'occupation mais jamais, par exemple, sur les juifs héroïques qui ont combattu le fascisme, les armes à la main et jusqu'à la mort, comme volontaires juifs des Brigades Internationales, qui constituaient un tiers de la Brigade américaine Lincoln, et la moitié de la brigade polonaise Dombrowski. Pourquoi ce silence ?

Parce que les dirigeants de Londres, à la question posée à leur sujet : "Les juifs doivent-ils participer aux mouvements antifascistes ?" répondaient : "Non !..." et fixaient l'objectif unique : la construction de la terre d'Israël. (*Jewish life*, avril 1938 p. 11)

Membre de l'exécutif de l'Agence juive, Ytzhak Gruenbaum déclarait le 18 janvier 1943 :

> Le sionisme passe avant tout... Ils vont dire que je suis antisémite, répondit Gruenbaum, que je ne veux pas sauver l'Exil, que je n'ai pas "a warm yiddish heart" [...] Laissons-les dire ce qu'ils veulent. Je n'exigerai pas de l'Agence juive qu'elle alloue la somme de 300000 ni de 100000 livres sterling pour aider le judaïsme européen. Et je pense que quiconque exige de telles choses accomplit un acte antisioniste.
>
> (Source : Gruenhaum : *Jours de destruction*, p. 68.)

C'était aussi le point de vue de Ben Gourion :

> La tâche du sioniste n'est pas de sauver le "reste" d'Israël qui se trouve en Europe, mais de sauver la terre d'Israël pour le peuple juif." ou encore : "Le désastre qu'affronte le judaïsme européen n'est pas mon affaire. (Ben Gourion à l'assemblée des militants du Mapaï, le 8 décembre 1942 ; Cité par Yoav Gelba : "La politique sioniste et le sort des juifs européens", *Yad Vashem, Etudes collectives* n° 13. 1980 p. 147.)

Et, parlant des victimes du génocide : "Ils n'ont pas voulu nous écouter. Avec leurs morts ils ont saboté le rêve sioniste." 8 décembre 1942 (Ces deux textes cités par Tom Segev. *op. cit.* p. 122)

Les dirigeants de l'Agence juive s'entendaient sur le fait que la minorité qui pourrait être sauvée devait être choisie en fonction des besoins du projet sioniste en Palestine. (Source : *Ibidem* p. 125)

Cette collaboration des sionistes avec Hitler dura jusqu'à la fin de la guerre : en avril 1944 Eichmann proposa au délégué sioniste Rudolf Käsztner d'échanger un million de juifs contre 10.000 camions qui seraient utilisés exclusivement sur le front russe. Ben Gourion et Moshe Sharett (Shertok) appuyèrent cette offre.

Käsztner était accusé également d'avoir témoigné en faveur de son partenaire nazi, Becher.

En outre il avait, en accord avec les dirigeants sionistes (dont plusieurs, étaient, au moment de son procès, ministres), négocié avec Eichmann la libération et l'émigration en Palestine de 1.684 juifs **utiles** pour la construction du futur État d'Israël, en échange de quoi, il ferait croire à 460.000 juifs hongrois qu'il s'agissait d'un simple transfert et non d'un envoi au camp de la mort d'Auschwitz. Le juge Halevi montra que tous ces crimes, il les avait commis avec l'accord de l'Agence juive et du Congrès juif mondial. Le juge est formel :

Il n'y eut ni vérité, ni bonne foi dans le témoignage de Käsztner... Käsztner s'est parjuré sciemment, dans son témoignage devant cette Cour, lorsqu'il a nié qu'il était intervenu en faveur de Becher. En outre, il a caché ce fait important : sa démarche en faveur de Becher était faite au nom de l'Agence juive et du Congrès juif mondial... il est clair que la recommandation de Käsztner ne fut pas faite en son nom personnel, mais aussi au nom de l'Agence juive et du Congrès juif mondial... et c'est pourquoi Becher fut relâché par les Alliés.

Après le jugement, l'opinion israélienne fut ébranlée. Dans le journal *Haaretz* le Dr Moshé Keren écrivait, le 14 juillet 1955 : "Käsztner doit être inculpé de collaboration avec les nazis..." Mais le journal du soir *Yediot Aharonoth* (23 juin 1955) expliquait pourquoi il ne pouvait en être ainsi... : "Si Käsztner est mis en jugement, c'est le gouvernement tout entier qui risque un effondrement total devant la nation, par suite de ce que ce procès va découvrir."

Ce qui risquait d'être découvert c'est que Käsztner n'avait pas agi seul mais avec l'accord des autres dirigeants sionistes qui siégeaient, au moment du procès, dans le gouvernement. La seule façon d'éviter que Käsztner parle et que le scandale éclate, c'est que Käsztner disparaisse. Il mourut en effet opportunément, assassiné sur les marches du palais de justice et le gouvernement israélien introduisit un recours devant la Cour Suprême pour le réhabiliter. Ce qu'il obtint.

L'Association des immigrants allemands se plaignait de ce que les représentants de l'Agence juive à Berlin allouaient des certificats d'immigration à des invalides. "Le matériel humain arrivant d'Allemagne est de pire en pire" dénonçait l'Association près d'un an après l'arrivée du gouvernement nazi. "Ils n'ont ni le désir ni la capacité de travailler, et ils ont besoin d'une assistance sociale" (29 décembre 1933) (Association des immigrants allemands). Un an plus tard l'association envoya à Berlin une liste de noms de personnes qu'il ne fallait pas, selon elle, laisser partir pour la Palestine (28 mars 1934)

(ACS, S 7563)

Henrietta Szold, qui dirigeait la division du travail social de l'Agence juive, protestait elle aussi fréquemment contre l'existence de malades et de nécessiteux parmi les immigrants. De temps à autre, Szold demandait que certains de ces *cas* soient renvoyés en Allemagne nazie pour empêcher qu'ils ne deviennent un fardeau pour le Yishouv (19 août 1934)

En 1937, le Joint Distribution Committee, une organisation américaine qui prêtait assistance aux juifs nécessiteux, négocia avec les autorités allemandes la libération de 120 prisonniers juifs du camp de concentration de Dachau. "Je ne suis pas certain que, d'un point de vue politique, il soit souhaitable que tous les prisonniers libérés se rendent en Palestine", écrivit un dirigeant de l'Agence juive à l'un de ses collègues. "La plupart n'étaient pas sionistes ; et il pouvait bien y avoir des communistes parmi eux."

Senator, qui s'était activé pour faire venir des juifs allemands en Palestine, prévint le bureau de l'Agence juive à Berlin que, s'il n'améliorait pas la qualité du "matériel humain" envoyé, l'Agence serait acculée à restreindre le nombre des certificats alloués aux capitalistes juifs allemands.

Il fut décidé que les candidats de plus de trente-cinq ans recevraient des certificats d'immigration "à la condition que rien ne laisse penser qu'ils puissent représenter un fardeau pour le pays". Par conséquent, ils devaient avoir une profession. "Toute personne qui s'adonnait au commerce, était-il déclaré, ou à toute autre activité similaire, ne recevra de certificat en aucune circonstance, sauf s'il s'agit d'un vétéran sioniste."

Cela se passait en 1935. "Dans les périodes d'abondance, il est possible d'assumer ce matériel, expliquait Itzhak Gruenbaum. Dans les périodes de pénurie et de chômage, ce matériel nous causera beaucoup de problèmes... Nous devons avoir l'autorisation de choisir pour l'immigration les réfugiés qui en valent la peine, et la permission de ne pas les accepter tous."

Les juifs allemands qui recevaient des permis d'immigrer "simplement comme réfugiés" étaient considérés eux aussi, comme du "matériel indésirable" par Eliahu Dobkin, un membre de l'exécutif de l'Agence juive. "Je comprends fort bien la situation particulière dans laquelle se trouvent les institutions d'outre-mer qui s'occupent des réfugiés allemands, mais je voudrais pouvoir croire que vous êtes d'accord avec moi sur le fait que nous devons aborder cette question non pas d'un point de vue philanthropique mais du point de vue des besoins du pays, écrivait Dobkin à l'un de ses collègues. Mon opinion est que nous devons amener les réfugiés répondant à ces besoins." Les responsables des immigrants juifs allemands en Palestine acquiescèrent. "Selon moi, 90% d'entre eux ne sont pas indispensables ici", écrivait l'un de ces responsables à un de ses collègues.

Le Mémorandum du Comité de sauvetage de l'Agence juive, en 1943, disait :

> Devons-nous aider tous ceux qui en ont besoin sans tenir compte des caractéristiques de chacun ? Ne devons-nous pas donner à cette action un caractère national sioniste et tenter de sauver en priorité ceux qui peuvent être utiles à la Terre d'Israël et au judaïsme ? Je sais qu'il peut sembler cruel de poser la question de cette façon, mais nous devons malheureusement établir clairement que si nous sommes capables de sauver 10 000 personnes parmi les 50 000 personnes qui peuvent contribuer à la construction du pays et à la renaissance nationale ou bien un million de juifs qui deviendront pour nous un fardeau ou au mieux un poids mort, nous devons nous restreindre et sauver les 10 000 qui peuvent être sauvées - malgré les accusations et les appels du million de laissés-pour-compte.
>
> (Source : Mémorandum du Comité de sauvetage de l'agence juive, 1943. Cité par Tom Segev. (Op. cit.)

Il faut sauver la jeunesse pionnière, principalement celle qui a bénéficié d'un entraînement et qui est spirituellement capable de mener à bien le sionisme. Il faut sauver les dirigeants sionistes, ils méritent que le mouvement les paye de retour pour leurs tâches [...]

Un sauvetage purement philanthropique, comme celui des juifs allemands [...] ne peut que causer du tort aux perspectives sionistes, particulièrement si les chances sont aussi limitées que le désastre est grand. Nous pouvions agir en faveur des juifs allemands tant qu'ils représentaient un avantage, tant qu'ils venaient avec leurs biens. Les réfugiés actuels ne représentent plus cet avantage puisqu'ils arrivent les mains vides. Par conséquent, ils n'ont rien à offrir au Yishouv et nous ne pouvons nous attendre qu'à ce que nous avons déjà constaté chez une grande partie des juifs allemands : une distance totale, parfois une hostilité à la Terre d'Israël ; une attitude irrespectueuse à l'égard de tout ce qui est juif et hébraïque [...].

Ceux qui sont arrivés via Téhéran montrent également quels résultats désastreux peut entraîner une immigration mal sélectionnée. Avec les pionniers et les dirigeants sionistes arrivent des masses de gens sans aucun lien avec le sionisme et totalement dénués d'attachement national. (Apolinari Hartglass : *Commentaire sur l'aide et le sauvetage*. ACSS/26 1232. Cité par Tom Segev p. 124 - 125)

Pour Itzhak Gruenbaum, les besoins du Yishouv étaient prioritaires : "Je pense qu'il est nécessaire d'affirmer clairement ici : le sionisme passe avant tout."

Ce fanatisme inspire, par exemple, l'attitude de la délégation sioniste à la conférence d'Evian, en juillet 1938 où 31 nations s'étaient réunies pour discuter de l'absorption des réfugiés d'Allemagne nazie : la délégation sioniste exige comme seule solution possible, d'admettre deux cent mille juifs en Palestine.

Je dois m'excuser de si longues citations mais elles sont au centre de ce procès : lorsque Ben Gourion, dans une interview au *Times*, dit, comme le font mes accusateurs d'aujourd'hui : "quand ils disent les "sionistes" ils veulent dire "les juifs."

Le seul rappel de ces textes montre toute la différence entre le judaïsme, religion que je respecte et le sionisme politique, nationaliste et colonialiste que je combats comme tous les autres nationalismes.

Ils révèlent en outre l'imposture de ceux qui aujourd'hui brandissent les cadavres des victimes qu'ils n'ont pas voulu sauver.

Où sont, en tout cela mes **diffamations** contre les dirigeants sionistes ? À moins que l'on appelle diffamation dénoncer l'infamie.

c) Du mépris à la sacralisation des victimes

Et ceci d'autant plus que les sionistes d'alors ne se contentaient pas d'abandonner les victimes, mais encore ils les méprisaient.

L'écrivain Yehudi Hendel déclara un jour à la télévision israélienne en juin 1989 :

> "Disons-le brutalement, il y avait quasiment deux races dans le pays. Ceux qui pensaient qu'ils étaient des dieux ; ils avaient eu l'honneur et le privilège de naître à Degania ou bien dans le quartier Borochov de Guivataim ; j'ai grandi dans un quartier ouvrier près de Haïfa. On peut dire avec certitude que là vivait une race inférieure.
>
> Des gens que nous considérions comme inférieurs, qui étaient affectés d'une sorte de malformation, une espèce de bosse dans le dos ; c'était ceux qui étaient arrivés après la guerre. On m'a appris à l'école que la chose la plus laide, la plus vile n'était pas l'exil, mais le juif qui en venait."
>
> "Ces gens sont laids, moralement appauvrissant, suspects et difficiles à aimer." déclara Leah Goldberg, lors d'une réunion d'écrivains convoqués par Ben Gourion.
>
> (Cité par Tom Segev, *op. cit.* p. 218.)

Pour Ben Gourion en effet, si les victimes juives étaient persécutées dans les pays dominés par Hitler, c'est qu'ils n'avaient pas écouté à temps son appel pour se réfugier en Palestine.

Un Membre de l'Agence juive, osa même dire que s'était élevé un **mur étrange** entre les survivants du massacre et les Israéliens de naissance. Ben Gourion l'appela **une barrière de sang et de silence, d'angoisse et de solitude.**

L'on conçoit dès lors aisément pourquoi Joseph Proskauer, juge à New-York, et président honoraire du Congrès juif américain, envoyait à Ben Gourion, le 31 mai 1961, une lettre de protestation contre la prétention de Ben Gourion de parler au nom du judaïsme mondial. (Cit. par Tom Segev, *op. cit.*, p. 391)

Tout comme le Conseil américain pour le judaïsme envoyait une lettre à M. Christian Herter "pour dénier au gouvernement israélien le droit de parler au nom de tous les juifs." (*Le Monde* du 21 juin 1960)

Ben Gourion répondit qu'il était "un juif qui ne s'intéresse pas à ce que les non-juifs racontent." (Lettre à Itzhac Cohen du 11 avril 1961.)

"Au lieu de se laisser conduire au massacre comme des moutons." comme l'écrivait Friedenson dans son livre : *Un chemin dans les cendres* p. 155-157.

"Pourquoi, ils ne se sont pas battus ?" (p. 157) Il s'attachait d'ailleurs à les défendre.

Les Ben Gourion, protégés, en Palestine, par les Anglais qu'ils haïssaient, ne savaient pas ce que coûtait la résistance dans un camp de concentration. Nous qui l'avons vécue, déportés à Djelfa, au Sahara, en 1941, parce qu'on ne déportait pas encore en Allemagne, lorsque nous avons voulu saluer, par notre chant : **Allons au-devant de la vie** l'arrivée des autres déportés des Brigades internationales, le Commandant du camp ordonna de nous fusiller. Nous ne dûmes la vie qu'au refus des soldats Ibadites (une secte musulmane du sud) pour qui un homme armé ne tire pas sur un homme désarmé.

De notre résistance, inefficace mais symbolique, nous avons au moins appris que si l'on ne peut pas toujours défendre sa vie l'on peut toujours défendre son honneur.

C'est pourquoi nous n'avons jamais distingué dans nos camps, qui était juif, comme Bernard Lecache, et qui ne l'était pas, et nous avons pu comprendre fraternellement la situation de nos camarades, juifs ou non juifs, des camps d'Allemagne.

Et puis, brusquement, après la guerre des Six jours, l'attitude des dirigeants sionistes changea et le mépris des victimes de la Diaspora se transforma en son contraire, avec la même exagération : les déportés n'étaient pas tous des héros, mais ils étaient tous des victimes.

Une fois de plus était proclamée la singularité des victimes juives, comme si la mort des autres échappait à cette loi.

À propos du procès qui m'était fait et de la campagne médiatique menée contre moi et contre mon frère l'abbé Pierre, Francis Martens, de l'université catholique de Louvain, écrivait dans *Le Monde* du 21 mai 1996 :

> "Ce n'est pas un hasard si le terme "mythe" s'échappe aussi souvent de leurs plumes... De l'hypothèse selon laquelle la mythologisation banalisation d'Auschwitz, fait le lit du négationnisme, découle qu'il faut peser nos mots. Parler d'"Holocauste" ou de "Martyrs" dans le cas du génocide est tout aussi malvenu que l'évocation du "détail" il ne s'agit pas de "martyrs" mais de victimes. Les martyrs meurent parfois choisissent

de mourir pour une cause. Les victimes ont seulement le tort de croiser le chemin du bourreau.

"Quant au terme d'"Holocauste" (repéré chez Mauriac dès 1958), il y a là une métaphore au lyrisme aberrant. Dans l'univers sacrificiel des Hébreux, l'holocauste est l'offrande faite à Dieu, par consumation totale, d'un animal pur et sans tache.

Appliquée au génocide, la logique de cette image assimile le Führer au Grand Prêtre d'Israël et voile la réalité crue de l'extermination d'une rhétorique à l'imaginaire délirant.

La sacralisation d'une Shoah parfois perçue comme envers satanique du mythe de "l'élection" ne vaut pas mieux que son instrumentation médiatique."

Dans la voie de cette **unicité** de la souffrance juive, où tout se passe comme si la souffrance des autres n'existait pas puisqu'elle ne s'inscrivait pas, comme celle des juifs, dans le dessein éternel de Dieu, la tendance s'inverse chez les sionistes, et prend même la forme caricaturale que lui donne Elie Wiesel :

"Pourquoi est-il admis que nous pensions à l'holocauste avec honte ? Pourquoi ne le revendiquons-nous pas comme un chapitre glorieux de notre histoire éternelle ?

Aujourd'hui, tout tourne autour de l'expérience de l'Holocauste, Pourquoi alors y faisons-nous face avec une telle ambiguïté ? Peut-être que cela devrait être la tâche des éducateurs et des philosophes juifs : de rouvrir l'événement comme une source de fierté, de le reprendre dans notre histoire." (JV, p. 288)

Ce revirement sioniste était dû à des raisons politiques (la guerre des Six jours), et à la volonté de réintroduire la catastrophe antérieure dans la continuité théologique de l'histoire du peuple élu.

3. La contradiction fondamentale du sionisme et sa politique terroriste

Cette contradiction du sionisme était contemporaine de la création de l'État d'Israël : Ben Gourion, "un homme qui considérait le judaïsme comme la catastrophe historique du peuple" 5 (Comme témoigne le professeur Leibowitz en rapportant ses conversations avec lui. (Dans son livre : *Israël et judaïsme*, Ed. Desclée de Brouwer p. 138) avait fait en 1948, un compromis avec les juifs orthodoxes. Bien qu'il souhaitât la séparation de la religion et de l'État, il imposa l'enseignement religieux dans les écoles (pour maintenir la clé de voûte de la doctrine sioniste sur la **Promesse de la terre**), et il accepta que les lois sur le mariage, le divorce, les funérailles, relèvent de la tradition talmudique du rabbinat.

Une loi dite : "Loi sur la juridiction des tribunaux rabbiniques" (loi 5713. 1953) stipule :

"- Article 1 : Tout ce qui concerne le mariage ou le divorce des Juifs en Israël, nationaux ou résidents, est exclusivement de la compétence des tribunaux rabbiniques.

- Article 2 : Les mariages et divorces des Juifs s'effectueront, en Israël, en vertu de la loi établie par la Thora."

Après 1967, il fallut donc dans le même esprit, donner une signification messianique à toute l'histoire, la fondation de l'État d'Israël devenant un événement eschatologique et se trouvant ainsi sacralisé comme une nouvelle idole.

C'est en ce sens que Schlomo Avineri pouvait écrire : "Être juif aujourd'hui signifie être lié à Israël." (*The Making of Modern Zionism*) (1981, p. 219)

Cette sacralisation comportait de multiples conséquences : L'Holocauste devenait un argument fondamental à l'appui de l'idée de la création de l'État d'Israël et de sa politique.

D'abord parce que Dieu l'avait voulu, ensuite parce que Hitler (comme autrefois Nabuchodonozor, en avait été l'instrument pour châtier et racheter **son** peuple). Israël pouvait se placer au-dessus de toute loi humaine, en particulier ne tenir aucun compte des résolutions ou des condamnations des Nations Unies.

Dès la décision de partage de la Palestine, Ben Gourion déclarait : "L'État d'Israël considère que la résolution des Nations Unies du 29 novembre 1947, est nulle et non avenue." (*New York Times* du 6 décembre 1953) et il commençait son œuvre de grand expulseur.

Une autre conséquence fut la prétention de cet État de considérer ses lois comme prévalant sur la loi de tous les autres peuples.

Les dirigeants sionistes ne cachaient pas ce rôle de leur lobby. Ben Gourion déclarait clairement : "Quand un Juif, en Amérique ou en Afrique du Sud, parle à ses compagnons juifs de "notre" gouvernement, il entend le gouvernement d'Israël." (Source : *Rebirth and Destiny of Israël,* 1954, p. 489).

a) La sélection sioniste

Au procès d'Eichmann à Jérusalem le rôle de Käsztner ayant été évoqué, le Procureur général Haïm Cohen rappelait aux juges : "si cela ne coïncide pas avec votre philosophie vous pouvez critiquer Käsztner. Il a toujours été dans notre tradition sioniste de sélectionner une élite pour organiser l'immigration en Palestine... Käsztner n'a rien fait d'autre." (Source : *Court record* 124/53. Jérusalem district court)

Ce haut magistrat invoquait en effet une doctrine constante du mouvement sioniste : il n'avait pas pour objectif de sauver des juifs mais de construire un État juif fort.

Le professeur Leibowitz le confirme dans son livre. Il répond à cette question : Acceptez-vous ce jugement que le "Yishouv" (nom donné à la communauté juive de Palestine avant la proclamation de l'État d'Israël) n'a pas fait assez pour sauver les juifs d'Europe pendant la Shoah ?

"Il n'a rien fait du tout, mais vous pouvez en dire autant du judaïsme américain."

L'objectif essentiel des sionistes n'était pas de sauver des vies juives mais de créer un État juif en Palestine. Le premier dirigeant de l'État d'Israël, Ben Gourion, proclame sans ambages, le 7 décembre 1938, devant les dirigeants sionistes du **Labour** : "Si je savais qu'il est possible de sauver tous les enfants d'Allemagne en les amenant en Angleterre, et seulement la moitié d'entre eux en les transportant en Eretz Israël, je choisirais la deuxième solution. Car nous devons tenir compte non seulement de la vie de ces enfants, mais aussi de l'histoire du peuple d'Israël." (Source : Yvon Gelbner, "Zionist policy and the fate of European Jewry", dans *Yad Vashem Studies*, Jérusalem. Vol. XII, p. 199.)

En effet, malgré les massacres d'Hitler, le sionisme n'avait pas réalisé ses objectifs : rassembler tous les juifs du monde en Palestine. Ni les motivations religieuses, ni les massacres d'Hitler, n'y avaient suffi : 16% seulement des immigrés juifs de l'Europe dominée par les nazis avaient choisi la Palestine alors que 78% avaient choisi l'Union Soviétique et 6% les pays occidentaux.

Ce cynisme n'était pas propre à Ben Gourion, mais à tous les dirigeants sionistes de l'Agence juive et du Yishouv que les résistants juifs appelaient Le Judenrat de Palestine La question, dit Tom Segev (op. cit. p. 56 p. 126 sqq) était de savoir que faire des réfugiés qui n'étaient ni sionistes ni aptes à aider à la construction d'une société nouvelle en Palestine. "Dieu seul sait comment la pauvre petite terre d'Israël pourrait intégrer ce fleuve humain et s'en sortir avec une structure sociale saine", écrivait Chaïm Weizmann (**The letters and papers of Chaim Weiztmann**, 1er décembre 1935 (ACS, S7144)

Au 23e Congrès de l'organisation sioniste mondiale il précise à propos des devoirs d'un Juif à l'étranger, que : "l'obligation collective de toutes les organisations sionistes de diverses nations d'aider l'État juif en toute circonstance est inconditionnelle, **même si une telle attitude entre en contradiction avec les autorités de leurs nations respectives.**" (Source : Ben Gourion : "Tasks and character of a modern Zionist," **Jerusalem Post** du 17 août 1952 et **Jewish telegraphic Agency** du 8 août 1951.)

Cette confusion du judaïsme comme religion (respectable comme toute autre) avec le sionisme politique comportant allégeance inconditionnelle à l'État d'Israël se substituant au Dieu d'Israël, ne saurait que nourrir l'antisémitisme.

À partir de cette fausse transcendance tous les moyens étaient justifiés pour atteindre une fin divine.

Nous avons montré, et l'ouverture des archives israéliennes l'a confirmé, que la "terre promise" était une terre conquise, l'expulsion des autochtones par le fer et le feu, comme à Deir Yassin, était justifiée par l'accomplissement d'une promesse divine.

Quiconque mettait en cause cette promesse méritait la mort de la main d'un assassin de droit divin. Et ceci depuis 50 ans : le 16 septembre 1948, le comte Bernadotte remettait aux Nations Unies son rapport **A 648** décrivant "le pillage sioniste à grande échelle et la destruction de villages."

Il concluait à la nécessité du retour "des réfugiés arabes enracinés dans cette terre depuis des siècles."

Son rapport **A 648** fut déposé le 16 septembre 1948, le 17 septembre il était assassiné dans la partie de Jérusalem occupée par les sionistes. Son assassin Nathan Friedman-Yellin arrêté, condamné à 5 ans de prison est amnistié. Deux ans plus tard, en 1960, il est élu député à la Knesset.

Lord Moyne secrétaire d'État britannique avait déclaré, le 9 juin 1942, que les juifs actuels n'étaient pas les descendants des anciens hébreux, et qu'ils n'avaient pas de "revendication légitime sur la terre sainte". Le 6 novembre 1944, Lord Moyne est abattu au Caire par deux membres du groupe Stern d'Itzac Shamir. Un tiers de siècle plus tard le 2 juillet 1975, *l'Evening Star* d'Auckland révélait que les corps des deux assassins étaient enterrés au Monument des héros, à Jérusalem.

Tout comme le meurtrier de 29 Arabes en prière au tombeau des patriarches, Baruch Goldstein, reçut l'hommage des colons de Kiriat Arbat, à Hébron, ils lui érigèrent un mausolée portant la mention : "Au héros Baruch Goldstein" et, sans réaction du gouvernement, ils viennent en pèlerinage lui porter des fleurs.

De même le président Rabin, en châtiment de ses tentatives de paix qui comportaient la restitution de certains territoires **bibliques** aux Palestiniens, abattu par un autre assassin de droit divin, à qui les intégristes apportent des fleurs et des présents dans sa prison.

Le meurtre est ainsi devenu pratique courante et même sacrée dans la politique israélienne qui invoque la **sécurité** des colons et de l'État.

Ces prétextes de **sécurité** assimilent, comme le faisait Hitler, la **résistance** et le **terrorisme**.

1 116 Palestiniens ont été tués depuis le début de l'Intifada (la révolte des pierres), le 9 décembre 1987, par les tirs des militaires, des policiers ou des colons. Soit 626 en 1988 et 1989, 134 en 1990, 93 en 1991, 108 en 1992, et 155 du 1er janvier au 11 septembre 1993. Parmi les victimes figurent 233 enfants âgés de moins de dix-sept ans d'après

une enquête réalisée par Betselem, l'association israélienne des droits de l'homme.

Des sources militaires chiffrent à près de vingt mille, le nombre des Palestiniens blessés par balles, et l'Office des Nations Unies pour l'aide aux réfugiés de Palestine (U.N.R.W.A.), à quatre-vingt-dix mille.

Trente-trois soldats israéliens ont été tués depuis le décembre 1987, soit 4 en 1988, 4 en 1989, 1 en 1990, 2 en 1991, 11 en 1992 et 11 en 1993.

Quarante civils, pour la plupart des colons, ont été tués dans les territoires occupés, selon un décompte établi par l'armée.

Selon les organisations humanitaires, quinze mille Palestiniens, en 1993, sont détenus dans les prisons de l'administration pénitentiaire et dans les centres de détention de l'armée.

Douze Palestiniens sont morts dans les prisons israéliennes depuis le début de l'Intifada, certains dans des conditions qui n'ont pas encore été éclaircies, assure Betselem. Cette organisation humanitaire indique aussi qu'au moins vingt mille détenus sont torturés, chaque année, dans les centres de détention militaire, au cours d'interrogatoires. (Source : *Le Monde* du 12 1993.)

Le périodique israélien *Migvar* de novembre 1982 écrivait :

"Selon les données du ministre de l'Intérieur Yosef Burg, en 1988, dix juifs ont été tués par les terroristes et huit en 1982. Par contre, nous avons tué environ mille terroristes, en 1982, et causé la mort de plusieurs milliers d'habitants d'un pays ennemi (le Liban. R. G.). Il en résulte donc que pour 18 juifs tués nous avons tué, en revanche des milliers de Gentils. C'est indiscutablement un succès spectaculaire du sionisme. J'oserais même dire excessif."
Cité par Noam Chomsky dans son livre : (*The Fateful triangle* (le triangle fatal) p. 74.)

Les assassinats de dirigeants résistants de l'OLP sont innombrables. Pour n'en retenir que quelques exemples Said Hamman assassiné à Londres en 1978 ; Naim Kider à Bruxelles en 1981 ; Sartawi au Portugal lors d'un Congrès de l'Internationale socialiste en 1983, et bien d'autres, jusqu'à la tentative manquée des services secrets israéliens en Jordanie pour assassiner le chef du Hamas.

La milice armée du Bétar (celle qu'Hitler autorisa pendant cinq ans, de 1933 à 1938) a poursuivi ses activités, porter l'uniforme et le drapeau avec la chemise brune, publier son bulletin, délivrer même des permis d'émigration en Palestine (Tom Segev : *Le septième million* p. 45). Elle poursuit ses agressions dans la France d'aujourd'hui : deux militants du Bétar furent condamnés mardi 10 février 1998 pour avoir frappé, à coups de battes de base-ball, des personnes dont la plupart septuagénaires, assistant à une conférence sur la collaboration de Vichy. (*Le Monde*, du 12 février 1998). Même le journal israélien *Haaretz* dénonce son racisme. (*Libération*, 26 décembre 1997).

En Israël, à l'occasion du 50e anniversaire de l'État, fut projeté à la télévision un film *Tekouma* (Résurrection), en 22 feuilletons. Le film retrace toute l'histoire d'Israël. L'une des émissions était consacrée au terrorisme palestinien et, dans un souci d'objectivité, donnait la parole à des réfugiés arabes évoquant les massacres commis par l'armée israélienne en 1967 et 1982. La réalisatrice Ronit Weiss Berkovitz, l'a intitulé **Biladi** (Notre pays.) du nom de l'hymne national palestinien. Le scandale fut grand chez les intégristes, car on avait donné la parole à l'ennemi et ils n'admettent aucun dialogue : des images d'archives montraient des camps de réfugiés et Mme Golda Meir niant l'existence du peuple palestinien. Un autre épisode sur autre Israël évoquait la difficulté d'intégration des juifs séfarades, venus des pays arabes au cours des années 1970 dans un pays fondé par les Ashkénazes (venus d'Europe). Le ministre de la communication Limor Livnat, sans avoir vu le film, mais sous l'impulsion d'Ariel Sharon, demande la censure. La télévision résiste.

Alors pleuvent chez la réalisatrice les menaces anonymes de mort, du genre : "On va te brûler, gauchiste, pro-arabe". C'est la seule réponse que connaissent les disciples des **hommes noirs** à toute tentative de pensée critique.

(Voir l'article de Christophe Boltansky dans *Libération* du 5 avril 1998 et celui du correspondant du *Monde* à Jérusalem dans *Le Monde* du 6 avril 1998).

Tout comme, après la sortie de mon livre, et plus encore après le lynchage médiatique dont je fus l'objet, et le prononcé du premier jugement, je reçus des menaces de mort du même genre.

Les milices du Bétar se livrèrent, dans ce palais de Justice, à une véritable *ratonnade*, contre six journalistes dont deux durent être hospitalisés d'urgence à l'Hôtel Dieu.

Le ministre de l'Intérieur, à qui avait été communiquée ma plainte, me répondit, dans une lettre signée de sa main.

Ces incidents donnent à ma demande d'appel tout leur sens : demander à la justice de mettre fin à ces agressions verbales ou physiques, si contraires à la tradition française en matière de liberté d'expression dans le livre ou la presse lorsqu'elles ne comportent, comme le reconnaît le premier jugement, aucun appel à la violence.

Quant à la sécurité des frontières de l'État, il serait plaisant, si ce n'était sinistre de l'évoquer pour un pays qui occupe les frontières de tous ses voisins, au Liban comme au Golan.

Est-ce une **diffamation** de dénoncer cette politique meurtrière ? Oui, si on appelle **diffamation** la protestation contre l'infamie. Alors en quoi consiste une **diffamation** ?

À parler de mythe et de lobby ? La réponse est aisée.

b) Déconstruire les mythes sionistes

En ce qui concerne les **mythes,** expression qui avait tant indigné mes accusateurs, les choses sont devenues plus claires depuis le procès dont nous faisons aujourd'hui appel.

Le professeur Ze'ev Sternhell, professeur de sciences politiques à l'université hébraïque de Jérusalem et auteur du livre : *The Founding Myths of Israel Nationalism*, (Les mythes fondateurs du nationalisme israélien) publié à Princeton University Press en 1997, écrit dans *Le Monde Diplomatique* de mai 1998, "Jamais la remise en cause de nos mythes fondateurs n'avait été aussi répandue."

Je n'ai pas la prétention de m'en attribuer le mérite car le mouvement a commencé, en Israël même, avant mon livre, mais je suis fier d'y avoir apporté ma contribution et de continuer à participer à ce mouvement de libération intellectuelle.

En France même, le remarquable essai de M. Ilan Greilshammer, professeur de sciences politiques à l'université Bar Ilan : *La nouvelle histoire d'Israël*, vient de sortir chez Gallimard. L'abbé Pierre a, le premier, attiré mon attention, sur cet ouvrage en me disant : "Lis-le vite, il confirme nos idées." En l'étudiant j'ai pu voir, même au-delà de la partie de mon livre où je traite de problèmes historiques (bien que ce ne soit pas mon problème principal qui est celui de la manipulation de l'histoire pour justifier une politique) qu'il confirmait toutes mes analyses. Je comprends fort bien que le professeur Greilshammer, pour publier un ouvrage aussi audacieux, ait besoin de se couvrir en parlant de mon **antisémitisme délirant** alors que je défie quiconque de trouver dans mon livre une seule ligne où le mot juif soit employé en un sens péjoratif. Mais je lui suis reconnaissant d'avoir apporté une si érudite confirmation à la partie historique de mon livre, et contribué si puissamment au dévoilement de la vérité.

Mme Françoise Smyth, ancienne doyenne de la faculté protestante de Paris, y avait aussi contribué sur le plan de l'exégèse par son livre : *Les mythes illégitimes*. Après que je lui eus soumis mon livre et qu'elle y eût apporté quelques précisions, elle m'écrivait, dans sa lettre du 21 décembre 1996 : "raconté ainsi et même sans Netanyahou, tu n'es pas attaquable."

Sur le même plan le théologien André Laudouze écrivait dans sa recension de mon livre : *L'affaire Israël : le sionisme politique*, de 1983 : "Quant à la prétention biblique, l'idée de peuple "élu est "historiquement infantile" politiquement criminelle et théologiquement insupportable. Car, des "Elus" impliquant des "Exclus", toute politique prétendant se fonder sur ce mythe conduit à la négation et au refus de l'autre."

(Bien entendu, cet auteur se référait à la lecture sioniste de la Bible et non à l'Esprit de l'Écriture.)

Enfin, du point de vue juif, le rabbin Elmer Berger, président du Conseil américain pour le judaïsme dans une conférence à l'université de Leiden en Hollande, publiée le 20 mars 1968, à New York, sous le titre : *Prophecy, Zionism and the State of Israel*, avec une Préface d'Arnold Toynbee, disait : "Sion n'est sainte que si la loi de Dieu y règne, et ce n'est pas la même chose que de dire : toute loi qui vient de Sion est sainte."

Dénonçant une théologie prostituée il conclut : "L'actuel État d'Israël n'a absolument aucun droit, en raison de sa conception totalitaire selon laquelle l'État est tout, à prétendre qu'il est l'accomplissement de l'ère messianique."

Il cite les paroles de Jérémie contre le roi Sedecias qui n'a pas respecté l'Alliance :

> "Voici ce que vous direz à Sedecias : " Les armes que vous maniez pour faire front au roi de Babylone et aux Chaldéens qui vous assiègent, je vais les détourner contre vous pour amener l'ennemi au coeur de la ville. Etendant la main et de toute la force de mes bras, c'est moi qui vous ferai la guerre. Je m'acharnerai contre vous de toute ma colère et de toute ma fureur." (Jérémie XX, 4-5).
>
> "Israël, ajoute le rabbin Elmer Berger, n'est pas au-dessus des lois sous prétexte qu'il existerait et agirait comme instrument de la loi supérieure du Dieu de tous les hommes. Tel est le point crucial."

Tous les mythes fabriqués par les dirigeants sionistes israéliens pour justifier leur politique et leurs exactions, tendent à masquer ces vérités historiques et théologiques par une manipulation idéologique médiatiquement orchestrée.

Dans un article intitulé : ***De la mythologie à l'histoire*** l'auteur cite le livre de Ze'ev Sternhell :

> "La continuité historico-religieuse a constitué un pilier du sionisme, la BIBLE étant lue comme un titre de propriété sur la terre", poursuit l'auteur des "origines d'Israël."

De là ont pu naître certains mythes fondateurs : une "terre sans peuple pour un peuple sans terre" ; un nouvel **État idéal** tout de justice et de beauté, des guerres "défensives menées dans la pureté des armes".

Depuis une dizaine d'années, les chercheurs ont entamé un travail de "déconstruction" des mythes : Benny Morris avec la ***Naissance du problème des réfugiés palestiniens***. Tom Segev avec ***Les premiers israéliens*** et ***Le septième million***, Ilan Pappe, Avi Shlaim et d'autres. Pour eux il s'agit moins de *nouvelle histoire*, que d'histoire tout court, puisqu'"avant il n'y avait que de la mythologie" selon Morris.

Nous ne reviendrons pas sur le mythe le plus délirant, celui d'une "terre sans peuple pour un peuple sans terre", dont Mme Golda Meir tirait son affirmation que les Palestiniens n'existaient pas et que les sionistes arrivaient dans un désert. Mensonge d'autant plus flagrant et conscient que Mme Golda Meir ne pouvait ignorer le témoignage de l'un des plus anciens sionistes Asher Ginsberg (dont le pseudonyme était Ahad Ha'am (Un du peuple) :

"À l'extérieur, nous sommes habitués à croire que Eretz-Israël est aujourd'hui quasi désertique, un désert sans cultures, et que quiconque désire acquérir des terres peut venir ici s'en procurer autant que son coeur désire. Mais en vérité il n'en est rien. Sur toute l'étendue du pays, il est difficile de trouver des champs non cultivés. Les seuls endroits non cultivés sont des champs de sable et des montagnes de pierres où ne peuvent pousser que des arbres fruitiers, et ce, après un dur labeur et un grand travail de nettoyage et de récupération."

(Source : Ahad, *œuvres complètes* (en hébreu). Tel-Aviv, Devir Publ. House, 8e édition. p. 23.)

Un autre mythe fut celui du départ volontaire des Palestiniens autochtones, alors que Benny Morris, dépouillant les archives, a montré qu'il s'agissait d'une sanglante chasse à l'homme.

Ce qu'un historien israélien d'aujourd'hui appelle *Le péché originel d'Israël* avait été dénoncé depuis longtemps.

Pour Meir Pail dans *Yedioth Aharonoth* du 29 avril 1972, dont le témoignage sur le massacre de Deir Yassin était confirmé par le représentant de la Croix Rouge, Jacques de Reynier qui était sur les lieux le jour du crime et en a tout vu, le mythe ou plutôt le mensonge créé par Ben Gourion a été nourri pendant un demi-siècle de propagande sioniste jusqu'à ce que le professeur Benny Morris retrouve, dans les archives enfin ouvertes, la vérité, et qu'il ait le courage de la dire dans son livre publié aux États-Unis par Cambridge University Press en 1987. Cette vérité lui valut d'être, en Israël, chassé de sa chaire. Alors que l'on savait que, dès 1947, le mot d'ordre de Joseph Weitz, directeur du département de la terre au Fonds national juif, était : "expulser autant d'Arabes que possible de nos régions... J'ai adressé la liste des villages arabes dont je pense qu'ils doivent être nettoyés afin d'homogénéiser les zones juives." (Joseph Weitz *Journal* p. 100.)

Toutes les guerres préventives de l'État d'Israël celle de l'expédition de Suez en 1956, avec la complicité de la France et de l'Angleterre, celle des Six jours, en 1967, qui commença par un véritable Pearl Harbour, l'aviation égyptienne étant bombardée et détruite au sol, le 5 juin 1967, sans déclaration de guerre (comme les Japonais avaient coulé la flotte américaine à Pearl Harbour sans déclaration de guerre), l'invasion du Liban en 1982, tous ces crimes contre l'humanité entraînant la mort de milliers de victimes, femmes, enfants, vieillards, furent couverts par le mythe selon lequel "il n'y avait pas d'autre choix."

Un exemple typique est celui de la guerre des six jours dont les sionistes israéliens ont fait leur plus beau titre de gloire. Là encore nul ne doutait, surtout pas les dirigeants israéliens que la vie d'Israël n'était nullement en péril.

Le 12 juin 1967 le Premier ministre Levi Eskhol annonça à la Knesset que "l'existence de l'État d'Israël tenait seulement à un fil, mais que les espoirs des dirigeants arabes d'exterminer Israël ont été anéantis."

Aucun dirigeant israélien ne pouvait croire à ce mensonge pour naïfs, à usage externe et interne. Un ancien ministre d'Israël, Mordekai Bentov le dénonça publiquement : "Toute cette histoire sur le danger d'extermination a été inventée et gonflée après coup pour justifier l'annexion de nouveaux territoires arabes."[21]

Ce que confirmait, du côté des militaires, le général Ezer Weizmann : "Il n'y a jamais eu un quelconque danger d'extermination."[22]

Ou le général Matityahu Peled :[23]

"La thèse selon laquelle le danger de génocide était suspendu sur nos têtes en juin 1967, et qu'Israël combattait pour son existence physique n'était qu'un bluff, né et développé après la guerre."

---

[21] Mordekai Bentov, *Al Hamishmar*, 14 avril 1972.
[22] Général Ezer Weizmann, *Ma'ariv*, le 19 avril 1972.
[23] *Ha'aretz*, 19 mars 1972.

Le général Rabin écrit :[24]

"Je ne pense pas que Nasser voulait la guerre. Les deux divisions qu'il envoya au Sinaï le 14 mai n'auraient pas été suffisantes pour lancer une offensive contre Israël. Il le savait et nous le savions."

L'agression et le mensonge conjugués avaient permis à Israël d'occuper le Sinaï. Mensonge, car les représentants officiels de l'État sioniste n'avaient cessé d'affirmer qu'ils ne cherchaient aucune annexion.

Il s'agissait d'une guerre de rapine et de conquête, dont le véritable caractère ne fut révélé qu'en mai 1997 par la publication d'une lettre du général Moshe Dayan, authentifiée par sa fille Yael Dayan, actuellement députée à la Knesset, montrant que l'entrée en guerre de la Syrie fut délibérément provoquée par Israël. Comme l'écrivait *Témoignage Chrétien* du 20 juin 1997 dans le courrier d'un lecteur, Pedro Scaron, "**Un énième mythe sioniste s'écroule.**"

Je passe sur beaucoup d'autres mythes que démasque le professeur Ilan Greilshammer, qu'il s'agisse de ce qu'il appelle **le mythe de Massada** (p. 82-83) ou du mythe de la propriété collective :

"des Kibboutz, qui, selon le professeur Sternhell, ne groupait qu'une minorité infime de la population juive de Palestine et dont la fonction consistait essentiellement en la conquête de la terre. 75% de l'argent arrivé dans le pays pour les financer provenait du capital privé. L'âge d'or des pionniers, dit-il, était un mythe mobilisateur au service du nationalisme, tout comme l'égalité, au sein de la "Histadrout", centrale syndicale et géant économique qui, à la veille de l'indépendance, contrôlait 25% de l'économie nationale... avec des disparités de salaires énormes."

(*Le Monde* du mardi 21 mai 1996)

Ajoutons que les travailleurs non-juifs n'étaient pas admis dans ce syndicat.

Citons encore le mythe de David et Goliath présentant l'État d'Israël comme un petit David face au géant arabe, alors que la supériorité

---

[24] *Ibidem* (cité dans *Le Monde* du 3 juin 1972.)

militaire d'Israël, dès 1948, était écrasante : son armée, la Hagana, durant la guerre de 1948 comptait 60.000 hommes armés par les pays de l'ouest comme de l'Est (en particulier la Tchécoslovaquie) en face de 25.000 à 30.000 hommes des armées arabes constituées par un amalgame de Palestiniens décimés par la répression de la grande révolte de 1936-1939 contre les Anglais, et d'une coalition arabe hétéroclite et sans plan stratégique commun.

Lors de l'invasion du Liban, en 1982, se manifestèrent les mêmes impostures :

- D'abord le déclenchement de cette nouvelle guerre préventive. Le prétexte en fut identique à celui de la *Nuit de cristal* : le 7 novembre 1938, un diplomate allemand était assassiné à Paris par un jeune juif appelé Grinspan. Ce fut le prétexte du premier grand *pogrom* nazi et d'une répression qui excluait les juifs de la vie économique.

En 1982, un attentat est commis à Londres contre un diplomate israélien : les dirigeants israéliens l'attribuent aussitôt à l'O.L.P et envahissent le Liban sous prétexte de **légitime défense**. Le crime était d'autant plus odieux qu'il reposait sur un mensonge.

Madame Thatcher a apporté devant la Chambre des Communes, la preuve que ce crime était l'œuvre d'un ennemi déclaré de l'O.L.P. Aussitôt après l'arrestation des criminels et au vu de l'enquête policière, elle déclare :

"Sur la liste des personnalités à abattre, trouvée sur les auteurs de l'attentat, figurait le nom du responsable de l'O.L.P. à Londres... Ceci tend à prouver que les assaillants n'avaient pas, comme l'a prétendu Israël, le soutien de l'OLP... Je ne crois pas que l'attaque israélienne sur le Liban soit une action de représailles consécutive à cet attentat : les Israéliens y ont trouvé un prétexte pour rouvrir les hostilités."

L'agression était en effet préméditée. Ben Gourion en avait précisé l'objectif :

Le 21 mai 1948 Ben Gourion écrivait dans son *Journal :*

"Le talon d'Achille de la coalition arabe, c'est le Liban. La suprématie musulmane dans ce pays est artificielle, et peut aisément être renversée ; un État chrétien doit être instauré en ce pays. Sa

frontière sud serait la rivière du Litani."
(Source : Michaël Bar Zohar. ***Ben Gourion. Le prophète armé.***)

Le 16 juin, le général Moshé Dayan précise la méthode. (Cf. p. 32.)

Sur les moyens qui illustrent l'imposture du mythe de David et de Goliath, l'ambassadeur de France à Beyrouth à cette époque, M. Paul Marc Henry, dans son livre : ***Les jardiniers de l'enfer*** (p. 124) témoigne :

"Il s'agit d'une concentration armée sans précédent. Au moment le plus fort de l'invasion, Tsahal mobilise au Liban près de cent mille hommes. Plus de mille blindés (M. 60, Merkava de plus de soixante tonnes et Chieftain), ainsi qu'un nombre équivalent de VTT M113, y sont déployés. Les colonnes blindées sont entièrement autonomes et disposent du soutien de plusieurs milliers de véhicules divers pour assurer le ravitaillement en armes, munitions et carburant de l'armée en campagne.

Tous les détachements sont reliés par un système de communication et de transmission électronique, considéré par les experts comme le plus sophistiqué du monde.

Cette armée vise à la domination absolue de l'espace terrestre par l'élimination physique de toute opposition. Elle bénéficie du contrôle quasi total de l'espace aérien...

Enfin, la marine israélienne est entièrement maîtresse de l'espace maritime. Équipée de vedettes rapides et ultra-armées (les "vedettes de Cherbourg" et leurs dérivés), elle est en mesure d'interdire tout envoi de secours de l'extérieur, de protéger les tentatives de débarquement, d'apporter l'appui de sa considérable puissance de feu au matraquage des villes assiégées, comme Beyrouth et Damour.

Sur l'usage de cette force Randal (dans son livre : ***La guerre de mille ans***) témoigne :

"Indéniablement, les Israéliens préféraient, aux méthodes artisanales des guerriers libanais, la technologie moderne et la puissance de feu éprouvée, les F-16, les bombes téléguidées, le phosphore blanc, les tanks, les bombes anti-personnel, et les canons de leurs navires.

Pour ce qui est de soulever le cœur, je ne connais rien de tel que le service des grands brûlés d'un hôpital ; à Beyrouth, après que les artilleurs israéliens, naguère renommés pour leur précision, eurent commencé à expédier des obus sur les institutions signalées par d'énormes drapeaux marqués d'une croix rouge, y compris le quartier général du Comité international de la croix Rouge, les hôpitaux de fortune installés dans les sous-sols et les garages étaient particulièrement atroces. Les chirurgiens durent se lancer, à leur corps défendant, dans ce qu'ils baptisèrent l'amputation Begin", c'est-à-dire l'ablation de membres déchiquetés par des bombes anti-personnel et d'autres projectiles perfectionnés utilisés par les Israéliens."

Restait à égorger les Palestiniens des camps.

Le témoignage d'un témoin oculaire du siège, l'ambassadeur de France Paul-Marc Henry, est particulièrement saisissant :

"L'ordre général donné à l'armée israélienne pour leur entrée dans Beyrouth Ouest aux petites heures du matin du 15 septembre indique précisément que "nous n'entrerons pas dans les camps de réfugiés. Le ratissage et le nettoyage des camps seront effectués conjointement par les Phalanges et l'armée libanaise". Quant à l'armée libanaise elle est "autorisée à entrer n'importe où à Beyrouth selon sa demande". En fait, d'après le rapport Kahane, l'entrée des Phalanges dans les camps de réfugiés avait déjà été décidée d'un commun accord, entre le général Sharon, ministre de la Défense, et le général Drori, la veille au soir, à vingt heures trente.

Au cours de la journée du jeudi 15 l'armée israélienne avait procédé à un bouclage complet de la zone des camps, ce dont nous avons pu nous rendre compte nous-mêmes en partant de la Résidence des Pins."

(Paul-Marc Henry. *op. cit.* p. 207.)

La très indulgente commission Kahane chargée de l'enquête sur Sabra et Chatila, attribuait le massacre à des **négligences** ou à l'ignorance des faits ; elle demandait pourtant des sanctions contre les responsables de ce que nous sommes obligés d'appeler un crime contre l'humanité : écarter les chefs responsables : Ariel Sharon et Raphaël Eytan.

Aujourd'hui : Sharon est le principal ministre et l'élément moteur du gouvernement Netanyahou, Eytan a aussi son siège dans le ministère.

Et moi, je suis le **diffamateur** de cette infamie.

À l'époque, avec le Père Lelong et le Pasteur Matthiot, nous avons montré, dans *Le Monde* du 17 juin 1982 que l'agression du Liban était dans la logique du sionisme politique. La LICRA nous traduisit devant les tribunaux qui, à trois reprises, en instance, en appel et en cassation, la déboutèrent et la condamnèrent aux dépens.

Maintenant que reste-t-il de ces diffamations ?

Celles de quelques écrivains et cinéastes, metteurs en scène des **Mythes fondateurs du nationalisme israélien** comme dit le professeur Ze'ev Sternhell.

Par exemple, en ce qui concerne les films, parmi les multitudes qui nous sont assénées chaque semaine, à la télévision comme dans les salles, nous retiendrons seulement les plus célèbres : *Holocauste* et *Shoah*. L'on m'a reproché d'avoir, à leur propos, parlé de **navet** et de **Shoah-business** ? J'ai emprunté les deux termes à M. Vidal-Naquet.

Dans la revue *Esprit* d'avril 1979, parlant de l'*Holocauste*, qu'il traite dans *Les assassins de la mémoire* (p. 149) de "reconstitution romanesque", il a ajouté en note : "J'ai rendu compte de cette minable fiction dans "Le navet et le spectacle" (Revue *Esprit*, avril 1979). Il ajoute d'ailleurs (p. 28), "Le chiffre de 6 millions de juifs assassinés qui provient de Nuremberg, n'a rien de sacré ni de définitif." "

Il dénonce

> "ce qu'il faut bien appeler l'instrumentalisation quotidienne du grand massacre par la classe politique israélienne. Du coup le génocide juif cesse d'être une réalité historique vécue... pour devenir un instrument banal de la légitimation politique... voire une occasion de tourisme et de commerce."
>
> (*op. cit.* p. 130)

C'est lui qui parle de **Show-business** dont je reprends l'expression à propos de *Shoah*. Déjà, en 1981(dans *Yad Vashem Studies*, Jérusalem n·214) Léon Jick écrivait : "Il n'y a pas de business qui vaille la Shoah-business."

Je rappelais seulement que "Shoah", en 1985, avait reçu de Begin 850.000 dollars pour ce projet d'intérêt national. (**Agence télégraphique juive** du 20 juin 1986, et *The Jewish Journal* de New

York du 27 juin 1986 p. 2)).

"L'Holocauste n'est pas une marque déposée, ni un fonds de commerce !" s'exclame Alain Vidalies ("L'Holocauste, dommages et intérêts", *Sud-Ouest*, 23 octobre 1990).

Alain Finkelkraut écrit :

> "Claude Lanzmann se considère comme le concessionnaire exclusif de l'Extermination... il a inventé une nouvelle définition de l'antisémitisme : l'antisémite, c'est celui qui ne fait pas ses dévotions au Film unique. Cette auto-idolâtrie est grotesque et dégoûtante. Si Le "Nouvel Observateur" avait eu une once de charité, il n'aurait pas ainsi donné en spectacle la déchéance d'un artiste en mamamouchi."
> ("Le cas Lanzmann", *Le Nouvel Observateur*, 31 janvier 1991, p. 118).

Tzvetan Todorov estime : "Shoah, film sur la haine, est fait avec de la haine et enseigne la haine." *Face à l'extrême*, Seuil 1991. p. 255.

M. Vidal-Naquet ou M. Finkelkraut sont-ils donc des diffamateurs antisémites ?

c) Démasquer le Lobby sioniste

J'aurais aussi, selon mes accusateurs, **diffamé** non seulement des personnes mais des groupes ethniques ou confessionnels, en employant le terme de **Lobby sioniste**.

Avant d'employer le mot (qui n'était pas encore en circulation de son temps) le fondateur même du sionisme politique, Théodore Herzl, a donné une parfaite expression de son contenu.

Dans sa lettre à Cecil Rhodes il expose : (*Diaries*, p. 1193)

> "Au cours de cinq congrès, il a été créé une organisation qui compte des milliers d'associations dans le monde entier. Les Sionistes obéissent à un même mot d'ordre (*command*) de la Mandchourie à l'Argentine, du Canada au Cap de Bonne Espérance et à la Nouvelle-Zélande. La plus grande concentration de nos adhérents est en Europe de l'Est. Des cinq millions de Juifs de

Russie, certainement quatre millions approuvent notre programme. **Nous avons des organisations** dans toutes les langues civilisées.

Nos exigences sont formulées de telle manière qu'aucun gouvernement ne peut aller contre, même le gouvernement de Russie. En 1898 j'ai été reçu à Jérusalem avec quatre de mes collaborateurs comme représentant du sionisme ; j'ai transmis un mémorandum au Sultan."

C'est en effet dans son entrevue avec le sultan Abdul Hamid pour lui acheter la Palestine qu'il précise le rôle de son groupe de pression.

"Que le Sultan nous donne ce morceau de terre, et, en échange, nous remettons ses finances en ordre et nous influencerons l'opinion publique en sa faveur dans le monde entier."

(8 juin 1896, T. I, p. 363).

Voilà qui précise donc les leviers essentiels du sionisme : l'argent et les médias. Il ajoute :

"Je puis influencer la presse européenne (à Londres, à Paris, à Bonn et à Vienne) pour que la question arménienne soit abordée dans un esprit plus favorable aux Turcs"

(21 juin 1896, T. I, p. 387).

Lorsqu'à Paris Bernard Lazare défend les Arméniens, Herzl le lui reproche (T. III, p 1201).

C'était en effet enlever à l'entreprise sioniste l'un de ses atouts : "Il y a un autre moyen de gagner le Sultan : c'est de le soutenir dans l'affaire arménienne." (7 mai 1896, T. I, p. 346).

Herzl faisait volontiers valoir la puissance de son lobby :

"En Angleterre nous avons des amis chrétiens sans nombre, dans l'Église comme dans la presse, et, à la chambre des communes, trente-sept députés ont promis leur appui au sionisme."

(T. III, p. 1195).

Son langage au Sultan est donc clair : Vendez-moi la Palestine et je redresserai vos finances, je paierai vos dettes, et je rehausserai votre image de marque par mon pouvoir de manipuler des médias.

Cette méthode est d'application universelle de la Palestine à l'Argentine.

"J'inviterai un petit nombre d'hommes à venir me voir, en leur faisant prêter serment de garder de secret, je leur révélerai le plan." (12 juillet 1895, T. I, p. 82).

"L'expropriation volontaire sera accomplie par nos agents secrets... Nous ne vendrons qu'à des Juifs. Certes nous ne pourrons pas faire cela en déclarant non valables les autres ventes. Même si cela ne va pas à l'encontre de la justice au sens du monde moderne, notre force ne suffirait pas à passer au travers." (12 juin 1895, T. I, p. 89).

En Amérique du Sud, par exemple, "au début, avant même qu'ils sachent où nous voulons en venir, nous pourrions obtenir de grandes concessions en échange du simple espoir d'un prêt à moins de un pour cent !" (12 juin 1895, T. I, p. 92).

Après la création de l'État d'Israël, Théodore Herzl, eut un parfait disciple en Ben Gourion qui donna au lobby mondial sa pleine dimension politique.

Dans la *Jewish Newsletter* du 9 janvier 1961 :

"Quand un juif, en Amérique ou en Afrique du Sud, parle à ses compagnons juifs de "notre gouvernement, il entend : le gouvernement d'Israël, de même que le public juif, dans divers pays, considère l'ambassadeur d'Israël comme son propre représentant."

Au vingt-troisième congrès de l'Organisation sioniste mondiale, en 1951, le premier chef de l'État sioniste, Ben Gourion, non seulement déclare : "Un sioniste doit venir en Israël en immigrant" mais, dans le même discours, définissant les devoirs des sionistes résidant à l'étranger, il précise que ces devoirs comportent, rappelons-le :

"l'obligation collective de toutes les organisations sionistes des diverses nations d'aider l'État juif en toute circonstance et inconditionnellement, même si une telle attitude est en contradiction avec les autorités de leurs nations respectives." ("Tasks and Character of a Modern Zionist" - *Jérusalem Post* du 17 août 1952 et **Jewish Telegraphic Agency**) Même au Congrès juif mondial, des opposants protestèrent, faisant valoir que l'action d'un tel statut du **mouvement sioniste mondial** risquait de susciter l'antisémitisme.

Cette directive claire a été depuis lors respectée, les sionistes se rangeant inconditionnellement aux côtés d'Israël.

Par exemple :

Au moment de l'invasion du Liban, en 1982, Elie Wiesel déclarait : "Comme juif je suis totalement solidaire de ce qui se passe en Israël et ce que fait Israël il le fait en mon nom aussi." (*Paroles d'étranger*, 1982)

En 1990, le grand rabbin de France, Joseph Sitruk, déclarait à Jérusalem au premier ministre israélien Itzhac Shamir : "Chaque juif français est un représentant d'Israël... Soyez assuré que chaque juif en France est un défenseur de ce que vous défendez." (Source : Radio israélienne du lundi 9 juillet 1990).

Ce propos fut repris par *Le Monde* du 12 et du 13 juillet 1990 et par le quotidien de la Communauté juive de France : *Jour J*, du jeudi 12 juillet 1990, où il ajoutait : "*Il n'y a pas dans mon esprit la moindre idée d'une double allégeance*". On eût pu en effet s'y tromper !

L'une des incriminations portées contre moi comme preuve de **discrimination raciale** est l'emploi de l'expression **lobby sioniste** ou **lobby israélien**. Son existence est ancienne car, sans être encore baptisée, elle possédait son statut dans la loi de la Knesset du 24 novembre 1952 sur L'Organisation sioniste mondiale qui en fait une sorte d'organe extérieur de l'État d'Israël.

Article 5 : "L'État d'Israël compte sur la participation de tous les juifs et de toutes les organisations juives à l'édification de l'État." (*Israel Government Yearbook*, Jérusalem 1953-1954 p. 243).

Dans une nouvelle décision de la Knesset : **Principes fondamentaux du programme du gouvernement.** Le paragraphe 59 de cet acte législatif stipule : "En accord avec l'Organisation sioniste mondiale et la convention entre le gouvernement et l'exécutif sioniste, le Gouvernement accordera son soutien loyal au Mouvement sioniste, en soulignant ses exigences : réalisation des objectifs du sionisme contribution financière volontaire accrue, propagation de la langue hébraïque, développement du mouvement des pionniers ; expansion de l'immigration et de l'installation, et afflux de capitaux vers Israël... ; lutte contre toute manifestation de la tendance à l'assimilation et à la négation que les Juifs constituent un peuple."

Aux États-Unis ce lobby puissant est officiellement accrédité.

Dans un article intitulé : "Le poids du Lobby pro-israélien", le correspondant du *Monde* à Washington l'appelait "l'ambassade bis". Bien qu'il ne représente, avec ses 55.000 membres, qu'à peu près 1/100e de la communauté juive américaine de plus de cinq millions, il détient les leviers de commande du gouvernement.

FORTUNA, le magazine des affaires, vient de classer le lobby pro-israélien numéro deux au palmarès américain. Devant l'énorme centrale syndicale AFL-CIO ; et loin, très loin, devant tout ce que le capitalisme compte aux États-Unis de puissants lobbies d'affaires.

Un exemple de cette puissance : lorsque le président de la Commission des Affaires étrangères du Sénat, le Sénateur Fulbright, fit une enquête sur le lobby et qu'il la résuma à la chaîne de télévision CBS du 7 octobre 1973, disant : "Les Israéliens contrôlent la politique du Congrès et du Sénat", aux élections suivantes il perdit son siège de Sénateur.

En novembre 1976, Nahum Goldmann, président du Congrès juif mondial, vint à Washington voir le président, et ses conseillers, Vance et Brzezinski. Il donna à l'Administration Carter ce conseil inattendu : "briser le lobby sioniste aux États-Unis." (Source : *Stern*, New York, 24 avril 1978.)

Goldmann, qui a consacré sa vie au sionisme, considérait le lobby comme une "force destructive" et "un obstacle majeur à la paix au Moyen-Orient."

Six ans plus tard, Cyrus Vance, l'un des interlocuteurs de cette rencontre, confirme les propos de Goldmann : "Goldmann nous a suggéré de briser le lobby, mais le président et le Secrétaire d'État répondirent qu'ils n'en avaient pas le pouvoir." (Source : Interview de Cyrus Vance à Edward Tivnan, *The Lobby*. Ed. Simon and Schuster. 1987 p. 123)

En France, le général de Gaulle a seul osé déclarer "il existe en France un puissant lobby pro-israélien exerçant notamment son influence dans les milieux d'information. Cette affirmation, à l'époque, fit scandale. Elle contient pourtant une part de vérité qui est toujours d'actualité."

> (Source : Philippe Alexandre, "Le préjugé israélien", *Le Parisien Libéré* du 28 février 1988)

En 1990, un ancien ministre du général, aujourd'hui académicien, M. Peyrefitte, écrit, lors de la guerre contre l'Irak :

> "Deux puissants groupes de pression poussent les États-Unis au déclenchement du conflit.
>
> 1- Le "lobby Israélien" Les juifs américains jouent dans le système médiatique d'outre-Atlantique un rôle essentiel. Le compromis permanent entre le président et le Congrès amène la Maison Blanche à tenir le plus grand compte de leurs instances.
>
> 2- Le "lobby des affaires" en est venu à penser que la guerre pouvait relancer l'économie. Bienheureuse guerre qui ramènerait la prospérité en Amérique..."
>
> (Source : Alain Peyrefitte : *Le Figaro* du 5 novembre 1990)

> "Il est difficile de surestimer l'influence politique de l'American Israeli Public Affairs Committee (A.I.P.A.C.) disposant d'un budget qui a quadruplé de 1982 à 1988 (1.600.000 dollars en 1982 ; 6.900.000 dollars en 1988)"
>
> (Source : *Wall Street Journal* du 24 juin 1987)

En France les pressions s'exercent de manières moins officielles, mais aussi efficaces.

Par exemple la presse du 30 avril 1996 (y compris *L'Humanité*) annonçait "Le président du Conseil représentatif des institutions juives de France (CRIF), Henri Hadjenberg, a demandé hier que la hiérarchie de l'Église de France prenne position sur le livre négationniste de Roger Garaudy et le soutien de plus en plus net que lui apporte l'abbé Pierre."

L'Épiscopat s'incline aussitôt : M. Hadjenberg a prononcé son diktat le 29 avril. Aussitôt est publié le texte de l'épiscopat qui "déplore l'engagement de l'Abbé Pierre aux côtés de Roger Garaudy."

M. Hadjenberg se dit satisfait de la position de l'Église de France qui a marginalisé l'Abbé Pierre. Le même jour le bureau de la LICRA exclut l'Abbé Pierre parce qu'il "maintient son soutien à Roger Garaudy."

Mais cela ne suffisait pas à la LICRA : il fallait que l'Église de France demandât **pardon** aux sionistes pour son attitude envers les juifs sous le régime de Vichy.

Il eût été normal que, non pas **l'Église**, avec ses milliers de chrétiens qui participèrent à la Résistance et protégèrent tant de résistants et de juifs contre l'occupant hitlérien, mais que **l'Épiscopat** se reconnut coupable d'avoir poussé les catholiques à la **collaboration**.

Les évêques français ont suivi l'exemple des évêques allemands qui dans leur Lettre pastorale du 24 décembre 1936, appelaient les catholiques au soutien d'Hitler, disant unanimement : "Adolf Hitler s'est rendu compte à temps de l'avalanche du bolchevisme... Les évêques allemands considèrent comme leur devoir de soutenir le chef du Reich dans cette lutte."

Le pape publia le 17 mars 1937 l'encyclique *Mit Brennender Sorge*, condamnant le racisme, mais ne rompit pas avec le Concordat signé avec Hitler, si bien qu'en 1940, à la conférence des évêques allemands, à Fulda, l'épiscopat allemand unanime exhorta de nouveau à soutenir le Führer dans ce "dur combat".

L'épiscopat français suivit : "Bénissons Dieu de nous avoir donné ce chef" (Pétain) disait le primat des Gaules le 20 décembre 1940, et le 24 juillet 1941, les cardinaux et archevêques (à l'exception du Cardinal Salièges, de Toulouse) publiaient une déclaration plus explicite d'appel à la collaboration : "nous encourageons nos fidèles à... collaborer sans crainte." Fort heureusement des millions de catholiques ne répondirent pas à ces appels. Dans le journal clandestin **Défense de la France** du 5 juillet 1943, un prêtre de France écrivait : "Dans l'ensemble le clergé des paroisses a eu, depuis trois ans, les mêmes réactions honnêtes que toute la partie saine de la population... Ce contact direct avec le peuple de France a malheureusement fait défaut aux dignitaires de l'Église. C'est même, dans notre pays, un drame chronique que le haut clergé vive, pense et agisse complètement séparé du peuple qu'il a mission de conduire."

Ce n'est pas seulement un drame français : en novembre 1946, dans le *Cosmopolitan Magazine* le cardinal américain Spellman écrivait : "le communisme est une provocation à l'adresse de tous ceux qui croient en l'Amérique et en Dieu." C'est lui qui ira dire aux troupes américaines du Vietnam : "Vous êtes les soldats de Dieu !"

Pour en revenir à la France les actuels évêques n'avaient aucun droit de "demander pardon" au nom de l'Église : les curés et les catholiques non-collaborateurs sont aussi l'Église. D'ailleurs nul, sauf la LICRA, ne leur demandait ce pardon, car tous les responsables étaient morts.

Le même lobby, en France a même le pouvoir de faire plier le président de la République sur la signification historique de Vichy.

Le général de Gaulle refusait :

1·- toute légitimité aux figurants de Vichy qu'il n'a jamais considéré comme un État : "J'ai proclamé l'illégitimité d'un régime qui était à la discrétion de l'ennemi." (*Mémoires* I, p. 107)

"Il n'existe pas de gouvernement proprement français." (I, p. 388) "Hitler a créé Vichy." (1,389).

Or le 14 juillet 1995 sous la présidence du grand rabbin, les sionistes obtenaient du président de la République ce double démenti du général de Gaulle : sur Vichy -État et sur l'attitude du peuple français :

"La folie criminelle de l'occupant a été secondée par les Français et l'État français", reconnaissant en Vichy un État français et faisant du peuple de France un collaborateur.
Le lendemain le CRIF (Conseil représentatif des institutions juives en France) salue avec enthousiasme cet abaissement de la France : il exprime "une immense satisfaction de voir reconnaître par la plus haute autorité française la continuité de l'État français entre 1940 et 1944."

2·- De Gaulle n'a pas ce mépris pour le peuple de France :

"l'immense majorité du peuple français, loin d'accepter un régime imposé par la violence et la trahison voit dans l'autorité de la France Libre l'expression de ses vœux et de sa volonté." (I, p. 394) et il ajoute la preuve :

> la levée du peuple de Paris : "quatre années d'oppression n'avaient pu réduire l'âme de la capitale, la trahison n'était qu'une écume ignoble à la surface d'un corps resté sain." (III, p. 442). "Fût-ce aux pires moments notre peuple n'a jamais renoncé à lui-même." (III, p. 194)

Si Vichy était un État légitime, de Gaulle était un *déserteur* (comme le nommait Vichy) et nous, les Résistants, tous des traîtres et des *terroristes*.

Enfin, si le mot **lobby** est injurieux je m'étonne que, dans *Le guide du judaïsme français*, publié par des personnalités telles que Mme Orlanda Hajdenberg, l'on trouve cette expression à la page 74 :

> "Le Renouveau juif, fondé en 1971 par Henri Hajdenberg, voulut implanter en France le système lobby..."

La lecture de ce guide nous offre des révélations suggestives sur l'orientation de ce lobby.

En voici quelques extraits :

> P. 80 "Les juifs de France sont, dans leur immense majorité, des inconditionnels d'Israël. Chaque parti politique Israélien a des succursales en France."
> P. 150 : "En attaquant Israël, on attaque ce qui fait la raison d'être des juifs en France."
> P. 91 : "Plusieurs organisations juives, nées en Amérique, sont représentées en France... Créé en 1906 par de richissimes juifs allemands installés aux U.S.A, l'American Jewish Committee..."
> P. 92 : "De longues années durant le "Joint" tint financièrement à bout de bras les judaïcités occidentales et apporta une aide financière..."
> P. 74 : "Bénéficiant de l'appui de certaines personnalités Israéliennes, notamment d'Avi Primor et composé pour l'essentiel de militants ashkénazes... Le "Renouveau juif" a, en quelques années, conquis une audience considérable."
> p. 82 : "Cela dit l'ensemble de ces organismes ne pourraient vivre sans le concours financier de l'Agence juive émanation de l'organisation sioniste mondiale.
> Quant à l'ambassade d'Israël elle n'est pas insensible à

l'évolution interne de la Communauté...

Toutefois certaines expériences récentes montrent que les institutions juives, si elles entendent bénéficier d'un appui humain et financier de l'État d'Israël, tiennent avant tout à leur indépendance." (!) (le point d'exclamation est de moi (R.G.))

p. 62 : "Les sommes collectées par l'AJUIF sont partagées, de manière inégale entre l'État d'Israël et la communauté juive de France.

Elles permirent au "Fonds social juif unifié" d'accroître son emprise sur la quasi totalité des institutions juives de France."

P. 74 : "Les prochaines échéances politiques verront-elles une nouvelle manifestation politique du judaïsme français ? La question demeure en suspens mais certains partis politiques n'ont pas attendu pour créer des filières en milieu juif, que ce soit "Judaïsme et liberté" pour le RPR ou "Socialisme et judaïsme" pour le Parti socialiste."

Je pense que ces textes n'appellent aucun commentaire. Tout y est : l'aveu de l'existence du lobby, de son financement étranger, de l'infiltration dans tous les partis, du vote juif, sauf l'aveu que ce lobby tout puissant dans les rouages de la société et surtout du pouvoir (politique ou médiatique) ne représente pas un dixième des juifs de France comme le reconnaît Théo Klein.

Les juifs de France dans leur immense majorité ne sont ni représentés par ces gens, ni responsables de leurs vilenies. Le drame, c'est que la place occupée par cette oligarchie risque de susciter, par ses gesticulations, une vague d'antisémitisme contre laquelle nous avons à lutter.

En tout cas le fait de parler de Lobby Sioniste rend coupable de diffamation, Les **diffamateurs** antisémites sont nombreux et souvent éminents, après que Herzl et Ben Gourion en ont défini le contenu, mes précurseurs comptent parmi eux depuis M. Nahum Goldmann, président du Congrès juif mondial, le général de Gaulle, M. Alain Peyrefitte et jusqu'à M. Hajdenberg, voilà beaucoup de monde visé par le verdict qui m'a frappé.

Chapitre II

Qui minimise les crimes d'Hitler ?

(Ceux qui les situent dans l'histoire juive ?
ou ceux qui les situent dans l'histoire universelle ?)

Note préliminaire

Avant d'aborder, aussi succinctement que possible, l'examen des chiffres, je tiens à souligner, une fois de plus - ce que mes accusateurs ont feint de ne pas entendre et que j'ai pourtant répété à maintes reprises dans mon livre : **Il ne s'agit pas d'une comptabilité macabre... n'y eut-il qu'un seul innocent, Juif ou non-Juif massacré ; c'était déjà un crime contre l'humanité.**

J'ai insisté sur ce point pour deux raisons :

1· - Si le nombre des victimes, un million ou dix millions, n'enlève et n'ajoute rien à l'énormité du crime (pour le bourreau sinon pour les victimes), alors pourquoi veut-on sacraliser l'un de ces chiffres, **six millions** ?

2· - Ce que je conteste ce n'est pas tel ou tel chiffre (je m'en remets, pour cela, aux spécialistes et ne fais que répéter leurs évaluations, celles par exemple de Reitlinger ou de Hilberg parmi les plus fiables) et je proteste seulement contre les **exploitations politiques** des chiffres **tabous.**

1) Note sur l'exemplarité
du Tribunal de Nuremberg

L'on m'accuse de minimiser les crimes d'Hitler ;

Étrange accusation de la part de gens qui ne rappellent jamais que cette guerre a fait cinquante millions de morts et qui minimisent ainsi les crimes d'Hitler.

Déjà Mme Annah Arendt écrivait :

> "Pour l'accusation tout cela n'était que le pogrom le plus atroce de l'histoire juive."
>
> (Eichmann à Jérusalem p. 431)

Peut-être pensent-ils comme Begin à propos des massacres de Sabra et Chatila : **"Des non-juifs ont tué des non-juifs** ; en quoi cela nous concerne-t-il ?"**, et qu'il n'existe pas d'histoire universelle dans laquelle tous les hommes sont impliqués et responsables.

Ainsi les sionistes ont-ils parlé du plus grand génocide de l'histoire, ce qui est vrai de l'histoire juive mais, hélas ! non de l'histoire universelle qui, semble-t-il, n'a pas d'importance pour eux.

Il est significatif pourtant que même à Nuremberg il n'en fut pas ainsi "sur 115 pages de l'exposé général des crimes, constate Maître Varaut dans son livre sur : *Le procès de Nuremberg* (p. 379) sept pages seulement étaient consacrées à la persécution des juifs."

La plus profonde analyse du procès, faite par le grand juriste Donnedieu de Vabres, qui fut juge au procès de Nuremberg, et dont nous évoquerons, plus loin, le Cours magistral qu'il fit à ce sujet à la Faculté de droit de Paris, va dans le même sens.

Encore le nombre des victimes juives a-t-il été délibérément gonflé par les médias depuis cinquante ans. Le témoignage de Reitlinger, dans l'impressionnante synthèse qu'il fit dans son livre *La solution finale*, dès 1953, apporte un témoignage précieux. Il écrit page 459 dans son livre :

"La plus haute de mes estimations est encore loin des six millions qui ont été si largement acceptés. Cette différence d'un million et demi... a été ajoutée sans rapport avec la réalité des faits."

À la page 500, il ajoute :

"Si l'on fait l'analyse de ces destructions l'on trouve que plus d'un tiers des juifs manquant en Europe mourut non pas de violences physiques directes mais de travail forcé, de maladies, de faim, d'absence de soins... Auschwitz, en dépit de son immense signification **symbolique**, a constitué moins d'un cinquième du nombre des victimes."

"Le monde, écrit-il (p. 480) est devenu méfiant sur les rectifications de chiffres et celui de 4 millions (pour Auschwitz) est devenu ridicule : l'arithmétique russe a occulté le fait têtu et indubitable que moins d'un million d'êtres humains ont péri à Auschwitz."

Les recherches ultérieures de la **communauté scientifique** en particulier, celles de Poliakov, d'Hilberg, de Bédarida, de Pressac, ont apporté une confirmation à la prudence de Reitlinger, et à la fragilité du chiffre tabou des **six millions**.

M. Poliakov, dans son ***Bréviaire de la haine*** (p. 383) écrit :

"Nous ne croyons pas nous tromper en avançant que c'est le Tribunal international des grands criminels de guerre qui est à son origine, et qui lui donna une diffusion si grande. On trouve, en effet, à la page 266 de son jugement, cette phrase : "Adolf Eichmann, que Hitler avait chargé du programme d'extermination, a estimé que cette politique avait causé la mort de six millions de Juifs, dont quatre millions périrent dans camps d'extermination." La source de cette information n'est pas indiquée, mais si on se rapporte au procès-verbal des débats, on constate que le tribunal s'est basé sur deux témoignages de seconde main, ceux des SS Wilhelm Höttl et Dieter Wisliceny, qui tous deux assuraient tenir ce chiffre d'Eichmann. Il serait donc possible d'objecter qu'un chiffre si imparfaitement étayé doit être considéré comme sujet à caution.

M.Poliakov, qui fut expert français à la délégation française de Nuremberg, note dans son ***Bréviaire de la haine*** sur le chiffre total des victimes juives :

"La grande majorité des publications consacrées à la dernière guerre, lorsqu'elles traitent des persécutions raciales, indiquent le chiffre de six millions de Juifs exterminés par les Nazis. Cependant, ce total, qu'on retrouve dans un grand nombre de publications parues dans les pays les plus divers, est généralement avancé sans éléments de preuve ni statistiques à l'appui. D'où provient-il donc et quelle foi peut-on lui ajouter ?"

Il nous donne l'explication à la page 388. Comment donc peut-il arriver à six millions ?

S'il est vrai, en employant la méthode préconisée par M. Poliakov et qu'a appliqué Raoul Hilberg, auquel se réfère Bédarida, que le Tribunal de Nuremberg... soutenait que la politique d'extermination avait causé la mort de 6 millions de Juifs dont **quatre millions dans les camps**, si l'on retranche, par exemple pour Auschwitz, 3 millions sur quatre, comment peut-on arriver à 6 millions sinon en affirmant que 6 - 3 = 6, même sans tenir compte des révisions en baisse pour les autres camps ?

M. Poliakov, nous donne la clé de cette difficile opération :

"La deuxième méthode appliquée par les spécialistes de la démographie juive, et, en particulier, par l'économiste et statisticien de New-York, M. Jacob Lestchinsky, consistait à comparer les données respectives sur la population juive des différents pays européens avant la guerre et après la guerre. C'est de cette manière que certaines organisations juives internationales, sont arrivées, dès 1945, au chiffre, toujours le même, de 6 millions.

On voit donc que **faute de pouvoir établir un bilan statistique très précis**, on peut accepter **définitivement ce chiffre comme le plus probable**, même si ses éléments constitutifs peuvent être parfois sujets à caution."

Ainsi donc le chiffre de six millions avait été obtenu par le Congrès juif mondial simplement en comparant "les données respectives sur la population juive des différents pays européens avant la guerre et après la guerre", c'est-à-dire sans tenir compte des émigrations !

Voilà donc l'origine du dogme et de la sacralisation du **nombre d'or**.

Y eut-il dix-sept millions de morts en Russie ou vingt millions comme le prétendent les Soviétiques ? 70.000 communistes français fusillés comme le prétend leur Parti ou 35.000 comme le dit le général de Gaulle dans ses *Mémoires* ? Soixante millions de morts pendant la guerre ou cinquante millions comme l'affirme le pape ? Tout cela peut se discuter, mais pas les six millions consacrés par la presse, les manuels scolaires, ou les encyclopédies.

Il ne s'agit pas ici, comme je l'ai répété à plusieurs reprises dans mon livre, de se livrer à une "comptabilité macabre" (p. 159 de mon livre). J'ajoute même, à deux reprises (p. 159 et 247) "L'assassinat d'un seul innocent qu'il soit juif ou qu'il ne le soit pas, constitue déjà un crime contre l'humanité."

Car le centre de la question n'est pas là : le crime n'est ni moindre ni plus grand que l'on ait assassiné 9 millions de juifs comme il est dit dans le beau film d'Alain Resnais : *Nuit et brouillard*, ou un seul.

Ce que je dénonce dans mon livre c'est l'exploitation politique et financière de tous les mythes amplificateurs, qu'il s'agisse d'une donation, signée Dieu, d'une terre à un seul peuple aux dépens de tous les autres, ou d'une manipulation arithmétique qui ne servit pas seulement à indemniser les victimes (ce qui était juste) mais, comme le reconnaissait Nahum Goldmann à créer les infrastructures de l'État d'Israël. (*Autobiographie*, p. 286)

Ce qui est une atteinte à mon honneur c'est de m'attribuer une négation de ces crimes contre l'humanité. Mon livre ne cesse de dénoncer **"le dessein monstrueux d'Hitler"** (p. 62 et 251), sa sauvagerie (p. 97) ; ses **"crimes immenses n'ont besoin d'aucun mensonge pour révéler leur atrocité."** (p. 135). Ayant décrit **"les conditions horribles qui firent des dizaines de milliers de victimes."**, je conclus **"Tel fut le martyrologue des déportés juifs et slaves et la férocité des maîtres hitlériens les traitant en esclaves n'ayant même pas valeur humaine."** (p. 257)

J'ajoute : "Ces crimes ne peuvent être sous-estimés ni les souffrances indicibles des victimes." **(p. 257)**

"Sans aucun doute les juifs ont été l'une des cibles préférées d'Hitler en raison de sa théorie raciste de la supériorité de la race aryenne." (p. 152)

J'ai toujours considéré que l'antisémitisme était un crime justement puni par la loi et je demande seulement à la justice de réparer la diffamation de la LICRA à mon égard, comme le fit la cour de Cassation en 1987, avant l'infamie de la Loi Gayssot.

La cour de Cassation, après notre analyse de l'agression du Liban déclare sur l'accusation de **diffamation**.

"Attendu que, par l'exploit susvisé, la LICRA a poursuivi les mêmes prévenus du chef de **diffamation** à caractère ethnique, national, racial ou religieux, reprochant à ces prévenus, sous ladite qualification, le passage suivant : "Est, en effet, considéré comme juif à Tel Aviv comme à Nuremberg, quiconque est né d'une mère juive. La postérité d'Abraham est ainsi définie, d'une manière raciste, non par la communauté de la foi, mais par la continuité du sang" ;

"Attendu qu'à juste titre, la cour d'appel a constaté que ce passage, quelle que fût l'appréciation qu'il portait sur la règle qu'il prétendait décrire, n'imputait pas à un groupe de personnes un fait qui portât atteinte à son honneur ou à sa considération ; que, dès lors, abstraction faite de tous autres motifs, l'arrêt attaqué a décidé à bon droit que cet écrit, seul retenu par la citation comme constitutif du délit prévu par l'alinéa 2 de l'article 32 de la loi du 29 juillet 1881, ne caractérisait pas ladite infraction ;

D'où il suit que le moyen doit être écarté ;

Et attendu que l'arrêt est régulier en la forme :

Rejette le pourvoi

Condamne la demanderesse aux dépens."

Aujourd'hui avec la politique de guerre de Netanyahou, héritier spirituel d'Itzac Shamir et de Begin à la tête du Likoud, il apparaît avec clarté, deux ans après le premier verdict, que mon seul tort est d'avoir eu raison avant d'autres qui reconnaissent aujourd'hui les exactions des dirigeants israéliens.

La minimisation des crimes d'Hitler découlerait-elle comme on m'en accuse, de la critique des procédures de Nuremberg qui ne tombe nullement sous le coup de la loi scélérate concernant seulement ceux qui "auront contesté... l'existence d'un ou plusieurs crimes contre l'humanité tels qu'ils sont définis par l'article 6 du statut du Tribunal militaire international annexé à l'accord de Londres du 8 août 1945."

Ce qui n'est en aucune manière mon cas.

Sur ce point je m'en tiendrai surtout à ce que disait à ce sujet le grand juriste Donnedieu de Vabres, l'un des juges français à Nuremberg, dans le cours magistral qu'il fit à la Faculté de droit de Paris sur **Le tribunal de Nuremberg**.

Le professeur Donnedieu de Vabres rappelle la signification de ce procès, donnée fort clairement par son président, le procureur général des États-Unis, Robert E. Jackson, à l'audience du 6 juillet 1946 "Les alliés se trouvent encore techniquement en état de guerre avec l'Allemagne... en tant que tribunal militaire, ce tribunal représente une continuation des efforts de guerre des alliés." Comme dernière expression des actes de guerre sanctionnant la victoire, le professeur Donnedieu de Vabres ne conteste pas son utilité. Il souligne seulement qu'il s'agit d'un **Tribunal d'exception**.

Mme Annah Arendt dira *Tribunal des vainqueurs* et ajoutera "la façon dont on justifie couramment la compétence, en la matière, du Tribunal militaire de Nuremberg, n'a rien de très recommandable."

Donnedieu de Vabres note qu'il ne s'agit pas d'un Tribunal international mais **"plus exactement d'un Tribunal interallié"** (p. 96) que ce procès est un *procès politique* (p. XIII) et son statut une loi de circonstance (p. 90). Que le procès a été mené selon des "règles de procédure" qui ne correspondent pas au droit français mais anglo-saxon (p. X) : par exemple, souligne-t-il (p. 154) : "les plaidoiries précèdent le réquisitoire... l'inverse est suivi en France."

Ce qui, évidemment, en limite l'exemplarité juridique et exclut d'en faire un critère de la vérité historique.

Le statut de ce tribunal est en effet celui-ci :

"- Article 19 : le Tribunal ne sera pas lié par les règles techniques relatives à l'administration des preuves. Il adoptera et appliquera autant que possible une procédure rapide (la version anglaise dit : "expeditive") et non formaliste, et admettra tout moyen qu'il estimera avoir une valeur probante.

-      Article 21 : le Tribunal n'exigera pas que soit apportée la preuve des faits de notoriété publique, mais les tiendra pour acquis. Il considère également comme preuves authentiques les documents et rapports officiels des gouvernements des Alliés."

Ce qui explique le flou de la définition du crime contre l'humanité. Donnedieu de Vabres nous dit : "La Charte avait fait entrer par la petite porte une nouvelle espèce de crime ; le "crime contre l'humanité" et ce crime s'envola par la même porte lorsque le tribunal prononça son jugement."

Cité par Hannah Arendt (*Le procès de Jérusalem*) (p. 416)

Seul, en effet, Julius Streicher, auteur des lois antisémites de Nuremberg, fut condamné et exécuté pour ce crime contre l'humanité.

Le professeur Donnedieu de Vabres souligne les caractères suivants de la procédure :

a) Le refus du "tu quoque"

1 - **Interdiction d'invoquer** le *Tu quoque* ; c'est-à-dire d'invoquer les crimes de guerre des alliés, leurs crimes contre la paix et contre l'humanité.

Notons par exemple que les statuts ont été datés le 8 août 1945, c'est-à-dire deux jours après Hiroshima (6 avril) et la veille de Nagasaki (9 avril) alors que, comme le souligne M. Paul Marie de la Gorce dans son livre : *39-45 une guerre inconnue* (p. 532-533), aucune de ces actions n'avaient une utilité militaire puisque la décision de capitulation avait déjà été prise par l'Empereur du Japon et que le décodeur anglais Magic avait déjà déchiffré les intentions japonaises. Il s'agissait donc d'un authentique crime contre l'humanité.

L'on comprend dès lors que l'argument du *Tu quoque* fut interdit. D'autant plus qu'il ne s'agissait déjà pas d'un fait isolé :

> Le 10 mars 1945, le général Eisenhower avait signé un ordre créant un statut des prisonniers allemands, celui des Forces ennemies désarmées, par lequel ils ne sont plus prisonniers de guerre, c'est-à-dire protégés par la convention de Genève qui exigeait notamment que les prisonniers de guerre reçoivent la même ration alimentaire que les soldats. Il y a alors quatre millions de prisonniers en Allemagne. Les convois de vivres du Comité international de la Croix-Rouge sont empêchés de les ravitailler, l'armée américaine refoulant ces trains de vivres dès juin 1945, puis en août 1945, malgré les protestations du général Robert Little John

signalant au Haut commandement que des milliers de captifs sont en train de mourir de faim. Le général Patton écrivit alors à Eisenhower, lui reprochant d'appliquer aux soldats allemands "pratiquement les méthodes de la Gestapo." (Source : James Bacque. "J'en ai assez de tous les mensonges que l'on répand." (7 mai 1995)

Déjà le 13 février 1945, alors que Dresde n'était plus un objectif militaire en raison de l'avance des armées soviétiques, et ne comptait plus que des réfugiés et des civils, sur ordre de Churchill elle fut détruite par l'aviation anglo-américaine utilisant des bombes au phosphore qui incendièrent la ville entière et firent plus de victimes qu'Hiroshima. De 135000 à 250000 morts carbonisés en une seule nuit. L'un des plus terribles crimes contre l'humanité (R.H.S Crossman dans *New Statesman* du 3 mai 1963, cité dans *Le Nouvel Observateur* du 7 mars 1996).

b) Le refus d'examiner les causes historiques de l'ascension d'Hitler

De même, dit encore M. Donnedieu De Vabres, "toute discussion est interdite concernant la légitimité du traité de Versailles." (p. 191). Clause d'autant plus étrange que l'ascension au pouvoir d'Hitler par l'obtention d'une majorité électorale montre combien sa démagogie sanglante avait pénétré l'opinion. Elle était essentiellement due à la situation désespérée créée à l'Allemagne par ce Traité. Le célèbre économiste Lord Keynes, écrivait dans son livre *Les conséquences économiques de la paix* : "si nous cherchons délibérément à appauvrir l'Europe centrale, j'ose prédire que la vengeance sera terrible : d'ici vingt ans nous aurons une guerre qui, quel que soit le vainqueur, détruira la civilisation.".

J'ai donné dans mon livre (p. 93) les statistiques montrant le parallélisme des montées du chômage en Allemagne et de la montée du Parti nazi aux élections.

D'où ce dialogue du 5 juillet 1946, au Tribunal de Nuremberg, entre le Docteur Seidel, avocat de Rudolf Hess et le président.

"Dr Seidl : Monsieur le Président, je ne peux pas laisser le tribunal dans l'incertitude sur le fait que le Traité de Versailles et les conséquences qu'il a entraînées sont en rapport étroit avec la prise du pouvoir par le national-socialisme. Ce fut l'une des conséquences du Traité de Versailles, et ma plaidoirie porte en partie sur ce sujet ; il serait pour moi...

Le président : Dr Seidl, je vous ai déjà dit que le tribunal ne vous entendra pas parler du Traité de Versailles.

Dr Seidl : Si donc, lors des élections du Reichstag du 14 septembre 1930, le parti national-socialiste a remporté une grande victoire électorale et n'a pas eu moins de cent sept députés dans le Reichstag, ce n'est pas, en dernier lieu, une conséquence de la crise économique d'alors, de l'immense chômage, du règlement, contre toute raison économique, des réparations par le Traité de Versailles et, du refus des puissances victorieuses, malgré les avertissements les plus pressants, de bien vouloir réviser ce traité. Il était parfaitement exact...

Le président : La justice ou l'injustice du Traité de Versailles n'ont rien à voir avec les guerres d'agression allemande."

Et il coupa la parole à l'avocat. (T.M.I. tome XVII, page 562) cité par Hannah Arendt (**op. cit.**, pages 72-73).

c) Le refus d'un examen critique des témoignages

3·En ce qui concerne les témoignages, M. Donnedieu de Vabres, nous apprend (p. 152 et 153) que, "parmi les victimes une quinzaine de témoins sélectionnés, ceux dont les dépositions ont été les plus **suggestives**, sont conduits devant le tribunal pour être entendus par lui." Ceci en vertu de l'article 17 des Statuts "aux termes duquel le Tribunal est compétent pour nommer des mandataires officiels à l'effet de remplir toute mission qui sera fixée par le Tribunal et notamment pour recueillir des preuves par délégation." (**op. cit.**, p. 153)

Ce critère de choix n'exige aucun commentaire. M. Donnedieu de Vabres, après avoir énuméré et décrit quelques-uns de ces témoins ajoute (p. 203) : "Les exemples qui précèdent font ressortir le caractère des dépositions ou tout au moins de la plupart des dépositions reçues au Procès de Nuremberg. Il est difficile de penser que ces dépositions, même reçues sous la foi du serment, donnassent une idée très scrupuleusement fidèle de la vérité. Leurs auteurs sont trop évidemment intéressés à donner un coup de pouce, à la déguiser suivant l'intérêt de leur propre dépense..."

Ceci vaut d'ailleurs pour les témoins de l'accusation comme pour ceux de la défense.

En ce qui concerne les témoignages des bourreaux M. Vidal-Naquet constate dans son livre : *Les assassins de la mémoire* (Ed. de la Découverte 1987, p. 45) : "Dans les documentations d'Auschwitz, il existe des témoignages qui donnent l'impression d'adopter entièrement le langage des vainqueurs."

L'exemple le plus typique (et retenu comme le plus important) est celui de l'ancien commandant d'Auschwitz, le sinistre SS Rudolf Hess : dans ses premières déclarations, du 5 avril 1946, puis dans la version développée qu'il en donna à l'audience, il observe parfaitement le scénario qu'attendaient de lui les accusateurs. Son récit des horreurs n'était pas seulement bourré de contradictions et de contrevérités, relevées ensuite par les historiens, mais il fallut attendre 1983 pour que, dans *Les légions de la mort* de Ruppert Butler, celui qui le captura, Bernard Clarke, raconte avec fierté les tortures par lesquelles il lui arracha et lui fit signer les déclarations qui servirent de synopsis à son autobiographie où Hess révèle : "les aveux ont été obtenus en me battant. Je ne sais pas ce qu'il y a dans le rapport, mais je l'ai signé." (*Commandant à Auschwitz* (p. 174).

M. Pressac, dans *Les crématoires d'Auschwitz*. (1993 p. 131) confirme qu'il fut passé à tabac si violemment et plusieurs fois qu'il frôla la mort avant de signer ses aveux.

Il en est de même du **Rapport Gerstein**, si visiblement aberrant que le Tribunal de Nuremberg, pourtant si peu exigeant sur les preuves, refusa d'en tenir compte ; du livre : *Médecin à Auschwitz* (Julliard 1961) du docteur Miklos Nyiszli, médecin hongrois, déporté à Auschwitz si invraisemblable aussi, que l'*Encyclopaedia Judaica* (1971) ni *L'Encyclopaedia de l'Holocauste* (1990) ne le mentionnent même pas.

Quant aux témoins de l'accusation, M. Georges Wellers, président de la commission d'histoire du Centre de documentation juive à Paris, écrit, (à propos du remaniement du comité directeur au musée d'Auschwitz) lorsqu'on changea la plaque commémorative remplaçant "quatre millions de morts" par "environ un million". "Il ne fallait pas tenir compte des estimations irresponsables d'anciens déportés." (*Le Monde Juif*, octobre--décembre 1990. p. 187 et 195.)

Plusieurs d'entre eux, ont, après coup, reconnu avoir témoigné de ce qu'ils n'avaient pas vu.

Un exemple typique et illustre est celui du Dr Benedict Kautsky, qui succéda à son père à la direction du Parti social-démocrate autrichien.

Après avoir déclaré qu'à Auschwitz le maximum de survie était de trois mois (alors qu'il y fut détenu lui-même pendant 3 années), il écrit dans son livre : *Teufel und Verdammt* : (**Le diable et le damné**, publié en Suisse en 1946), à propos des chambres à gaz : "Je les ai pas vues moi-même mais leur existence m'a été affirmée par beaucoup de gens dignes de foi".

Un grand historien français, Michel de Boüard, doyen de la Faculté de Caen, Membre de l'Institut, et ancien déporté à Mathausen, écrit en 1986 (*Ouest-France* des 2 et 3 août 1986) : "Dans la monographie de Mathausen que j'ai donnée en 1954, à deux reprises je parle de "chambre à gaz". Où ai-je acquis la conviction qu'il y avait une chambre à gaz à Mathausen ? Ce n'est pas pendant mon séjour au camp car ni moi ni personne ne soupçonnait qu'il pourrait y en avoir ; c'est donc un "bagage" que j'ai reçu après la guerre ; c'était admis."

La seule chose incontestable c'est qu'Hitler pratiquait l'amalgame d'un grand nombre d'opposants - notamment communistes - et des juifs. Son slogan du **judéo-bolchevisme** l'amenait à porter aux juifs la même haine qu'aux bolcheviks et aux Slaves : selon lui ils avaient ensemble créé son ennemi principal : le communisme, en Russie avec Trotsky, en Hongrie avec Bela Kun, en Allemagne avec Liebknecht et Rosa Luxembourg.

(Ce qui ne l'empêchait pas d'accuser les juifs d'être aussi maîtres du capitalisme).

Il ne s'agit donc pas de minimiser les crimes commis par Hitler contre les juifs et contre les opposants bolcheviks ou tenus pour tels, mais simplement de dire que fixer le nombre de victimes et les méthodes industrielles de leur massacre peuvent être l'objet d'une recherche scientifique et non d'une exploitation au profit d'une politique de guerre.

d) Note sur les chambres à gaz

Un pauvre hère trompé par la campagne médiatique haineuse qui a été dirigée contre moi écrit dans sa menace de mort que je nie l'existence des camps de concentration (où j'ai vécu trente-trois mois) !

D'autres qui n'ont pas l'excuse de l'ignorance, me faisant le procès d'un autre, ont prétendu que mon livre niait l'existence de chambres à gaz, et ceci malgré l'évidence, car je demandais un débat scientifique et public sur ce problème.

Je demande ce débat pour deux raisons :

1. J'ai cité dans mon livre, n'étant ni chimiste, ni architecte, les thèses de Leuchter, spécialiste des gazages de condamnés à mort aux États-Unis, et j'ai cité aussi les contre-expertises demandées par le musée d'Auschwitz aux laboratoires de Cracovie et de Vienne qui confirmaient, pour l'essentiel, les analyses de Leuchter.

J'ai noté que le seul film présenté aux juges du Tribunal de Nuremberg représentait la chambre à gaz de Dachau, où, comme l'a révélé M. Martin Broszat, de l'Institut d'histoire contemporaine de Munich et qui en devint directeur, le 22 août 1960 : **"la chambre à gaz de Dachau ne fut jamais achevée et n'a jamais fonctionné."**

Si elle n'a jamais été achevée et que le film l'a montrée achevée c'est qu'il s'agissait d'un montage, fabriqué par les services américains, installés à Dachau, et qu'on l'a fait visiter aux touristes, car au Procès de Nuremberg, l'on avait accepté les témoignages de **témoins oculaires** sur les gazages dans les camps situés dans l'ancien Reich, jusqu'à ce que M. Broszat publie, dans le journal *Die Zeit* du 19 août 1950, ce communiqué : "Ni à Dachau, ni à Bergen-Belsen, ni à Buchenwald des juifs ou d'autres détenus n'ont été gazés." mais, ajoutait-il, "seulement en territoire polonais occupé."

Il y avait pourtant eu autant de témoins oculaires sur les gazages des camps de l'Ouest que pour ceux de l'Est.

À Nuremberg, le 26 juillet 1946, Sir Harley Shawcross, mentionnait l'existence *"des chambres à gaz ? non seulement à Auschwitz et à Treblinka, mais aussi à Dachau."* T.M.T. tome XIX, p. 4563.)

Cela n'impliquait pas la négation de l'existence de toute chambre à gaz, c'est pourquoi je ne concluais pas à cette négation. Je demandais seulement un débat scientifique et public "*pour fixer définitivement quelle avait été l'arme du crime.*" (p. 163)

Or ce débat a été refusé constamment et l'on ne répondit que par la répression des experts.

2. La deuxième raison pour laquelle je demande un débat sur toutes les méthodes qui ont conduit à d'incontestables massacres, sans fixation obsessionnelle sur l'un d'eux, c'est que de ce moyen de tuerie on ne trouve aucune trace chez aucun des plus célèbres vainqueurs d'Hitler et qui en dénonçaient la barbarie : pas un mot sur les chambres à gaz, ni dans les **Mémoires de guerre** de Churchill, ni dans la **Croisade en Europe** d'Eisenhower, ni dans les **Mémoires** du général de Gaulle.

Quant à un historien non polémique, dont la volonté d'objectivité est indubitable, comme M. René Rémond, qui fut **président du Comité d'histoire de la déportation**, ses deux ouvrages fondamentaux : *Introduction à l'histoire de notre temps* (1960) et *Le XXe siècle de 1914 à nos jours* (1974), (ce dernier comportant mille pages) ne contient pas un mot sur cette question. C'est en effet une vraie question à laquelle il s'agit de répondre par un examen critique et serein ne partant d'aucun *a priori* d'affirmation ou de négation, pour examiner toutes les méthodes de torture et de mort employées par Hitler contre tous ses opposants.

Il est remarquable que l'un des plus farouches sionistes des historiens américains dont le livre traduit en français sous le titre : **Les bourreaux volontaires d'Hitler** est devenu un best-seller, en Amérique, par l'orchestration médiatique qui le loue, écrit : "Les chambres à gaz des camps de la mort ont toujours été la préoccupation dominante de l'opinion et même des historiens... l'attention prioritaire accordée à ces installations industrielles a eu deux effets dommageables. Elle a empêché d'accorder une attention suffisante aux autres institutions du génocide... moins connues et trop perdues de vue." (p. 170) et il ajoute (p. 504) : "contrairement à ce que disaient les historiens et à ce que croit l'opinion, le gazage est plutôt un **épiphénomène.**"

J'ai voulu vérifier le sens que Goldhagen donnait à ce mot **épiphénomène**. (**épiphénomène**. existe en effet en anglais. Le dictionnaire Standard publié par *l'Encyclopaedia Britannica*, donne cette définition :

"Phénomène secondaire qui est un sous-produit d'un autre phénomène et l'accompagne sans exercer une influence causale.")

Le Grand Robert (T II, p. 588), donne plus de précisions en distinguant :

"1. Le terme médical : Symptôme accessoire qui se surajoute aux symptômes essentiels.

2. Le terme philosophique : Phénomène accessoire qui accompagne le phénomène essentiel sans être pour rien dans son apparition ou son développement."

J'ai été, alors, étonné que M. Goldhagen n'encoure pas les foudres de ceux qui nous accusent de **minimiser** les crimes d'Hitler pour en avoir dit bien moins.

J'ajoute que la fixation obsessionnelle sur cet aspect du massacre conduit à minimiser les autres moyens de destruction : en août 1942 un rapport polonais sur Treblinka ne se rapporte pas à des chambres à gaz mais à des chambres à vapeur d'eau bouillante équipées d'une chaufferie, ce qu'accepte le Tribunal de Nuremberg le 14 décembre 1945, (P.-S. 3311)

Le *New York Times* du 3 juin 1942 parle d'un **bâtiment** d'exécution où l'on fusillait 1000 Juifs par jour. Le 7 février 1943 il parlait de **stations d'empoisonnement du sang** en Pologne occupée.

En décembre 1945, Stefan Szende, dans son livre : *Der letze Jude aus Poland*, fait entrer les Juifs dans une piscine où l'on fait passer un courant à haute tension. Il conclut (p. 290) : "Le problème de l'exécution de millions d'hommes était résolu."

Jan Karski dans *Story of a Secret State*, traduit en français en 1948 sous le titre : *Un témoignage devant le monde*, parle de chaux vive répandue dans des wagons où l'on entassait les victimes.

Le même Karski, dans un autre rapport de novembre 1942, ne parle plus des **trains de la mort** et de chaux vive. Il retourne à l'exécution des victimes par électrocution, avec une variante ; elle se pratique, non plus dans une piscine, mais "dans une baraque dont le sol était constitué par une plaque métallique."

Tout ceci ne peut être déclaré vrai ou faux sans une recherche historique critique profonde. C'est pourquoi je ne nie ou n'affirme rien avant un véritable débat avec des spécialistes de chacune de ces méthodes.

Par contre ce qui me paraît incontestable c'est qu'on a minimisé le crime le plus atroce, celui d'une mort lente, dont il existe, à la différence de tous les autres (dont, par définition, aucune victime ne pouvait apporter la preuve puisque la mort était instantanée et sans possibilité d'en réchapper) des survivants pouvant témoigner. C'est celui que décide Wannsee.

L'exemple le plus terrible de cette minimisation, c'est la falsification du compte rendu de la conférence de Wannsee tenue le 20 janvier 1942 par de hauts responsables hitlériens où l'histoire officielle a prétendu, jusqu'en 1984, qu'y avait été prise la décision d'exterminer les juifs européens. En 1992, Yehuda Bauer, écrit dans *The Canadian Jewish News* du 30 janvier, que cette interprétation de Wannsee est "stupide" (silly). Le plus récent porte-parole des **antirévisionnistes** Jean Claude Pressac, confirme cette nouvelle révision de l'orthodoxie : "Si une action de **refoulement** des juifs vers l'Est fut bien prévue... personne ne parla alors de liquidation industrielle..." (*Les crématoires d'Auschwitz* p. 35)

Dans la chronologie de la fin du livre il indique, à la date du 20 janvier 1992 :

e) Conférence de Wannsee sur le refoulement des juifs vers l'est. *(p. 114.)*

Par contre le compte rendu de la conférence de Wannsee, s'il est vérifié qu'il est authentique (car la présentation du texte n'a aucun caractère officiel), évoque une méthode d'assassinat massif plus terrible encore que celle des chambres à gaz : "Au cours de la solution finale les juifs seraient acheminés sous direction appropriée vers l'Est pour utiliser leur travail. Ils seront séparés selon les sexes. Les juifs capables de travailler seront conduits en grosses colonnes dans les régions de grands travaux pour construire des routes, et, par conséquent, sans aucun doute, **un grand nombre succombera par sélection naturelle.**"

Voilà une méthode de destruction, occultée, comme le dit Goldhagen, par celle des chambres à gaz, qui est incontestable parce que vérifiable par des preuves matérielles (les chantiers), testimoniales (celles des rescapés), historiques : les besoins de main d'oeuvre d'ouvriers pendant la guerre contre l'URSS : morts par l'épuisement, la faim et, dans cet état de délabrement, les ravages plus meurtriers des épidémies de typhus.

Je rejoins ici les conclusions de Reitlinger ouvrant la voie à la recherche : "En raison du manque d'informations fiables les chiffres doivent être considérés comme "conjectures"" (p. 509) il dit (500) : "Si l'on fait l'analyse de ces destructions l'on trouve que plus d'un tiers de Juifs manquant en Europe mourut, non pas de violences physiques directes mais de travail forcé, de maladies, de faim, d'absence de soins... Auschwitz, en dépit de son immense signification **symbolique**, a constitué pour moins d'un cinquième du nombre des victimes."

La diversité de ces méthodes d'assassinat dont je n'affirme ou ne nie aucune, exige un grand effort de recherche critique sans quoi, comme disait Mme Simone Veil lors du vote de la loi Gayssot qui interdit recherche et débat : "Nous donnons l'impression que nous avons quelque **chose** à cacher."

Ceci permettrait de mettre à jour toutes les formes du massacre véritable en les élevant au-dessus du doute que peut soulever l'amalgame avec les **bobards** de toutes les guerres recyclés lors de la dernière.

L'histoire du savon fait de graisse humaine recycle un bobard de la première guerre mondiale. M. Laqueur, dans son livre, cite cet aveu :

"Au milieu des années vingt, Austen Chamberlain, le secrétaire d'État aux Affaires étrangères, reconnut devant le Parlement que l'histoire de l'usine à cadavres était sans fondement. Et en février 1938 encore, à la veille d'une autre guerre, Harold Nicolson déclarait, également à la Chambre des Communes, que "nous avions menti odieusement", que ces mensonges avaient beaucoup desservi la Grande-Bretagne, et qu'il espérait ne jamais assister à nouveau à de telles campagnes de propagande (p. 16-17)."

Voici l'un de ces sinistres **bobards** dont se fait le colporteur Simon Wiesenthal. En 1946 il apportait une variante aux chambres d'exécution : elles comportaient des rigoles pour recueillir la graisse des juifs assassinés pour en faire du savon. Chaque savonnette portait l'inscription RJF (pure graisse juive). Le Tribunal de Nuremberg accepta des échantillons de ces savonnettes sans faire procéder à une analyse chimique.

Aujourd'hui l'Institut de Yad Vashem a rétabli la vérité : il n'y eut jamais de fabrication de ce savon avec la graisse des détenus. Toute cette affabulation repose sur la confusion d'un faussaire (volontaire ou non) : entre RJF et RIF (fabrication industrielle.)

De telles impostures conduisent à minimiser les crimes hitlériens et à introduire le doute : si l'on a menti sur de tels points, peut-être l'a-t-on fait pour d'autres. Tant que l'ensemble des problèmes posés par le massacre "ne feront pas l'objet d'une **discussion libre**, le doute subsistera."

Je conclus mon livre sur les *Mythes* (p. 260) :

"Il n'est pas de plus efficace réquisitoire contre l'hitlérisme que l'établissement de la vérité historique. C'est à cela que, par ce dossier, nous avons voulu contribuer."
Où est en tout ceci ma minimisation qui est une atteinte à mon honneur alors que, je le répète, tout au cours de mon livre : ses "crimes immenses n'ont besoin d'aucun mensonge pour révéler leur atrocité" (p. 135)
"Tel fut le martyrologue des déportés juifs et slaves et la férocité des maîtres hitlériens les traitant en esclaves n'ayant même pas valeur humaine." (p. 257)

f) Le refus de la critique des textes.

Il en est de même pour la critique des textes en comparant ceux qui pourraient être considérés comme prouvant la volonté **d'extermination** et ceux qui montrent qu'il s'agit **d'expulsion** des juifs, d'abord d'Allemagne puis d'Europe occupée.

Pour la première catégorie les choses sont claires ;

L'on évoque souvent les vociférations et les rodomontades d'Hitler, avant son arrivée au pouvoir, pour montrer qu'il existait déjà chez lui, un plan déterminé d'anéantissement de la race juive comme il le dit en effet dans l'un de ses discours, encore que, Joseph Billig dans son livre : *La solution finale et la question juive*, en 1977, p. 51 (que l'on ne saurait suspecter de minimiser les crimes d'Hitler), estime que le terme *Vernichtung* ne signifiait pas qu'on était déjà arrivé à l'extermination ni même à l'intention délibérée d'y aboutir "mais seulement : la liquidation du rôle des Juifs en Europe."

La querelle interne aux historiens sionistes, entre **intentionnalistes** prêtant à Hitler un plan de destruction de la judaïté dès sa prise de pouvoir et les **fonctionnalistes** qui le font naître des péripéties de la guerre, est tranchée puisqu'ils ont même précisé les dates d'élaboration du plan : l'entrée en guerre contre l'Union soviétique, où les pressions de la défaite, ou d'autres encore.

Par exemple :

En 1951 M. Poliakov écrivait : "Tout ce que nous pouvons affirmer avec certitude c'est que la décision génocidale a été prise par Hitler... au début de 1941." (*Le Bréviaire de la haine* 1951 ; réédition de 1979 par Calmann-Lévy. p. 126 et 129.)

Cette affirmation, Léon Poliakov la retire en 1991. L'historien avoue avoir succombé à "une sorte de pression dénonciatrice", il n'avait formulé cette assertion que "sur la foi de quelques témoignages de deuxième ou de troisième main." ("Histoire et polémiques à propos du génocide.", *Commentaire.* Julliard, printemps 1991, p. 203)

Que nous enseignent d'abord les textes sur les différentes décisions qui conduiraient à une décision d'extermination ?

D'abord il n'existe aucun texte d'Hitler ou des plus hauts responsables au régime comportant cet ordre d'extermination.

Dès 1960, le Dr Kubovy du Centre de Documentation de Tel-Aviv, reconnaissait : "il n'existe aucun document signé par Hitler, Himmler, ou Heydrich, parlant d'exterminer les juifs". Il en est de même chez Mme Lucy Davidowicz dans son livre : *La guerre contre les juifs*, 1975, p. 121.

En 1981, Laqueur confirme :

"Jusqu'à aujourd'hui on n'a pas trouvé d'ordre écrit de Hitler en vue de détruire la communauté juive européenne et selon toute probabilité cet ordre n'a jamais été donné."

Le terrible secret. Francfort 1981 p. 190)

Après un colloque tenu à la Sorbonne en 1982 pour combattre le révisionnisme, Raymond Aron et François Furet déclaraient en conclusion de leur conférence de presse :

> "Malgré les recherches les plus érudites on n'a jamais pu trouver un ordre d'Hitler d'exterminer les juifs."

Dès lors les obstinés invoquent un langage **codé** grâce auquel on peut faire dire n'importe quoi à n'importe qui, à condition de poser *a priori* la conclusion à laquelle on veut arriver : une extermination qui n'apparaît dans aucun texte et qu'au contraire contredisent, comme nous allons le voir, de multiples textes. Jamais d'ailleurs ne nous est donnée, en dehors de ce parti pris, la moindre preuve ou même la moindre présomption de l'existence de ce **code**.

Au temps de l'occupation, un message de Londres à la résistance : "Saluez Tante Claire" pouvait signifier : "Faites sauter tel pont."

Mais l'hypothèse du langage **codé**, pour arriver à une signification préconçue, ne repose sur rien. Mme Hannah Arendt avec un évident bon sens, et sur le ton de la dérision, montre l'invraisemblance et même l'impossibilité de tenir secrète une entreprise aussi gigantesque que l'extermination de centaines de milliers de personnes qui suppose une organisation non seulement policière mais industrielle impliquant un très grand nombre d'exécutants Elle écrit : "Eichmann fut un des premiers responsables aux échelons inférieurs à être informé de ce secret d'État (qui demeure secret d'État même après que la nouvelle en fut répandue dans toutes les firmes qui employaient des ouvriers esclaves et dans tous les corps d'officiers des forces armées). Mais le secret était gardé dans un but pratique. Ceux qui furent informés des ordres du Führer n'étaient plus de simples "porteurs d'ordres" (chargés de mission) : ils étaient promus au rang de "porteurs de secret"." (*Eichmann à Jérusalem* p. 143)

M. Jean-Claude Pressac, le dernier en date des pourfendeurs du **révisionnisme**, déclare crûment : "Il n'y a jamais eu de camouflage, contrairement à ce que l'on dit." (cité par Laurent Greilshammer dans *Le Monde* du 26 et 27 septembre 1993.)

Il est remarquable que M. Pressac lui-même, pratique volontiers l'équivoque : jouant sur le fait que, dans l'opinion publique, l'on confond souvent chambre à gaz avec crématoire, il écrit d'abord un livre réservé à un public restreint et qui se veut dévastateur pour quiconque aurait un doute, intitulé *Auschwitz : Technique and Operation of the Gas Chambers* ; lorsqu'il vulgarise cet ouvrage pour le grand public français, il l'intitule modestement : *Les crématoires d'Auschwitz*. Et pour confirmer que l'on n'a aucune raison d'invoquer le secret d'un langage codé, il brandit une lettre du 3 mars 1943, de l'entreprise Topf und Söhne (fournisseur de Zyklon-B) sur l'envoi de détecteurs de gaz. Or une telle lettre pourrait concerner n'importe quel dispositif de sécurité sur l'usage d'un gaz toxique quel que soit l'emploi qu'on en fait.

Ce qui demeure c'est qu'il a fallu, pour soutenir la thèse du langage codé, falsifier le sens de tous les mots.

Par exemple M. Pressac contredit les interprétations dantesques sur les mesures spéciales (*Sondermassnahmen*). "Ces termes, dit-il (p. 107) n'ont pas de connotation criminelle."

Ils peuvent même désigner, ajoutons-nous, des mesures de faveur telles que l'envoi de personnalités ou de vieillards, à Theresienstadt, où le régime était moins rigoureux que dans les autres camps.

La même réserve pourrait être faite sur d'autres mots détournés de leur sens.

Par exemple ! *Aussrotung*, déraciner, mot qui est employé par des hitlériens pour extirper le christianisme (ce qui ne signifie pas massacrer les chrétiens) est traduit, lorsqu'il s'agit de juifs par "exterminer".

Au procès de Nuremberg un incident révèle le mécanisme de la falsification :

Goering, dans une lettre à Heydrich employa l'expression *die Endlösung der Judenfrage* dans le sens de **liquidation du problème** et non de **la liquidation de ceux qui en faisaient l'objet**. Pris en flagrant délit de traduction tendancieuse par Goering lui-même, à Nuremberg le 20 mars 1946, le juge Jackson, fut bien obligé d'en convenir (T. IX p. 552). Mais, de cet incident, qui détruisait toute une théorie, la presse ne souffla mot.

Le sens de "solution finale" est en effet éclairé par un grand nombre de textes évoquant l'infamante décision des nazis d'expulser tous les Juifs des territoires sous leur domination (Judenrein). Rappelons quelques-uns des emplois de Solution Finale dans les décisions des nazis concernant la question juive.

Le dessein monstrueux d'Hitler de chasser tous les juifs d'Allemagne puis d'Europe lorsqu'il en fut le maître, s'affirme explicitement dans les statuts du Parti national socialiste (Point 4) :

"Aucun juif ne peut être citoyen à part entière." Le point 24 leur interdit certaines professions.

Dès le mois de mai 1940, avant même la défaite de la France, Himmler écrit : "J'espère voir la notion de juif définitivement effacée grâce à l'évacuation totale de tous les juifs vers l'Afrique ou dans une colonie." Ce fut la ligne de conduite constante des nazis.

Le 3 juillet 1940, Franz Rademacher, responsable des affaires juives au ministère des Affaires étrangères, faisait un rapport disant : "La victoire imminente donne à l'Allemagne la possibilité de résoudre la question juive en Europe. La solution souhaitable est : tous les juifs hors d'Europe."

Dès l'armistice de juin 1940 est lancée l'idée d'une expulsion de tous les juifs sur Madagascar. Projet irréalisable en raison de la supériorité maritime des Anglais.

Il fallait trouver une solution provisoire de remplacement.

La question juive se posait désormais à l'échelle de l'Europe, occupée par les nazis.

Les victoires en Europe permirent d'envisager une autre solution. Le Führer déclare le 2 janvier 1942 : "Les juifs doivent quitter l'Europe. Le mieux est qu'ils aillent en Russie."

A Wannsee (en janvier 1942) nous avons noté déjà : au cours de la solution finale les Juifs seront... acheminés vers l'Est pour utiliser leur travail... et... il est dit dans le procès verbal :

"C'est le Reichsführer SS et chef de la police allemande, qui sera responsable de l'ensemble des mesures nécessaires à la solution finale (Endlösung der Judenfrage), **sans considération de limites géographiques.**"

(Source. N.G. 2586 g.)

La solution définitive ne pouvait en effet être réalisée qu'après la guerre ; elle est toujours cherchée dans la même voie : l'expulsion de tous les juifs d'Europe. C'est ce que dit expressément Hitler à l'ambassadeur à Paris, Abetz : le Führer lui dit qu'il avait l'intention d'évacuer tous les juifs d'Europe après la guerre. (Source : *Documents on German Foreign Policy*, 1918-1945. Series D. Vol. X p. 484.)

Dès le 24 juin 1940 Heydrich avait informé Ribbentrop de son désir de réaliser au plus tôt la solution finale. Il écrivait :

"Le problème global posé par la présence actuelle de quelque 3.400.000 juifs dans les territoires placés aujourd'hui sous la souveraineté allemande ne peut plus être résolu par l'émigration : une solution finale **territoriale** devient dès lors nécessaire."
(Source : Pièce justificative n·464 du procès d'Eichmann à Jérusalem.)

A la même époque, Himmler avait adressé à Hitler un mémoire dont la conclusion était : "J'espère voir la question juive définitivement réglée grâce à l'émigration de tous les juifs vers l'Afrique ou dans une colonie." (Source : *Vierteljahreshefte*, 1957, p.197.)

Hitler se rallia à cette suggestion puisque le 10 février 1942 le responsable de la Deutschland III, au ministère des Affaires étrangères, Rademacher écrivait, dans une lettre officielle :

"Entre-temps, la guerre contre l'Union Soviétique nous a permis de disposer **de nouveaux territoires pour la solution finale.** En conséquence, le Führer a décidé de déplacer les juifs non pas vers Madagascar, mais vers l'Est. Ainsi, **il n'est plus besoin d'envisager Madagascar pour la solution finale.**" (Source : Document N.G. 3933, du procès de la Wilhelmstrasse, cité par Reitlinger. *The final solution* p. 79, où il interprète encore au sens de fiction ou camouflage sans en donner la moindre justification.)

Quelques faits confortent encore la thèse que l'extermination des Juifs n'était pas l'objectif essentiel d'Hitler.

Dans son livre : *Le paradoxe juif* (Ed. Stock 1976) M. Nahum Goldmann, longtemps président du Congrès juif mondial écrit : "En 1945 il y avait quelque 600.000 survivants juifs des camps de concentration qu'aucun pays ne voulait accueillir."

Mme Arendt, dans son livre : *Eichmann à Jérusalem* écrit (p. 270) : "En avril 1944, deux mois avant le débarquement de Normandie, il y avait encore deux cent cinquante mille Juifs en France, et tous ont survécu."

Et, ceci, après onze ans de domination hitlérienne absolue.

Ce qui conduit à se poser les questions auxquelles répond le professeur Zimmerman, directeur du département d'Etudes germaniques à l'Université hébraïque de Jérusalem, lors d'une interview du 29 avril 1995 au journal *Yerushalaim :*

Question : Les juifs, dans *Mein Kampf* sont désignés comme un germe à détruire. Ce livre a toujours été considéré comme un plan opérationnel d'Hitler, exprimant son intention de détruire les juifs.

Zimmerman : Alors, pourquoi aurait-il attendu deux ans et demi pour faire les lois de Nuremberg ? Et, s'il avait l'intention préméditée de détruire les juifs, avait-il besoin de lois ?"

Minimiser les crimes d'Hitler c'est précisément les réduire à une guerre contre les juifs alors que ces persécutions incontestables contre les juifs ne sont qu'un aspect d'un plan beaucoup plus vaste dominé par une préoccupation dominante : la destruction du bolchevisme.

g) La dernière infamie : un million de juifs contre 10 000 camions, et une paix séparée avec Hitler

1 - La plus éclatante preuve que le principal objectif d'Hitler était de détruire l'Union Soviétique, c'est l'ultime marchandage d'avril 1944 par lequel Eichmann proposa au délégué sioniste Brand, l'échange d'un million de juifs contre dix mille camions (Bauer : *Juifs à vendre* (Ed. Liana Levi. Paris 1996) pp. 227-229)

Le témoignage de Bauer est d'autant plus probant que l'objet de son livre était de montrer que la guerre d'Hitler était "une guerre contre les juifs." (p. 72), et non pas contre le communisme.

Or lui-même nous apprend (p. 87) qu'en avril 1944 Eichmann proposa au délégué sioniste Brand, d'échanger un million de juifs contre dix mille camions (Bauer p. 227 et 229) qui seraient utilisés exclusivement sur le front russe (p. 229).

Bauer ajoute (p. 86) :

> "Une note personnelle de Himmler, rédigée le 10 décembre 1942, dit : J'ai demandé au Führer ce qu'il pensait de l'idée de relâcher les juifs contre une rançon. Il m'a donné les pleins pouvoirs pour approuver des opérations de ce type".
>
> (cité par Bauer p. 148)

> "Tous les historiens s'accordent pour dire que Himmler préparait une paix séparée avec l'Occident afin de consacrer toutes ses forces contre la menace bolchevique."
>
> (Bauer p. 167).

Papen croyait fermement à une future entente avec les États-Unis et l'Allemagne pour faire barrage au communisme. (Bauer p. 189)

L'objectif des nazis était :

> "Utiliser les filières juives pour entrer en contact avec les puissances occidentales."
>
> (Bauer p. 283)

Cette préoccupation dominait toutes les autres, les nazis connaissant le poids des lobbies sionistes auprès des dirigeants occidentaux :

> "Les nazis savaient que, contrairement aux Russes, le gouvernement de sa Majesté et celui des États-Unis ont la faiblesse politique de subir les pressions que les juifs exercent sur eux."
>
> (Cité par Bauer p. 260)

Ces dirigeants hitlériens faisaient aisément passer leur antisémitisme au second plan :

> "À la fin de 1944, la volonté de Himmler d'établir le contact avec l'Ouest en se servant dans ce but, entre autres, des juifs, était

devenue manifeste."

(Bauer p. 326)

"Échanger des juifs contre des équipements stratégiques, ou même encore établir des contacts diplomatiques avec l'Ouest, contacts qui pourraient conduire à une paix séparée, voire - telle était l'espérance à une guerre associant les Allemands et les Occidentaux contre les Soviétiques."

(Bauer, p. 343)

Ces tractations entre les nazis et les sionistes échouèrent finalement car les Américains et les Anglais en informèrent les Soviétiques sans qui ils ne pouvaient vaincre Hitler.

2·- Cela prouve aussi que la priorité d'Hitler n'était pas l'extermination des Juifs mais la lutte contre le bolchevisme qui lui avait valu, jusqu'en 1939, l'indulgence, sinon la complaisance, des Occidentaux voyant en lui le meilleur rempart contre le bolchevisme.

À Stalingrad avait été blessée mortellement la bête nazie, et l'armée soviétique supportait, en 1944, le poids de 236 divisions des nazis et de leurs satellites, alors que seules 19 divisions allemandes s'opposaient en Italie aux troupes américaines, et que 64 étaient réparties de la France à la Norvège. Bauer le reconnaît :

"Le rôle essentiel de l'URSS dans la lutte contre l'Allemagne nazie fut le principal soutien de la fermeté alliée. La Wehrmacht a été défaite en Russie par l'Armée rouge. L'invasion de la France, le 6 juin 1944, contribua certes, à cette victoire finale, mais ne fut pas le facteur décisif. Sans les Soviétiques, sans leurs terribles souffrances et leur héroïsme indescriptible, la guerre aurait duré encore des années, et peut-être n'aurait-elle pas été vraiment gagnée." (p. 347)

Ce dernier épisode de la collaboration entre les sionistes et Hitler révèle donc :

1·) - Qu'en avril 1944 Hitler, après 11 ans de pouvoir absolu, n'avait heureusement pas exterminé les juifs puisqu'il en détenait encore au moins 1 million.

2·) - Que l'objectif permanent des nazis était d'abattre l'Union Soviétique. Cette volonté est si constante que le 8 mai 1945, lors de la capitulation sans condition signée par les délégations allemandes qui ont les pouvoirs de l'Amiral Dönitz, chef suprême après la mort d'Hitler, délivrant son message d'adieu à la Wehrmacht, l'Amiral Dönitz déclare : "Nous devons collaborer avec les puissances occidentales ; c'est le seul moyen de récupérer ultérieurement notre terre des mains des Russes." (Arendt op. cit. p. 290)

Chapitre III

La politique israélienne, détonateur d'une nouvelle guerre mondiale

L e fil conducteur de ma réflexion sur le rôle nouveau de la politique israélienne, en ce qui concerne non plus seulement le Proche Orient, mais la politique de domination mondiale des États-Unis, fut le véritable **Discours sur l'histoire universelle** que constitue l'article - programme de Samuel Huntington sur *Le choc des civilisations* (publié dans la revue *Commentaire* n·66, à l'été 1994.)

Jusque-là le Pentagone avait simplement exprimé l'utopie optimiste de son rêve de domination mondiale avec le livre de Fukuyama sur *La fin de l'histoire* qui consisterait à imposer au monde entier la pire théorie libérale de la domination : le monothéisme du marché

La thèse de Samuel Huntington est plus subtile : elle montre les obstacles à la réalisation de ce *nouvel ordre mondial.*

Depuis la fin de la deuxième guerre mondiale, c'est-à-dire pendant un demi-siècle, la politique de surarmement américain avait donné pour prétexte : la menace soviétique.

C'était, au nom de la sécurité américaine, la justification d'agressions en tous les points du monde jusqu'au Vietnam ou en Corée, de soutien à toutes les dictatures militaires en Amérique latine comme aux Philippines de Marcos, à la protection de l'apartheid dans l'ancienne Afrique du Sud.

Après l'effondrement de l'URSS il fallait trouver un remplaçant dans le rôle du **méchant**, de l'Empire du mal, à combattre sur trois continents, et ce fut l'Islam, afin qu'une menace mondiale de terrorisme justifie la continuation et même l'accélération de la course aux armements, et les occasions "d'intervention" économique ou militaire dans tous les points du monde.

Les thèses d'Huntington sur le *Choc des civilisations* constituent la base théorique de cette nouvelle orientation stratégique.

Ses conclusions sont révélatrices :

"Le choc des civilisations dominera la politique mondiale. Les lignes de fracture entre civilisations seront les lignes de front de l'avenir...

Dans ses conclusions il montre clairement les implications de son analyse du point de vue de la politique internationale :

"Limiter l'accroissement de la force militaire des États confucéens et musulmans ; ne pas trop réduire les capacités militaires occidentales et conserver une supériorité militaire en Extrême-Orient et dans l'Asie du sud-ouest ; exploiter les différences et les conflits entre États confucéens et États musulmans ; soutenir, dans les civilisations non occidentales, les groupes favorables aux valeurs et aux intérêts de l'Occident.

L'occident devra par conséquent conserver la puissance économique et militaire nécessaire à la protection de ses intérêts dans ses relations avec ces civilisations."

Voilà qui a au moins le mérite d'être clair.

Quel peut être le rôle d'Israël dans la géopolitique ainsi conçue ?

Israël a une position stratégique déterminante dans cet affrontement des deux mondes.

Le père spirituel de l'État d'Israël lui avait assigné, avant même qu'il n'existât, sa mission fondamentale. Pour créer l'État juif, dans toutes ses démarches auprès des puissances occidentales alors colonialistes (Angleterre, Allemagne, Italie, Russie) son argument majeur était que si l'une d'elles était la protectrice de cet État juif, elle aurait non seulement un avantage décisif sur toutes ses rivales, mais cet État représenterait pour tous un coin enfoncé en Orient, pour la pénétration coloniale de l'Occident. Il écrivait, en 1895, dans son livre : *L'État juif* :

"Pour l'Europe nous constituerions là-bas un morceau du rempart contre l'Asie, nous serions la sentinelle avancée de la civilisation contre la barbarie."

(L'État juif Ed. Lipschutz. Paris 1926. p. 95)

Eisenhower considérait déjà le Moyen-Orient comme "le lieu stratégique le plus important du monde." (cité par Steven Spiegel : *The Other Arab-Israeli Conflict*, Université de Chicago 1985 p. 51)

Israël a l'avantage de trois privilèges majeurs :

1·- Sa position stratégique au carrefour de l'Europe, de l'Asie et de l'Afrique.

2 - Sa position économique au cœur de cette partie du monde qui contient la moitié du pétrole du monde, nerf de la croissance (au sens occidental du mot.)

3·- Sa légende théologique de peuple élu de Dieu, servant de couverture aux convoitises occidentales sur la position stratégique et la position économique d'Israël, en plaçant ses exactions, quelles qu'elles soient, au-dessus de toute loi et de toute sanction humaines, en particulier au-dessus de toute décision de la communauté internationale (par exemple des 192 condamnations de l'ONU prononcées contre elle, et dont le *veto* des États-Unis la protège en dernière instance.)

a) Sa position stratégique au carrefour de trois continents

La Palestine qu'Israël veut annexer tout entière, comme première étape de la conquête de ce qu'Hitler appelait déjà son espace vital (*Lebensraum*), c'est-à-dire tout le Proche et Moyen Orient, de l'Euphrate au Nil, par la désintégration de tous les États voisins (Liban, Syrie, Irak, Jordanie, Égypte), est située au carrefour géographique et stratégique de trois continents : l'Europe, dont elle est le front avancé, l'Asie et l'Afrique, et d'abord le passage obligé vers l'Océan Indien et l'Asie du Sud- Ouest : de là sa première ambition déjà réalisée, de s'installer dans le Golfe d'Akaba qui s'ouvre sur la Mer Rouge, à condition que le détroit de Tiran soit en de bonnes mains. Les États-Unis et Israël ont obtenu en deux temps cette garantie : d'abord par les accords de Camp David, le Munich égyptien, signé aux États-Unis et sous leur pression le 18 septembre 1977, par lequel était brisé un possible front uni des pays voisins d'Israël et menacés par son expansionnisme.

Quatrième point du programme d'aide : Israël reçut, de 1948 à 1952, autant, à lui seul, que cinq pays du Machrek (Égypte, Liban, Jordanie, Syrie, Irak) comptant une population 20 fois supérieure.

La coopération militaire, commencée en 1961, prit une ampleur considérable après Camp David : le Protocole d'entente stratégique signé à Washington, le 30 novembre 1981, comportait une livraison d'armes par Reagan, plus grande que celle prévue par les accords antérieurs, notamment 75 nouveaux chasseurs F-16, quelques jours avant l'invasion du Liban. Si bien que six semaines après l'évacuation du désert du Sinaï, se produisait l'invasion du Liban. Ainsi commençait à se réaliser le projet de Grand Israël et d'un véritable empire du Moyen Orient qu'Ariel Sharon avançait déjà en décembre 1981.

À l'exemple des États-Unis chassant les Indiens sans fixer de limites à leur propre expansion, Moshe Dayan en 1982, ajoutait :

> "Prenez la Déclaration américaine de l'indépendance. Elle ne contient aucune mention de limites territoriales. Nous ne sommes pas obligés de fixer les limites de l'État."
>
> (*Jerusalem Post* du 10 août 1967).

Tout ceci sous la protection inconditionnelle des États-Unis, non seulement opposant leur veto à toute sanction, mais fournissant les armes du crime. L'*International Herald Tribune* du 22 juillet 1982 nous apprend que "le gouvernement israélien aura dépensé cette année 5 milliards et demi de dollars en armements et équipements militaires. Le tiers de cette somme provient du Trésor américain."

Cette politique de surarmement est couronnée par un équipement nucléaire sur lequel, Israël, se plaçant, en ceci comme en tout, au-dessus de toute légalité internationale (192 condamnations de l'ONU sont restées lettres mortes depuis 1972) refuse tout contrôle.

Le 29 juin 1975, le journal israélien *Haaretz* écrivait, sous la plume de Shlomo Aharonson :

> "L'arme nucléaire est l'un des moyens qui peuvent renverser l'espérance des Arabes d'une victoire finale sur Israël... Un nombre suffisant de bombes atomiques pourrait causer des dommages énormes dans toutes les capitales arabes, et provoquer l'effondrement du barrage d'Assouan. Avec une quantité

supplémentaire, nous pourrons toucher les villes moyennes et les installations pétrolières... Il y a, dans le monde arabe, une centaine de cibles dont la destruction... enlèverait aux Arabes tous les avantages qu'ils ont retirés de la guerre du Kippour..."

L'État d'Israël n'est plus seulement le mandataire d'un colonialisme collectif de l'Occident sous hégémonie américaine. Il est devenu, pour les États-Unis, une pièce majeure dans le rapport des forces sur l'échiquier planétaire, et ceci bien au-delà du Proche Orient.

b) Sa surveillance des pays pétroliers du Golfe.

Dans cette politique mondiale, Israël joue un rôle privilégié comme gendarme des champs pétroliers du Moyen Orient.

Or, plus encore que depuis la chute du Shah d'Iran qui assurait aux États-Unis le contrôle du Golfe Persique, et notamment du détroit d'Ormuz où transite la moitié du pétrole mondial, Israël est investi de cette charge.

C'est pourquoi d'ailleurs, dans son rêve d'expansion du Grand Israël qui coïncide si bien avec les visées des États-Unis dans la région, son rôle essentiel, grâce à son hégémonie dans les médias mondiaux, est de diaboliser le nouvel Iran en lui attribuant la fonction satanique d'être le chef d'orchestre clandestin du terrorisme mondial.

Lorsque les États-Unis envoyèrent leurs troupes en Arabie Saoudite en août 1990

"Les États-Unis n'envoient pas des troupes dans le golfe uniquement pour aider l'Arabie Saoudite à résister à l'agression mais pour appuyer le pays de l'OPEC qui est le plus à même de servir les intérêts de Washington."
(*Wall Street Journal* du 31 août 1989.)

Il s'agissait là, de faire un exemple pour montrer au Tiers-monde tout entier qu'il n'est permis à aucun peuple, sous peine de destruction, de s'élever au plus haut niveau technique, d'exploiter ses richesses nationales (en l'occurrence : le pétrole) sans le contrôle de leurs prix par les grandes puissances, et surtout d'échapper à la religion qui n'ose pas dire son nom mais qui est imposée au monde entier par les États-Unis : le monothéisme du marché et l'idolâtrie de l'argent.

Le bombardement de l'Irak coûta, selon la Croix Rouge, plus de 200.000 morts à la population civile, et le maintien arbitraire de l'embargo a déjà tué plus encore d'enfants par manque de nourriture et de soins.

c) Son mythe pseudo-théologique de *peuple élu*

La logique biblique du Grand Israël, avec l'appui inconditionnel de Washington, peut ainsi servir de détonateur à une troisième guerre mondiale, ou, pour reprendre l'expression de Huntington, à la première **guerre civilisationnelle.**

Nous nous contenterons ici de deux séries de remarques :

1·- La revendication biblique du grand Israël, de l'Euphrate au Nil, par une lecture intégriste de la Bible, c'est-à-dire une lecture littéraliste, transformant les grandioses paraboles des patriarches et des prophètes, en une histoire nationaliste et même tribale, est l'hérésie nécessaire à la politique sioniste. Elle conduit à ce paradoxe : les statistiques du gouvernement israélien estiment que 15% seulement des israéliens sont religieux, et pourtant l'on fait croire à la grande majorité du peuple que cette terre lui appartient parce qu'elle lui a été promise par un Dieu... auquel il ne croit pas.

La référence aux textes bibliques pour justifier les agressions et les massacres de la politique israélienne est une constante de cette politique. Cette utilisation sanglante des textes bibliques pour justifier une politique criminelle ne repose sur aucune base religieuse, mais sur une lecture intégriste, littéraliste, des textes sacrés, lecture intégriste qui devient une escroquerie raciste sanglante.

L'intégrisme consiste, (comme les talibans le font pour le Coran), en une lecture littérale, tribale, qui, transforment la parabole en une fausse histoire, transforme par exemple la promesse faite, par leurs dieux, à toutes les tribus nomades du Fertile Croissant, d'une Terre féconde et d'une postérité nombreuse pour toutes les familles de la terre en une donation inconditionnelle signée par un Dieu tribal excluant tous les peuples pour en privilégier un seul pour l'éternité. Abraham Herschel dans son livre : *Israel : an Echo of Eternity* (Doubleday. N.Y. 1969, p. 115 : "L'État d'Israël, c'est la réponse de Dieu à Auschwitz.".) Cela dure aujourd'hui : le professeur Moshe Zimmerman chef du département d'études germaniques à l'Université hébraïque de

Jérusalem, spécialiste de l'étude du nazisme, déclare dans le journal *Yerushalayim* du 28 avril 1995 : "Il est de bon ton de dire que l'Holocauste est la justification principale de l'instauration d'Israël.", et il ajoute : "Il y a un secteur entier de la population juive que je définis sans hésitation comme une copie des nazis allemands. Regardez les enfants des colons juifs d'Hébron, ils ressemblent exactement à la jeunesse hitlérienne." En 1974 déjà, dans le journal *Yediot Ahronot*, Menahem Barash exaltait l'enseignement du rabbin Moshe Ben-Zion qui utilisait les textes bibliques pour définir l'attitude israélienne à l'égard des Palestiniens, "cette peste déjà dénoncée dans la Bible,... pour nous emparer de la terre promise par Dieu à Abraham. Nous devons suivre l'exemple de Josué pour conquérir la terre d'Israël et nous y installer, comme le commande la Bible... Il n'y a pas place, en cette terre, pour d'autres peuples que celui d'Israël. Ce qui signifie que nous devons en expulser tous ceux qui y vivent... C'est une guerre sainte exigée par la Bible."

Deux mois plus tard le rabbin Elazar Valdman du **Gush Emounim** écrivait dans le journal **Nekurah** des colons de la Cisjordanie : "Nous devons évidement établir l'ordre au Moyen Orient et dans le monde. Si nous n'en prenons pas la responsabilité nous sommes des pécheurs, non seulement devant nous-mêmes mais devant le monde. Car qui peut rétablir l'ordre dans le monde ? Tous les dirigeants occidentaux ont des caractères faibles" (Repris dans Davar, 8 octobre 1982).

L'un des fondateurs du mouvement, Yehuda Ben Meir dénonçait les conséquences d'une telle politique : "D'après **Gush Emounim**, nous devons conquérir non seulement la Syrie et la Turquie mais le sang de nos enfants doit devenir le gardien du monde entier".

Ariel Sharon, lors de la convention du Likoud de mai 1993, a proposé ouvertement qu'Israël fonde sa politique officielle sur la notion des frontières bibliques.

Cette hérésie, dont le fondateur est Théodore Herzl, a été dénoncée, dès son apparition, par les rabbins et les juifs fidèles à la foi de leurs prophètes.

Parmi beaucoup d'autres exemples, le rabbin Moshé Menuhin (le père du génial musicien Yehudi Menuhin) écrit un livre : **The Decadence of Judaism**, dans lequel il montre que cette décadence du judaïsme, c'est précisément le nationalisme sioniste. Le titre primitif de son livre était : **Le nationalisme juif : un crime et une malédiction historique monstrueuse.**

Il établit qu'à l'encontre de l'universalisme des prophètes juifs, l'interprétation tribale et nationaliste de l'alliance et du peuple élu, par ceux qu'il appelle "les barbares tribaux comme Ben Gourion, Moshé Dayan, et tout le gang militaire qui a dévoyé Israël" (p. XIII) ont fait de l'Agence juive et des organisations sionistes, dans le monde entier "des organes du gouvernement d'Israël" (pp. 350, 429 et 457) ; avec la même idéologie raciale que les antisémites. (p. 308)

Le rabbin Elmer Berger ne cessait de rappeler que la Promesse était conditionnelle :

> Lévitique. XXV, 18 : "Mettez mes lois en pratique... et vous habiterez en sécurité dans le pays."
> XXVI, 3 : "Si vous suivez mes lois, si vous les....... mettez en pratique 9 : Je maintiendrai mon alliance avec vous... 14...
> Deutéronome :
> XI, 26 : "Je mets aujourd'hui devant vous bénédiction et malédiction,
> 27. La bénédiction si vous écoutez les commandements du Seigneur, votre Dieu...
> 28. La malédiction si vous n'écoutez pas les commandements du Seigneur votre Dieu.

La tentative, en 1956, d'envahir l'Égypte pour s'emparer du Canal de Suez, avec la complicité de la France et de l'Angleterre, échoua. Surtout parce que les États-Unis n'acceptaient pas, comme le général de Gaulle le montra plus tard dans son discours de Pnom Penh, que le contrôle de la Mer Rouge leur échappe pour leurs entreprises au Vietnam et en Extrême Orient.

Les dirigeants israéliens retinrent la leçon : leur prochaine entreprise d'expansion devait s'appuyer prioritairement sur les E.U. Le Protocole d'entente stratégique, signé à Washington le 30 novembre 1981, comportait une livraison d'armes, si bien que dix semaines après l'évacuation du désert du Sinaï, grâce aux accords de Camp David qui l'assuraient de n'avoir pas à combattre sur deux fronts, était engagée l'invasion du Liban : sur 567 avions dont disposait alors Israël, 457 venaient des États-Unis subventionnés par les dons et les prêts de Washington.

Après la guerre des Six jours, Israël, qui avait occupé toutes les frontières de ses voisins, du Liban au Golan et à la Cisjordanie, annexait Jérusalem alors qu'elle n'avait été admise à l'ONU qu'à trois conditions :

1. Ne pas toucher au statut de Jérusalem,

2 Permettre aux Palestiniens le retour chez eux, 3 Respecter les frontières de la partition.

La loi internationale était ainsi tenue pour un chiffon de papier ainsi que l'avait dit déjà Ben Gourion lors de la première guerre d'expansion de 1948.

En décembre 1981, avant même l'invasion du Liban, Ariel Sharon déclarait : "Dans les années qui viennent la sphère des intérêts stratégiques d'Israël ne s'étend pas seulement aux pays arabes de la Méditerranée, mais à tout le Proche-Orient, et elle doit s'étendre à l'Iran, au Pakistan, au Golfe, à l'Afrique et à la Turquie."

Ce plan, exposé en clair dans la revue **Kivounim** (Orientations) publiée à Jérusalem par l'Organisation sioniste mondiale sous le titre : Plan stratégiques d'Israël, exige la désintégration de tous les États voisins d'Israël, du Nil à l'Euphrate. En voici les passages essentiels :

"En tant que corps centralisé, l'Égypte est déjà un cadavre, surtout si l'on tient compte de l'affrontement de plus en plus dur entre musulmans et chrétiens. Sa division en provinces géographiques distinctes doit être notre objectif politique pour les années 1980, sur le front occidental.

Une fois l'Égypte ainsi disloquée et privée de pouvoir central, des pays comme la Libye, le Soudan, et d'autres plus éloignés, connaîtront la même dissolution. La formation d'un État copte en Haute-Égypte, et celle de petites entités régionales de faible importance, est la clef d'un développement historique actuellement retardé par l'accord de paix, mais inéluctable à long terme.

En dépit des apparences, le front Ouest présente moins de problèmes que celui de l'Est. La partition du Liban en cinq provinces... préfigure ce qui se passera dans l'ensemble du monde arabe. L'éclatement de la Syrie et de l'Irak en régions déterminées sur la base de critères ethniques ou religieux, doit être, à long terme, un but prioritaire pour Israël, la première étape étant la destruction de la puissance militaire de ces États.

Les structures ethniques de la Syrie l'exposent à un démantèlement qui pourrait aboutir à la création d'un État chi'ite le long de la côte, d'un État sunnite dans la région d'Alep, d'un autre à Damas, et d'une entité druze qui pourrait souhaiter constituer son propre État - peut-être sur notre Golan - en tout cas avec l'Houran et le nord de la Jordanie... Un tel État serait, à long terme, une garantie de paix et de sécurité pour la région. C'est un objectif qui est déjà à notre portée.

Riche en pétrole, et en proie à des luttes intestines, l'Irak est dans la ligne de mire israélienne. Sa dissolution serait, pour nous, plus importante que celle de la Syrie, car c'est lui qui représente, à court terme, la plus sérieuse menace pour Israël." (Source : Kivounim. Jérusalem. n 14, n de février 1982. Pages 49 à 59.)

(Le texte intégral, dans son original hébreu, est reproduit dans mon livre : *Palestine, terre des messages divins* Ed. Albatros. Paris 1986 p. 377 à 387, et dans sa traduction française à partir de la page 315.)

Pour la réalisation de ce vaste programme les dirigeants israéliens disposaient d'une aide américaine sans restriction.

Ce plan d'embrasement de tout le Moyen Orient (avec les implications mondiales qu'il est aisé de concevoir) n'a cessé, avant même d'être explicité avec tant de cynisme, d'orienter toute la politique de guerre d'Israël et de violer toutes les décisions de la Communauté internationale des Nations Unies, avec l'appui inconditionnel des États-Unis.

Pour ne retenir que l'essentiel rappelons que, sous prétexte de sécurité l'État d'Israël occupe, depuis 1968, les frontières de tous ses voisins : le Liban et la Syrie notamment (malgré la résolution 242 du Conseil de Sécurité de l'ONU affirmant "l'inadmissibilité de l'acquisition de territoires par la guerre" et exigeant "le retrait des forces armées israéliennes des territoires occupés"). Il ne cesse d'émietter, par sa colonisation, le territoire palestinien dont il contrôle 96%.

Là encore, Natanayou a franchi de nouvelles étapes : pour mieux tenir Jérusalem sous sa griffe (malgré la résolution unanime de l'ONU) il ouvre dans la partie arabe de Jérusalem, à Bar Homa, un chantier pour construire 2000 appartements de plus réservés à des juifs.

Il refuse d'exécuter les engagements pris à Oslo au nom de l'État d'Israël de retirer ses troupes d'une partie des territoires occupés. Il viole délibérément les accords malgré les protestations internationales.

Le mardi 18 mars 1997, les États-Unis, la France, la Grande Bretagne ont vivement critiqué la décision israélienne d'engager les travaux de construction d'une onzième colonie à Jérusalem Est.

Il maintient, à Hébron, une véritable poudrière : au milieu de 1 200 00 habitants palestiniens, sont installés 500 colons, ceux là mêmes qui fleurissent le tombeau de l'assassin Baruch Goldstein, qu'ils tiennent pour un Héros et où règne l'esprit du vieux Parti national religieux qui prétend faire une synthèse entre le judaïsme orthodoxe et le nationalisme séculier du sionisme politique en donnant à la colonisation une légitimation religieuse.

Même le président d'Israël, chef de l'État, Ezer Weitzman, accuse Netanyahou d'être responsable du blocage des négociations de paix et de l'isolement grandissant de l'État Hébreu. Parlant de Natanyahou il dit : "Cet homme m'a utilisé et trompé trop souvent. Aujourd'hui, dit-il, la coupe est pleine." (*Le Monde* du 2 juillet 1998).

Natanyahou poursuit néanmoins sa politique de nettoyage ethnique, empêchant toute négociation sur le Golan Syrien comme sur Jérusalem et le Liban. M. Théo Klein ancien dirigeant du CRIF, écrit : "Le slogan de **sécurité d'abord** , proclamé par M. Natanyahou, est une manoeuvre criminelle." (*Le Monde* 2 mai 1998)

Ce qui est évident. Comment invoquer la sécurité des frontières quand on occupe les frontières de tous les voisins et qu'on viole systématiquement à la fois les accords internationaux, et la signature donnée aux Palestiniens lors des accords d'Oslo.

La conclusion est fournie par le professeur Leibowitz (qui dirigea - rappelons-le - *l'Encyclopédie judaïque*, dans son livre : *Israël et judaïsme* (13)

"Je dis que l'idée du grand Israël est une abomination." (p. 253)
"Les Américains ne sont intéressés que par l'idée de maintenir

ici une armée de mercenaires américains sous l'uniforme de Tsahal qu'ils pourront utiliser à leur gré le moment voulu." (p. 226)

Et, il conclut :

"la force du poing juif vient du gant d'acier américain qui le recouvre, et des dollars qui le capitonnent." (p. 253)

Cette réaction de rejet de la politique sioniste, au nom même de la piété juive et de l'universalisme de ses Prophètes, s'exprime de plus en plus fortement : déjà lors de l'invasion du Liban Pierre Mendès France et Nahum Goldmann avaient exprimé leur réprobation.

Avec la même indignation contre une telle politique plus de cent intellectuels juifs français dénonçaient la politique de Jérusalem. Parmi eux, les professeurs Jankélévitch, Minkovski, Rodinson, Pierre Vidal-Naquet, dénonçant "le recours systématique à la force brute et la recherche d'une hégémonie militaire dans cette région du monde." Ils concluaient : "Devant ce déni de justice, devant ce mépris des valeurs auxquelles ont adhéré des générations de Juifs, nous refusons énergiquement toute solidarité avec la politique actuelle d'Israël."

d) Une éducation néo-nazie

Cette politique de guerre, d'expansion coloniale permanente, implique plus encore que des exactions et des ruines matérielles : un conditionnement de l'homme lui-même, visant à lui inculquer le sentiment d'une supériorité raciale, comme tout colonialisme, mais aussi le ressentiment engendré par une théorie pseudo-théologique, vue à travers le prisme sioniste, fondée sur trois principes destructeurs de l'humanité de l'homme :

1·- Le refus de l'autre, fondée sur l'idée qu'entre les juifs et tout le reste du monde il y a "une barrière de feu", comme l'écrit le rabbin Cohen.

2·- Que L'Autre, (tous les autres) est un ennemi en puissance comme si l'histoire entière était celle de la persécution éternelle d'un "Peuple juif" éternellement innocent.

3·- Que l'État sioniste israélien ne peut être formé qu'à un *Bréviaire de la haine* comme unique motivation de sa jeunesse, de son armée, de son peuple tout entier. Le militarisme fondé sur ce mépris et cette haine de l'autre étant une fin en soi, le reste du monde, par exemple l'Allemand pour Goldhagen ou le peuple français et sa culture pour Bernard-Henri Lévy, étant par essence un peuple de tueurs ou une **culture de l'abjection.**

Ce culte de la haine éternelle peut se résumer dans ce qu'un historien israélien a appelé "le complexe d'Amalec", Le 7 janvier 1952, lors du débat, à la Knesset, sur les réparations, une banderole gigantesque proclamait sur le fronton de l'édifice : "Souviens-toi de ce qu'Amalec a fait de toi !" Et l'on sait ce que représente Amalec dans l'histoire de Josué : ce qu'il faut exterminer (cf. Les Puritains d'Amérique justifiant leur chasse à l'homme en identifiant les Indiens aux Amalécites)

Politiquement cela s'exprime dans le cri de haine de Begin :

"Ce n'est pas un allemand tout seul qui a tué vos pères. Chaque allemand est un nazi. Chaque allemand est un assassin. Adenauer est un assassin. Tous ses collaborateurs sont des assassins."

Goldhagen n'avait plus, quarante ans après, qu'à délayer en 500 pages ce thème pour que le mouvement sioniste en fasse un best-seller, alors qu'un historien sérieux, comme Yehuda Bauer, reconnaissait que son université le refuserait même comme thèse de doctorat d'un étudiant.

En juillet 1981, la Knesset faisait du **Génocide** un dogme national, par une loi interdisant toute critique sous peine d'un an de prison (c'est l'ancêtre et le modèle de ce que la LICRA obtint en France avec la loi Gayssot)

Ceci à la suite de l'article publié en 1980 par le célèbre éditorialiste, Boaz Evron, sous le titre :

> **Le génocide, un danger pour la nation,** faisant observer que le massacre des juifs s'il était en effet, **dans l'histoire juive,** le plus grand des **pogroms** n'était pas dans **l'histoire universelle** ni le premier ni le plus grand, et que même les nazis ne s'étaient pas seulement acharnés sur les Juifs, mais sur les Slaves, les gitans, et même sur les Allemands, notamment communistes, qui s'opposaient au régime.
> Boaz Evron montrait la malfaisance de ce mythe de la

singularité juive qui dissociait le Juif du reste de l'humanité, le conduisant ainsi à son isolement. "Ainsi, concluait-il, les gouvernants agissent dans un monde peuplé de mythes et de monstres qu'ils ont eux-mêmes crées."
(Boaz Evron : ITON 77 21. Mai-juin 1980 p. 12. cité par Tom Segev op. cit. p. 467.)

Ce thème obsessionnel d'une Mémoire qui ne serait que haine, répété chaque jour à l'école, dans l'armée, dans la presse, le cinéma, la télévision, crée cet état d'esprit. Un jour le rédacteur de *Maariv* écrit :

"Un jour un véritable mouvement de paix s'élèvera dans le monde et assurera la paix en Europe en effaçant l'Allemagne **de la face** du monde."
(Azriel Karlebach. "Amalec", *Maariv* du 5 octobre 1951, p. 3)

Comme si les 3/4 des Allemands qui sont nés après la chute d'Hitler étaient responsables des crimes nazis, de même que Jean Sébastien Bach ou Goethe, ou Kant, sans parler de ces autres grands Allemands que furent le poète Heine ou le physicien Einstein, expressions les plus grandioses de la culture allemande.

Cette propagande donne ceci chez l'homme de la rue, eût-il été victime des nazis, comme beaucoup de résistants et moi-même (qui écrivis mon principal ouvrage sur la philosophie de Hegel). Un homme par ailleurs respectable en arrive, intoxiqué par cette propagande funèbre, à déclarer : "**Si vous me demandez ce que je réclamerais au peuple allemand, je dirais : une mère pour une mère, un père pour un père, un enfant pour un enfant. Mon âme serait en paix si l'on me disait que six millions d'Allemands mourraient pour contrebalancer les six millions de morts Juifs. Si cela n'est pas en notre pouvoir alors accomplissons au moins une action historique qui leur causera une souffrance similaire à celle du sang versé, crachons-leur au visage.**" (Mair Dworcezki, au Comité central du Mapaï. 13 décembre 1951)

Même l'expression du Lévitique (XIX, 16) : "**Ne te venge pas et ne sois pas rancunier à l'égard des fils de ton peuple : c'est ainsi que tu aimeras ton prochain comme toi-même**" est interprété de la manière la plus exclusive : utilisant la formule "à l'égard des fils de ton peuple" l'on conclut : le non-juif n'est pas ton prochain.

Comme l'écrit le rabbin A. Cohen, dans son livre sur le **Talmud**.

(Ed. Payot 1983. p. 269) lorsqu'on dit "Prochain, le Talmud spécifie souvent qu'il s'agit de l'Israélite à l'exclusion du païen."

Le rabbin A Cohen évoque ce qu'il appelle "une frontière de feu... distinguant et séparant le Juif de tous les autres." (p. 19)

C'est la seule interprétation retenue aujourd'hui comme officielle, celle qu'on inculque aux enfants à l'école, aux soldats dans l'armée et à l'homme de la rue par les médias.

En voici quelques exemples :

Pour son cinquantième anniversaire, le 14 mai 1998, l'État d'Israël a fait publier par son ministère de l'Éducation un **Livre du Jubilé**, destiné à animer la commémoration de l'événement dans toutes les écoles du pays. Curieusement, nous apprend le très sérieux quotidien *Haaretz*, le livre ne fait aucune mention de l'existence d'un peuple palestinien, ni avant l'établissement d'Israël, ni après, pas plus que du plan de partage de 1947 qui avait créé deux États l'un juif, l'autre arabe en Palestine. Plus loin la journaliste Relly Sa'ar ajoute : "Le chapitre concernant les efforts de paix évoque les traités avec l'Égypte et la Jordanie, mais ignore complètement les accords d'Oslo et l'actuel processus de paix avec les Palestiniens."

L'étude du livre de Josué figurant au programme des écoles israéliennes, de la classe de 4e à celle de 8e, un professeur de Tel Aviv, Tamarin, distribua un formulaire à 1000 écoliers, disant :

"Tu connais les extraits suivants du livre de Josué (VI, 20) : Le peuple monta vers la ville (Jéricho) et s'en empara. Il tua ceux qui s'y trouvaient, hommes, femmes, enfants, vieillards, sans distinction aucune.

Répondez aux deux questions suivantes :

a) À votre avis, Josué et les israélites ont-ils bien agi ou non ?

b) Supposons que l'armée Israélienne occupe un village arabe pendant la guerre ; devrait-elle, oui ou non, faire subir à ses habitants le sort que Josué a réservé aux habitants de Jéricho ?".

En 1972, pour avoir publié les résultats terrifiants de son enquête sur ce conditionnement des enfants (70% répondent : oui), le professeur G. Tamarin fut chassé de l'Université de Tel Aviv. (Cité par le pasteur Claude Raynaud dans son livre : ***Liban-Palestine***. Ed. l'Harmattan, 1987. p. 84-86.)

Sur le conditionnement des enfants à l'école le journal ***Haaretz*** du 15 février 1995 rapporte la réaction suivante d'un pédagogue :

"Dans une étude récente, le professeur Bar-Tal de l'Université de Tel-Aviv, a montré à quel point le système d'éducation israélien a été mobilisé pour justifier la position d'Israël dans le conflit israélo-arabe. Il a insisté sur la nécessité de modifier la manière dont on parle des Arabes dans les manuels scolaires en même temps que doit changer le jugement que les Israéliens portent sur eux-mêmes... que l'enseignement concernant l'Holocauste et les pogroms a grandement contribué à créer en Israël une mentalité de pays assiégé et alimenté la croyance que les Juifs sont supérieurs et qu'ils ont toujours raison."

"Bar-Tal a trouvé l'expression de ces " certitudes " dans 107 livres d'histoire et de textes, parmi ceux qui ont été approuvés cette année par le ministre de l'Éducation. Dans les livres d'histoire (et notamment de l'histoire juive) on ne parle pratiquement pas de la paix, sinon comme "Utopie". L'idée que les Juifs sont toujours les victimes y joue un rôle central. Dans un livre de textes sur "Les premières colonies sionistes" il n'est fait mention de la présence des Arabes dans la région que deux fois - pour dire que, dans leur grande majorité, ce ne sont que des pillards une minorité étant jugée "positive " parce qu'elle accepte de vendre des terres aux Juifs."

"Dans sa conférence d'ouverture de la session de l'Association israélienne pour la recherche en matière d'éducation, Bar-Tal a rappelé que, dans le conflit israélo-arabe, nous n'avons pas été seulement des victimes mais aussi des agresseurs... Présenter les Arabes, et en particulier les Palestiniens, d'une manière aussi tendancieuse et négative, c'est ignorer les souffrances d'un peuple qui subit un sort amer dont nous sommes en partie responsables." Il a montré qu'"**Israël a utilisé l'histoire et les autres disciplines au service de l'idéologie sioniste.**"

En 1979 le ministère de l'Éducation annonça que l'enseignement du génocide était obligatoire pour les lycéens des classes terminales. Un comité rédigea un nouveau programme de travail soulignant la nécessité de l'engagement affectif des élèves. "Le génocide doit avant tout être ressenti, déclara le président de ce comité, il doit être appréhendé en tant que tel, et non comme l'élément d'un contexte historique plus large, ou bien dans la perspective d'une recherche purement scientifique."

Le 26 mars 1980, la Knesset vota "la connaissance et le souvenir du **Génocide** et de l'héroïsme." Depuis, **Le génocide** est enseigné dans les écoles primaires et dans les lycées, et ces questions représentent désormais 20% du programme d'histoire aux examens de fin d'études.

Le professeur Zimmerman, spécialiste de l'histoire du nazisme à l'université hébraïque de Jérusalem, porte un témoignage terrifiant sur cette déshumanisation de l'homme :

"Il y a un monstre en chacun de nous et si nous continuons à affirmer que nous sommes toujours justifiés, ce monstre peut grandir... Déjà aujourd'hui je pense à un phénomène qui prend des proportions toujours plus grandes : il y a un secteur entier de la population juive que je définis, sans hésitation, comme une copie des nazis allemands. Regardez les enfants des colons juifs d'Hébron, ils ressemblent exactement à la jeunesse hitlérienne. Depuis leur enfance on les imprègne de l'idée que tout Arabe est mauvais, et que tous les non-juifs sont contre nous. On en fait des paranoïaques : ils se considèrent comme une race supérieure, exactement comme les jeunesses hitlériennes."

Le conditionnement à l'école se poursuit à l'armée. Cela commence avec la Préface de la Bible, écrite par l'Aumônier général des armées, le rabbin Gad Navon. Le journal *Haaretz* du 22 janvier 96, nous apprend :

"Il est difficile de trouver une expression plus navrante de la tentative de politisation des textes sacrés "par la falsification de leur message universel" que la préface de la Bible remise actuellement aux jeunes qui entrent dans l'armée.
L'édition de 1958 était préfacée par le rabbin Shlomo Goren qui présentait le Livre comme un appel à l'héroïsme et au sacrifice, et une source constante d'inspiration. Celle qui est diffusée aujourd'hui comporte une introduction du grand rabbin de l'armée Gad Navon, chargée de connotations ultranationalistes.
La Bible y est présentée comme un bien réservé aux seuls Juifs, qui leur reconnaît un droit exclusif sur la terre de leurs pères et comme une preuve de la présence continue du peuple Juif dans la région. Elle devient une partie intégrante du système idéologique du sionisme religieux.
Le mot de "Paix" a disparu, pour faire place à la mention de l'Ennemi", Abraham devient le père de la nation juive, qui se tient

debout seul, face au reste du monde. Le rabbin Gad Navon croit ainsi fortifier l'esprit des soldats et il termine sa Préface par le verset du Deutéronome (20/4) : Car le Seigneur se tient à tes côtés, il lutte pour toi contre les ennemis et te donne la victoire."

Pour couronner cette introduction ethnocentriste, on a joint à la Bible, en annexe, un atlas où chaque soldat pourra trouver une carte du Grand Israël, qui inclut non seulement la Judée et la Samarie, mais la Jordanie.

Une autre carte, intitulée : **La terre donnée par Dieu aux juifs** a pour légende le verset bien connu sur "Le territoire qui s'étend de la rivière d'Égypte au grand fleuve Euphrate."

Cet état d'esprit est répandu à tous les niveaux de la hiérarchie militaire. Le grand rabbin A. Avidan, aumônier de corps d'armée avec le grade de colonel, écrit dans un livre : **La pureté des armes à la lumière de la Halakhah**.

"Quand au cours d'une guerre, ou lors d'une poursuite armée ou d'un raid, nos forces se trouvent devant des civils dont on ne peut être sûr qu'ils ne nous nuiront pas, ces civils, selon la Halakhah, peuvent et même doivent être tués [...] En aucun cas l'on ne peut faire confiance à un arabe, même s'il a l'air civilisé [...] En guerre, lorsque nos troupes engagent un assaut final, il leur est permis et ordonné par la Halakhah de tuer même des civils bons, c'est-à-dire les civils qui se présentent comme tels."

Conditionnés par de tels *Bréviaires de la haine* "trop de soldats se sont mis à croire que le Génocide peut justifier n'importe quelle action déshonorante." dit le colonel Praver, 15 juin 1990, dans un entretien enregistré. (Tom Segev, **op. cit.**, p.473)

En voici une illustration éclatante lors du bombardement de civils à Cana, la conversation du correspondant de *Kol Ha'ir* du 10 mai 1996 avec 5 soldats de la batterie responsable de ce tir :

"Aucun n'a manifesté le moindre trouble... Ils ont raconté qu'ils avaient appris, quelques minutes plus tard, où étaient tombés les obus. Le commandant les a rassemblés pour leur dire qu'ils avaient bien agi et devaient continuer. "Personne ici n'a parlé d'une erreur". Après tout, ce ne sont que des Arabushes (terme méprisant composé du mot "Arabe" et de "rat" en hébreu. ("Akhabaroshim") Les arabes, il y en a des millions !

Q - Vous n'avez eu aucun problème de conscience ?...

R - Pourquoi ? Nous n'avons fait que notre travail. Nous avons obéi aux ordres. D'ailleurs personne ne nous demande notre avis...

Q - Et si on vous l'avait demandé ?

R - Nous aurions tiré d'avantage d'obus et tue d'avantages d'Arabes...

Q - Et la " pureté des armes " (dont se prévalait un temps l'armée sioniste) ?

R - Je ne sais pas de quoi vous parlez...

Nous autres, artilleurs, n'avons pas de temps à perdre à discuter de pareilles stupidités. Ce qu'on nous apprend, c'est à nous comporter comme des soldats professionnels."

Deux correspondants du *Davar* ont rapporté, (19 avril 1996) les impressions du colonel Ruby, qui supervisait du haut d'une colline le pilonnage des villages avoisinants, et se sentait "Comme Zeus sur le mont Olympe ; distribuant la foudre autour de lui !" (*Davar*, 19 avril 1996)

Le massacre de Cana n'est pas une bavure mais un crime contre l'humanité, commandé par les plus hauts dirigeants de l'État d'Israël, et exécuté avec joie par la hiérarchie militaire.

"Nous avons tué ces gens, à cause de la discrimination détestable que nous faisons entre l'importance sacro-sainte de notre vie, et celle très limitée que nous accordons à celle des autres."
(Ari Shavit, dans *Haaretz* traduit par *Libération* du 21 mai 1996)

La justification rabbinique de ce principe de la guerre totale : le journal *Haaretz*, du 24 mars 1995, rapporte une discussion à laquelle participaient deux rabbins (notamment le rabbin Aviner, l'un des plus influents de la R.O.), un professeur de l'université juive Bar-Ilan et un magistrat, à propos d'un article du rabbin Elba sur **Ce que dit la loi**

religieuse juive du meurtre de gentils par des juifs.

Le rabbin Aviner affirma que la thèse de l'auteur, pour qui "un délit commis contre un Juif est toujours plus grave que le même délit commis contre un non Juif, est **conforme à l'enseignement de la Thora.**"

Q - La loi religieuse évoque-t-elle, et en quels termes le cas où elle serait en contradiction avec celle de l'État.

R - Elle dit que la loi religieuse doit prévaloir sur toute loi humaine. Elle peut légitimer la loi de l'État si elle la juge conforme au Talmud. S'il y a contradiction, c'est la loi talmudique qui doit l'emporter.

Q - L'auteur déclare qu'en temps de guerre, il est recommandé de tuer tous les **gens du camp adverse, y compris les femmes et les enfants,** bien qu'ils ne représentent aucune menace immédiate de peur qu'ils ne deviennent par la suite complice des autres...

R - C'est le principe de **La guerre totale**, qui oppose un peuple à un autre. Dans ce cas, si un Juif a pitié de son ennemi, les autres Juifs le paieront, plus tard, de leur vie."

Le même article souligne que, lors des obsèques de Hoss, assistant du fameux rabbin Levinger de Hébron tué par les Palestiniens on plaça son cercueil **à côté de la tombe de Goldstein,** avant de chanter le psaume 94 (*Le Seigneur est le Dieu de la vengeance*).

Comme un journaliste du *Jerusalem Post* demandait au rabbin Ginsburg la raison de ce geste, il répondit : " **Peut-être que cela réveillera l'esprit de vengeance des juifs !** "

Cette intoxication se poursuit au niveau des médias et de l'imagerie populaire : en janvier 1983, l'État d'Israël, après les massacres du Liban, a émis une série de 3 timbres "*pour commémorer Josué.*" Le premier est consacré au passage du Jourdain. L'auteur de l'article consacré, à Tel Aviv, à cette émission, Sigismond Goren, commente : "Voilà qui rappelle la "méthode d'action directe" appliquée par les forces Israéliennes contemporaines entre autres au Sinaï en 1956, et sur trois fronts en 1967, mais innovée il y a 3300 ans déjà par leur ancêtre biblique, puisque les Hébreux contournèrent le pays de Canaan pour attaquer par l'Est..."

Sur le second, consacré à la prise de Jéricho, M. Goren rappelle l'extermination sacrée des habitants, épargnant seulement "Rahab, la prostituée, parce qu'elle avait accueilli et abrité ses émissaires secrets."

Sur le troisième : Josué arrêtant le soleil pour terminer la bataille de Gabaon contre cinq rois cananéens, "dont, selon le livre, les rois de Jérusalem et d'Hébron" ; l'auteur rappelle : "Les cinq monarques furent capturés... puis Josué les fit mourir et leurs cadavres furent suspendus à cinq arbres". M. Goren conclut : "Israël aujourd'hui doit affronter un ennemi non moins dangereux que les rois cananéens du passé."

C'est ainsi que se fabriquent les Ygal Amir, assassin de Rabin, et les Baruch Goldstein, massacreur d'Hébron, l'un et l'autre assassins de droit divin.

Cet article illustré de Sigismond Goren de Tel Aviv a paru dans le *Journal de Genève* du 23 janvier 1983. Le voici portant ce titre évocateur "Josué : aïeul d'Ariel Sharon". Deux exemples de cette pénétration en France.

Nous apprenons par *Le Monde* du 19 avril 1997, qu'une documentaliste du lycée Edmond Rostand de St Jean l'Aumône, avec le soutien de la LICRA et de ses satellites, avaient fait retirer de la bibliothèque une cinquantaine de livres considérés comme **"Dangereusement révisionnistes et xénophobes et faisant l'apologie des crimes de guerre"** (*Le Monde* du 2-3 mars 1997)

Furent ainsi exclus de la bibliothèque du lycée :

Joseph de Maistre (mort en 1821), Maurice Barrès (mort en 1923), MM Alain Peyrefitte, ancien ministre du général de Gaulle, Jean-François Deniau, qui vient de présider la commission de réforme des cours d'assises, Marc Fumaroli et Jean-François Revel, de l'Académie Française, L'historien André Castelot et Jean Tulard, autorité reconnue dans les études napoléoniennes.

"C'est devenu un procédé courant, écrit J.-F. Revel, de précipiter dans le nazisme ou le révisionnisme, tout individu dont on veut salir la réputation." (*Le Point*, 28 novembre 1997).

Et M. Claude Durand, directeur des Ed. Fayard et Stock commente : "on se prononce sur des livres et des auteurs qu'on n'a jamais pris la peine de lire parce qu'on préfère la dénonciation et l'exécution sommaire à l'inconfort de l'étude et du débat."

Et ceci nous ramène aux réponses qui ont été faites à mon propre livre et à mon procès.

Je ne reviens pas sur le lynchage médiatique de journalistes dont presque aucun ne l'avait lu et qui m'ont injurié sans jamais apporter un texte de réfutation, mais sur l'attitude des hommes de main du Bétar-Tagar qui a revendiqué son agression, par un communiqué à l'Agence France Presse : six personnes frappées ont porté plainte et deux journalistes ont été portés à l'Hôpital.

M. le ministre de l'Intérieur a, m'a-t-il informé personnellement par lettre, engagé des poursuites... apparemment sans suite, contre le Bétar dont deux membres avaient été arrêtés à la suite d'une autre agression, mais, semble-t-il, lorsqu'il s'agit de moi, ils jouissent de l'impunité, puisque les gendarmes présents devant le Palais de Justice où avait lieu l'agression ne sont pas intervenus (sans doute par un ordre dont j'ignore l'origine) et qu'aucune poursuite engagée n'a abouti à une sanction.

Ce ne sont là que des incidents, mais révélateurs, par les livres retirés parce que classés, comme en 1941, dans une nouvelle liste Otto, et par des violences impunies, du retour d'un esprit néo-nazi !

Une fois de plus nous avons défendu l'humanité de l'homme avant qu'il ne soit trop tard.

Je le dis au nom de tous ceux qui se sont levés avant le jour : le 14 septembre 1940 je fus arrêté et déporté pour 3 ans.

CONCLUSION

Qui est coupable ?- Celui qui commet le crime ?- Celui qui le démasque ?- Celui qui veut étouffer cette protestation et qui se fait ainsi complice ?

Depuis ma comparution devant le Tribunal de Grande Instance un grand nombre d'événements ont surgi qui éclairent d'un jour nouveau les analyses de mon livre : *Les mythes fondateurs de la politique israélienne*, et qui permettent de juger très différemment les critiques que je formulais alors. Et d'abord l'élection de M. Netanyahou en mai 1996, élection que Mme Marie-Claire Mendès France, veuve de notre premier ministre, caractérisait ainsi dans *France-Soir* du 2 octobre 1996 : "Benjamin Netanyahou est un irresponsable et un fasciste."

Le 15 novembre 1996 la Cour suprême d'Israël légalisait la torture.

La LICRA s'est tue.

Le 17 octobre 1996 le gouvernement d'Israël inaugure une route percée sur des territoires arabes expropriés pour l'occupant. Le communiqué officiel dit : "La route 60 est à la disposition de la population israélienne et des forces de sécurité seulement."

Le 18 décembre 1996 M. Alain Finkelkraut dit son indignation dans *Le Monde* sous le titre : "Israël, la catastrophe". Il écrit : "Avec la victoire de Netanyahou, le langage de l'apartheid sortait de la clandestinité... Pour le dire plus crûment encore il y a aujourd'hui des fascistes juifs... Voilà pourquoi on est fondé à parler de catastrophe spirituelle... Ces cow-boys à mitraillette et à kipa n'accepteront pas sans broncher un transfert de souveraineté réelle sur la Cisjordanie... Il faut souffrir de cette inaptitude à sortir de soi que l'on appelle racisme pour ne pas se mettre à la place des Palestiniens. La solidarité avec Israël changerait de nature si elle acceptait sans coup férir, que le dernier mot revienne aux cow-boys à mitraillette et à kipa."

Sans coup férir, **la LICRA s'est tue.**

En juin 1997, un manuscrit posthume de Moshe Dayan, que nous avons cité, authentifié par sa propre fille, députée à la Knesset, révèle que le Golan syrien a été envahi et annexé non pour des raisons de sécurité, mais par une série de provocations agressives, pour assouvir les exigences des colons israéliens qui convoitaient les terres syriennes. L'opinion mondiale - y compris des militants juifs - proteste contre cette politique de barbarie. Pour ne citer que quelques exemples de militants juifs indignés : le juriste israélien Claude Klein : "La société israélienne ne doit plus se construire autour de la guerre." (*Le Monde* du 14 juillet 1997).

Devant cette révélation de la lettre de Moshe Dayan sur les mensonges de la guerre pour la survie invoquée lors de la guerre des 6 jours, une fois encore, **la LICRA s'est tue.**

Un article du *Yediot Aharonoth* du 4 octobre 1996, nous apprend que le milliardaire américain Irving Moscowitz est le patron de Netanyahou dont il a financé la campagne électorale.

"Il est, dit un journal israélien, le plus grand financier des colons de Judée-Samarie et il est devenu légendaire dans les milieux juifs de droite pour son efficacité dans l'acquisition de maisons arabes. Selon des estimations sérieuses, il a investi ces dix dernières années des dizaines de millions de dollars dans cette forme d'activité, en Judée Samarie et dans le quartier arabe de la vieille ville de Jérusalem, par l'intermédiaire de l'association "Ateret cohanim"."

Deux instituts israéliens de défense des droits de l'homme (Betselem et Ha Moked) dénoncent cette politique "*d'expulsion silencieuse des Palestiniens de Jérusalem - et qu'ils qualifient de "nettoyage ethnique"*."

Le journaliste Amnon Kapeliouk se fait l'écho de cet écœurement dans *Le Monde diplomatique* de mai 1997. Il ajoute : "Terrorisme : le chef du Likoud n'a que ce mot à la bouche. À l'en croire les manifestations des jeunes palestiniens jetant des pierres sont des actes terroristes... Comment est-il né, ce terrorisme ? Qui l'alimente ?"

Il apporte cette information : après l'attentat du 21 mars, 55% des personnes sondées déclarent soutenir, comme par le passé, les accords d'Oslo. Selon un autre sondage, pour la première fois une majorité absolue d'Israéliens juifs (51,3%) approuve la création d'un État palestinien. (*Yediot Aharonoth* du 3 avril 1997).

Dénonçant les provocations de Netanyahou qui alimentent ce *terrorisme* l'un des plus grands écrivains israéliens Izhar Smilanski, lauréat du Prix Israël, écrit à propos de cette colonisation : "Bar Homa est également un acte terroriste déguisé en loi. Sinon comment appeler un acte qui vole le terrain sur lequel on vit." (*Yediot Aharonoth* du 6 avril 1997)

Le 13 août 1997 dans le journal *Le Monde* un article signé de Jacques Derogy (Jacob Weitzman) et des historiens Daniel Lindenblag et Pierre Vidal-Naquet, font cette mise au point sur l'opinion des juifs de France.

> "On parle en effet en leur nom. Ainsi, selon M. Haïm Musicant, directeur du CRIF, voix politique officiellement représentative, relayée par Salomon Malka, dans un article de la revue juive belge "Regards" du 6 mai 1997 : "Par rapport à Jérusalem, l'immense majorité des juifs de France estime que les Israéliens sont dans leur droit en construisant à Bar Homa une nouvelle colonie."

La gravité de l'affirmation est telle, étant donné ses enjeux (paix ou guerre au Proche-Orient), qu'elle nous a paru constituer, pour les juifs de France, une manière de défi.

Elle signifierait en effet que l'opinion juive de France aurait fait son deuil du processus de paix, lequel reposait sur l'échange de la paix contre la terre. Les sentiments des six cent cinquante mille juifs de France sont certes divers, mais qu'en est-il au juste ?

Aux yeux d'un connaisseur aussi expert de l'opinion juive que M. Théo Klein, ancien président du CRIF, il faut bien distinguer l'ensemble des juifs de France (six cent cinquante mille personnes environ) de la minorité organisée (de soixante à cent mille personnes, plus ou moins liées aux associations composant le CRIF). Il ne fait pas de doute, selon lui, qu'une large majorité des premiers placent toujours leurs espoirs dans la poursuite du processus de paix...

Mais en outre, parmi les militants organisés, seule une minorité agissante s'oppose aux accords d'Oslo. Si les autres n'osent pas s'exprimer, c'est parce qu'ils sont bridés, estime-t-il, par leur tradition "légitimiste" de soutien sans faille du gouvernement israélien en place. Un " légitimisme" sur lequel jouent de plus en plus les ultra-sionistes de la communauté, en particulier, ceux du Likoud-France."

Dans *Le Monde* du 28 novembre 1996, après avoir condamné "une guerre de conquête d'un nouvel État juif d'essence théocratique" après avoir évoqué "les meurtriers de droit divin" comme Baruch Goldstein ou Ygal Amir, il poursuit : "Ce mal court sous la veille des séminaristes armés du fascisme rabbinique."

Et il conclut :

"Non ! pas un sou pour le "plan de Bibi" façon Sharon. Plus un sou pour le "Grand Israël", cette impossible chimère qui met en péril la paix et la démocratie."

Le 15 octobre 1997, Madame Leah Rabin, à la télévision française, montrait comment les intégristes ont assassiné son mari, le président Rabin.

La fille du général Peled, sous le titre "Bibi, qu'as-tu fais ?" rappelant que sa propre fille avait été tuée dans l'attentat palestinien du 4 septembre 1997, écrivait dans *Le Monde diplomatique* d'octobre 199 ? : "Je considère son gouvernement comme coupable, indirectement, de la mort de ma fille... Sa politique est une provocation permanente contre le peuple palestinien."

Là encore **la LICRA s'est tue.**

Le Monde du 12 mai 1998 publiait un appel d'une soixantaine de personnalités sous le titre : "Appel à la diaspora et aux amis d'Israël pour sauver la paix".

"L'appel condamnait la politique du gouvernement israélien faite de mépris, de mensonge, de provocation... Elle conduit à un isolement croissant d'Israël sur la scène internationale et menace gravement l'avenir du pays... Israël ne peut éternellement tourner le dos au monde extérieur... ni un gouvernement continuer à infliger aux Palestiniens une occupation militaire doublée d'une asphyxie économique... Le projet sioniste ne pourra maintenir sa légitimité qu'en s'engageant résolument dans la voie de la reconnaissance mutuelle et du partage de la terre entre deux peuples, israélien et palestinien."

L'appel est signé par des prix Nobel, notamment François Jacob, Paul Berg, Edmond Fisher, Frédéric Sanger, Rita Levi Montabini,

Claude Simon, des membres de l'Institut, dont Henri Cartan, Alex Kahn, Evry Shatzman, du Collège de France, de la vie académique tels Jacques Derrida, Pierre Nora, Pierre Vidal-Naquet, des artistes comme Peter Brook ou Yehudi Menuhin.

L'appel n'a pas été entendu par la LICRA. **Elle s'est tue !**

Dans l'hebdomadaire *Marianne* du 15 au 22 juin 1998 Rony Brauman, ex-président de **Médecin sans frontières** tire la conclusion de ces silences sous le titre : "A-t-on le droit de critiquer Israël ?"

Rendant compte du livre de Danielle Sallenave : *Carnets de route en Palestine occupée,* il conclut elle pose un regard précieux sur une réalité - la vie en Palestine - rejetée dans l'ombre par les mythes fondateurs israéliens.

Alors, peut-on croire de Mme Mendès-France, du professeur Leibowitz, Alain Finkelkraut, Izhar Smilanski, Pierre Vidal-Naquet, Mme Peled et Mme Rabin, et tant d'autres que nous avons évoqués, et qui parlent un langage plus dur que le mien sur la politique israélienne qu'ils sont des **diffamateurs** antisémites comme certains m'accusent d'être ?

Là encore la LICRA n'a pas entendu leur appel. Elle s'est tue !

Ma critique de la politique israélienne et de l'idéologie sioniste qui l'inspire, a soulevé la colère des sionistes, c'est-à-dire de ceux qui veulent faire croire à l'identité du judaïsme et du sionisme.

Tous ont voulu instrumentaliser la religion, l'admirable foi abrahamique des prophètes, pour justifier leur politique découlant entièrement du nationalisme et du colonialisme européen qui n'avait rien à voir avec la foi juive. Le résultat fut de remplacer le Dieu d'Israël par l'État d'Israël ; comme les hébreux, en l'absence de Moïse, adoraient le Veau d'Or à la place de Dieu.

Le régime israélien, depuis 50 ans est fondé sur cette contradiction : Théocratie ou Démocratie. Le professeur Baruch Kimmerling a démontré dans un article du journal Haaretz du 27 décembre 1996 que le régime politique d'Israël n'était (c'est le titre de l'article) : "Ni démocratique ni juif", que les Israéliens les plus conscients, à la suite de leurs historiens, parlent de plus en plus de Post-sionisme conscients de la contradiction interne du système. C'est exactement la thèse que je défends dans *Les mythes fondateurs de la politique israélienne*, qui commence par "**Ce livre est l'histoire d'une hérésie !**"

Aujourd'hui, beaucoup plus que lors du premier procès, les choses sont claires. La LICRA attaquant mon livre visant exclusivement, comme son titre l'indique, **la politique israélienne** et la logique de ses fondements idéologiques, pourra-t-elle me dire si mes avertissements concernant les dangers de guerre dont cette politique pourrait être le détonateur, plus encore qu'au temps où j'ai écrit ce livre après lecture du *Choc des civilisations* de Samuel Huntington, sont infirmées ou dangereusement confirmées par la politique de colonisation de M. Netanyahou, sa violation des accords d'Oslo auxquels avait souscrit son État, toutes actions qui sont dans la logique de la doctrine du fondateur du sionisme, Théodore Herzl, et en font un précurseur de Huntington.

Cette mise au point et cette mise à jour me paraissent indispensables pour ne pas rabaisser le niveau du débat et pour ne pas en esquiver l'enjeu historique : **Dialogue des cultures** ou **Bréviaire de la haine**, c'est-à-dire, non pas examen critique du passé, qui est affaire d'historiens, mais préparation commune et fraternelle d'un avenir de paix.

Un tel procès, je le dis sans animosité pour ceux qui l'ont provoqué, ne peut faire abstraction de cet enjeu vital : **La guerre ou la paix dans le monde.**

Je défie quiconque de trouver dans mon livre une seule expression où le mot *Juif* soit employé dans un sens péjoratif.

Par contre, comme l'écrivait M. Paul Berthoud, ancien directeur au secrétariat des Nations Unies, dans *La Tribune de Genève* du 27 juillet 1997 :

"On ne peut que constater aujourd'hui la dérive intégriste du sionisme, à savoir sa revendication territoriale de droit divin sur l'ensemble de la Palestine de 1947." L'amalgame entre anti-sionisme et anti-sémitisme est alimenté et délibérément entretenu depuis cinquante ans tant par Israël que par la diaspora, et il a conduit à une abdication généralisée à dénoncer la perversion du projet sioniste par crainte d'être accusé d'antisémitisme.

Dans la mesure où la diaspora Juive se veut indissolublement solidaire d'un État d'Israël qui poursuit une politique d'hégémonie et de suppression de la nation palestinienne, elle est visée collatéralement par les critiques formulées à l'égard de cette politique. Taxer ces critiques d'anti-sémitisme est une démarche malhonnête au service d'une cause -- l'oblitération d'une nation que le peuple juif devrait être le dernier à cautionner et qui est moralement aussi condamnable que le serait l'oblitération de l'État d'Israël."

C'est pourquoi ma défense contre la double accusation : diffamation de personnes et de groupes en raison de leur appartenance ethnique ou religieuse et de minimisation les crimes d'Hitler, exigeaient de ma part une dénonciation des méfaits du sionisme plus radicale encore en raison de plus redoutables dérives d'Israël et du silence de la LICRA devant les nouveaux crimes d'apartheid, de légalisation de la torture, de colonisation en cours et de provocations accrues.

Et cela, non pas par esprit de discrimination raciale ou ethnique ce qui eût été en contradiction avec la pensée et l'action de ma vie au service d'un dialogue des cultures et des civilisations.

Mon objectif était de surmonter les obstacles à une relation pacifique, au Proche Orient et dans le monde, que mettent la politique israélienne et ses vassaux, et de poursuivre nos efforts, avec nos frères juifs, comme avec tous les amis de la paix dans la voie proposée par le général de Gaulle le 27 novembre 1967 et qui reste étonnamment actuelle.

Le général de Gaulle disait alors :

"La voix de la France n'a pas été entendue. Israël ayant attaqué, en six jours de combat, des objectifs qu'il voulait atteindre. Maintenant, il organise, sur les territoires qu'il a pris, l'occupation qui ne peut aller sans oppression, répression, expulsions, et il s'y manifeste contre lui une **résistance** qu'à son tour il qualifie de **terrorisme**.

À moins que les Nations Unies ne déchirent elles-mêmes leur propre charte, un règlement doit avoir pour base l'évacuation des territoires et la reconnaissance réciproque de chacun des États en cause par tous les autres. Jérusalem devrait recevoir un statut international."

C'est à cette seule solution de sagesse que s'oppose la politique israélienne de plus en plus dominée par ce que Derogy appelait "le fascisme rabbinique."

Déjà, au lendemain du crime contre l'humanité commis à Cana, où, par représailles contre l'exécution, par un résistant, d'un soldat israélien de l'armée d'occupation, fut ordonné le bombardement et la mort de plus de cent civils, comme autrefois le maréchal Von Keitel exigeait l'exécution (comme à Châteaubriand) de cent communistes pour chaque soldat allemand tué par la résistance.

Nous sommes ici aux antipodes de la grande tradition universaliste des prophètes juifs.

L'abbé Pierre me donnait, lors du procès, ce conseil : "À mon sens tu devrais commencer par définir le sionisme, et il ne resterait plus rien de l'accusation inadmissible d'antisémitisme" que les adversaires prétendent t'attribuer."

Ce que certains attendant de vous, Messieurs les Juges, c'est de cautionner par une décision Judiciaire le lynchage des médias contre mon indéfectible ami et frère l'Abbé Pierre, d'imposer le silence sur la politique de guerre d'Israël, et d'encourager les milices du Bétar qui ont agressé les journalistes et envoyé deux d'entre eux à l'hôpital lors du prononcé du premier jugement.

Alors, je vous le demande : qui est coupable ? celui qui commet le crime ou celui qui le dénonce ? Celui qui cherche la vérité ou celui qui cherche à la bâillonner ?

Ce qui nourrit l'antisémitisme, ce n'est pas de dénoncer les crimes d'une politique, c'est de les commettre. C'est pourquoi, comme disait le Père Lelong, lors du procès de 1982, "notre lutte contre le sionisme fait partie intégrante de notre lutte contre l'antisémitisme."

La démonstration ayant été faite que la Loi Gayssot n'est nullement applicable à mon cas, nous nous retrouvons devant la situation antérieure à la promulgation de cette Loi, lorsqu'en 1982, avec le père Lelong et le pasteur Matthiot, avec l'approbation de Jacques Fauvet, alors directeur du *Monde*, nous avons démontré que l'invasion du Liban était dans la logique de la politique sioniste du gouvernement israélien.

La cour de Cassation confirmait le jugement de la première instance et de l'appel.

"Considérant qu'il s'agit de la critique licite de la politique d'un État et de l'idéologie qui l'inspire, et non de provocation raciale... déboute la LICRA de toutes ses demandes et la condamne aux dépens."

Je demande seulement que soit confirmée cette décision, de la Cour de Cassation puisque nous sommes ramenés, par le développement même, de la politique israélienne, au problème précèdent.

Voici d'ailleurs, la lettre en ce sens de mon ami Yehudi Menuhin ; puisqu'il n'est pas d'usage, en appel, de témoigner personnellement, il m'a prié de vous la remettre dans le texte qu'il a lui-même rédigé en français.

Notes bibliographiques

(N. B) J'ai pu alléger la partie historique dont j'ai été obligé de traiter dans *Les mythes fondateurs de la politique israélienne* et dans *Le procès de la liberté*, grâce d'abord :

- aux ouvrages fondamentaux de Bernard Lazare et Martin Buber jusqu'à ceux du rabbin Moshé Menuhin et d'Ilan Greilsammer, dans la dernière période.

- aux travaux des travaux des *nouveaux historiens* israéliens qui ont commencé à déconstruire les *mythes* que la propagande sioniste a substitué jusqu'ici à l'histoire réelle.

Parmi les œuvres de ces historiens accessibles en français ou en anglais (et, parmi eux des sionistes qui, malgré leurs positions, refusent de travestir la réalité historique), l'on peut vérifier nos thèses dans les ouvrages suivants :

Voici quelques-uns des ouvrages auxquels je me suis référé pour les parties historiques de mon livre :

1)- Bernard Lazare : *L'antisémitisme* (1894) réédité par Michel Albin.

2)- Martin Buber : *Israel and the World*. Ed. Schocken Books. N.Y. 1948.

3)- rabbin Emmanuel Levyne : *Judaïsme contre Sionisme*. Ed. Cujas. Paris 1969.

4)- Maxime Rodinson : *Peuple juif ou problème juif*. Ed. Maspero 1981.

5)- Israel Shahak : *Le racisme de l'État d'Israël*. Paris 1975.

6)- Lenni Brenner : *Zionism in the Age of the Dictators*. Ed. Laurence Hill and Cy. USA 1983.

7)- rabbin Moshé Schonfeld : *The Holocaust Victims Accuse*. Netura Karteï. Brooklyn 1977.

8)- Maurice Rajsfus : *Des juifs dans la collaboration*. Ed. Albin Michel 1978.

9)- Cheryl Rubenberg : *Israel and the American National Interest*. Ed. University of Illinois.

10)- Stephen Issacs : *Jews and American Politics*. Ed. Doubleday. 1974.

11)- rabbin Moshe Menuhin : *The Decadence of Judaism*. 1969.

12)- Yehuda Bauer : *Juifs à vendre*. Ed. Liana Levi. Paris 1996.

13)- Dominique Vidal : *Le péché originel d'Israël*. (Sur les travaux de Benny Morris). Ed. de l'Atelier. 1997.

14)- Finkelstein and Ruth Bettina Birn : *A Nation on Trial*. (Sur la débilité historique du livre de Goldhagen : *Les bourreaux volontaires d'Hitler.*)

15)- Ilan Greilsammer : *La nouvelle histoire d'Israël*. Ed. Gallimard. Paris 1998.

16)- Tom Segev : *Le septième million*. Ed. Liana Levi. Paris 1993.

17)- Israel Shahak : *Open secrets : Israeli Nuclear and Foreign Policy*. Ed. Pluto Press. London-Chicago. 1997.

Note 6 : Dont le compte rendu élogieux est fait dans *Le Monde Diplomatique* de mars 1998 par M. Yehuda Lancry, vice président de la Knesset et ancien ambassadeur d'Israël en France.

Note : Parce que la foi juive universaliste des prophètes empêchait de cautionner une politique nationaliste.

Déjà parus